铁路新职人员岗位培训系列教材

客运岗位普速旅客列车乘务知识

中国铁路上海局集团有限公司　编

中国铁道出版社有限公司

2024年·北　京

内 容 简 介

本书为铁路新职人员岗位培训系列教材之一，根据《铁路特有工种技能培训规范》和岗位作业标准编写。全书共七章，主要包括基础知识、安全管理、作业标准、乘务服务、专项业务、餐售经营和应急处置。围绕乘务组织的人员、设备、规章等，由浅至深地介绍客运乘务组织的作业要求。

本书可作为客运岗位岗前资格性培训和岗位适应性培训教材，对各类职业院校相关师生也有重要的参考价值。

图书在版编目(CIP)数据

客运岗位普速旅客列车乘务知识 / 中国铁路上海局集团有限公司编. -- 北京 : 中国铁道出版社有限公司, 2024.12. --(铁路新职人员岗位培训系列教材).

ISBN 978-7-113-31743-0

Ⅰ. U293.3

中国国家版本馆 CIP 数据核字第 2024D98Y85 号

书　　名：客运岗位普速旅客列车乘务知识

KEYUN GANGWEI PUSU LÜKE LIECHE CHENGWU ZHISHI

作　　者：中国铁路上海局集团有限公司

责任编辑：鹿金炜　　　　**编辑部电话：**(010)51873023

封面设计：郑春鹏

责任校对：苗　丹

责任印制：高春晓

出版发行：中国铁道出版社有限公司(100054，北京市西城区右安门西街 8 号)

网　　址：https://www.tdpress.com

印　　刷：北京盛通印刷股份有限公司

版　　次：2024 年 12 月第 1 版　2024 年 12 月第 1 次印刷

开　　本：787 mm×1 092 mm 1/16　**印张：**11.5　**字数：**268 千

书　　号：ISBN 978-7-113-31743-0

定　　价：48.00 元

前言

人才是中国式现代化的基础性、战略性支撑，是铁路六个现代化体系建设的重要基础保障，新职人员是铁路技能人才队伍的新生力量。随着我国铁路事业快速发展，路网规模持续扩大、技术装备不断更新、职工队伍大规模新老交替，对铁路专业技能人才，尤其是新职人员的知识结构、技能结构提出了更高的要求。为提高职工岗位技能源头培训质量，提升职工队伍素质，保障运输安全生产，推动铁路高质量发展和现代化建设取得新成效，根据国铁集团《铁路特有工种技能培训规范》和岗位作业标准，中国铁路上海局集团有限公司组织编写"铁路新职人员岗位培训系列教材"。

本套教材严格落实铁路主要行车工种岗位资格性培训准入制度，紧密结合现场各工种岗位作业实际及职工培训中的重点，充分依据现行基本规章和作业标准，内容反映各专业新技术、新设备、新工艺、新规章制度变化，重点突出非正常情况下应急处置、作业标准和流程、安全规定、关键作业项点等。

本套教材的最大特点为"理实一体"，以岗位需求为导向，以提升职业素养和岗位技能为核心，将理论知识和实作技能融会贯通，融为一体。理论知识部分，遵循铁路专业学科的知识体系，由浅入深，既包含入门必备的基础知识，也针对专业知识逐步展开，使铁路新职人员较快掌握。实作技能部分，以提升技能操作水平为目标，紧密围绕岗位技能需求，突出必知必会内容，涵盖基本技能和专业技能。为便于教学和使用，每章后面配有复习思考题。

本套教材由中国铁路上海局集团有限公司教材编审委员会组织，集团公司领导高度重视，职工培训部牵头，运输、客运、货运、机务、车辆、工务、电务、供电等各专业部门，分别组建以首席、特级技师、工匠、技能大师等为主体的编写团队进行编写，适用于新职人员岗前资格性培训，也可用作日常岗位适应性培训教材，亦可作为普通高等学校铁路专业参考教材。本套教材在编写过程中得到了相关运输站段的大力支持，在此一并表示感谢！

本书为“铁路新职人员岗位培训系列教材”之一，共七章，主要内容包括基础知识、安全管理、作业标准、乘务服务、专项业务、餐售经营和应急处置。

本书难免有不足之处，恳请广大读者提出宝贵意见，便于日后修订完善。

编委会

2024年11月

目录

第一章 基础知识

本书基础知识包括从事普速旅客列车乘务工作需要掌握的基本常识和业务知识。学习普速旅客列车乘务组织，必须学习人、事、物的基础知识。

第一节 基本概述

一、普速旅客列车乘务工作概述

普速旅客列车乘务是指在普速旅客列车上组织、服务旅客的工作。因旅客的旅行生活大部分在列车上度过，列车乘务工作对服务质量的影响较大。了解普速旅客列车乘务工作，首先从人的角度出发，了解普速旅客列车乘务工作的队伍、管理以及协作关系。

（一）普速旅客列车客运乘务组的主要工作

1. 使车内经常保持整齐清洁、设备良好、温度适宜、照明充足。
2. 通告站名，组织旅客安全乘降，及时妥善安排旅客座席、铺位。
3. 对老、幼、病、残、孕等重点旅客做到重点照顾。
4. 维护车内秩序，保证安全正点。
5. 做好饮食供应工作。

（二）普速旅客列车客运乘务组组成

普速旅客列车乘务组由客运、车辆、公安乘务人员组成。列车的乘务工作由列车长统一领导，车辆、公安乘务人员按照各自的职责规定，配合列车长共同搞好乘务工作。

列车长：组织开展客运服务工作，按照规定查验车票，处理旅客旅行中相关事务，协调“三乘”关系，指导做好旅客列车的餐饮工作，准确处置各类突发事件。

列车员：为旅客的旅行提供优质服务，协助处置各类突发事件。

餐车长：负责旅客列车餐车餐饮供应和服务工作，为旅客提供饮食服务和商品供应，对餐车班组日常工作进行管理。

餐车炊事员：根据成菜要求，合理选择原料；完成中式菜肴的制作工作。

餐车服务员：从事餐车布置、点配菜点、送餐和商品销售服务等工作。

广播员（列车）：从事列车广播工作，及时通报列车作业、旅行服务、新闻宣传等信息。

供水员：从事非空调旅客列车开水供应工作。

（三）工作制度

普速旅客列车客运乘务人员应当接受列车长统一领导，质量良好地完成本岗位工作。

乘务组作为基础生产单元，实行必要的工作制度，见表 1-1。

表 1-1 普速旅客列车乘务组的工作制度

出退乘制	列车员在本段出乘时，要按规定时间由列车长带队到派班室报到，听取派班员传达有关事项。列车长应摘抄有关电报、命令、指示；召开出乘会议，总结上次乘务工作中的优缺点及改进措施
	每次乘务终了，列车长应召开班组会议，总结并向派班室汇报往返乘务工作情况，填写乘务日志
趟计划制	列车长每次出乘前应认领趟计划并派发班组乘务人员，趟计划在乘务日志中显示
	趟计划主要内容为本次乘务工作中的重点工作安排；对贯彻上级规章、命令、指示、通知的具体措施
验票制	为保证旅客安全、准确地旅行，维护铁路运输秩序和保证铁路收入，列车上应查验车票
	列车始发站在车门验票，同时实行实名制验证
	列车运行中每运行 6 个小时全面验票 1 次，运行时间不足 6 小时的列车不得少于 1 次，一站直达列车全面查验 1 次（可与车门验票合并）
	发现违章乘车时，按规定补收运输费用
统一作业制	应根据列车乘务的运行时刻、线路、客流、换班和餐售等情况编制统一作业过程
	应建立以岗位责任制为中心的各项管理制度，如安全生产、经济核算、票据、现金、备品管理及旅客意见处理等制度

二、基础规章

（一）分　类

客运规章（标准）按照内容划分，分为技术规章（标准）、管理规章（标准）、工作规章（标准）三大体系。

1. 技术规章（标准）是指客运相关技术设备（包括固定设备和移动设备）交付运营后，各级制定的涉及行车组织、技术设备的运用、管理、维修、应急处置等方面的规章制度。

2. 管理规章（标准）是指规范旅客运输生产管理，对需要协调统一的管理事项和流程所制定的规章制度。

3. 工作规章（标准）是指规范干部管理履职或职工操作规范，对各岗位工作制定的规范化要求、规定及作业规程。

（二）客运基础规章

1.《中国国家铁路集团有限公司铁路旅客运输规程（2024 年版）》（以下简称《国铁集团客规》）是维护铁路旅客运输的正常秩序，保护铁路旅客运输合同各方当事人的合法权益，制定的客运基本规章，是铁路旅客运输合同的组成部分。

2.《铁路旅客运输管理规则》是铁路旅客运输内部管理的基本规章。主要内容包括铁路内部的分级管理、运输组织、站务管理、乘务管理、旅行服务管理、安全管理、运能管理、客运设备管理的基本要求，以及客运监察制度等。

3.《铁路客运运价规则》是计算旅客票价和行李、包裹运价的基本规章。主要内容包括旅客票价、行包运价、特定运价、客运杂费的构成等。

4.《铁路旅客运输服务质量规范》是为了进一步适应旅客服务需要，提高铁路客运服务质量制定的标准规范。

第二节　铁路客车

铁路客车，指载运旅客的车辆、为旅客提供服务的车辆以及挂运在旅客列车中的其他用途的车辆。客车分旅客运送、旅客服务和特殊用途等 3 种车辆。

普速旅客列车，指运送旅客或行包、邮件的非动车组列车。

动车组列车，指由若干带动力和不带动力的车辆以固定编组组成、两端设有司机室的一组列车。

一、基本分类

(一)旅客运送车

硬座车(YZ)：供旅客乘坐用。车内主要设备是座席，座椅采用半软坐垫和靠背。车厢内一般设有两人座椅和三人座椅各一列；两侧墙上装有行李架、衣帽钩等设备。

软座车(RZ)：作用与硬座车相同，但坐垫和靠背均有弹簧装置，车厢内设两人座椅两列或两人座椅各一列，比较宽敞舒适。

硬卧车(YW)：为长途旅客提供半软垫的卧铺。车内一般分成若干个敞开式的间隔，每个间隔内设六个铺位(上、中、下铺各两列)，靠走廊一侧装有活动座椅，通道上部设有行李架。此外在车辆的端部都有厕所和盥洗设施等。

软卧车(RW)：为旅客提供较高级的卧铺。全车有 8～9 个包间，一般每个包间内设有双层软垫铺位四个。包间外侧有活动座机，两端分别设置列车员室、茶炉、厕所和洗脸室。

此外，还有合造车(HZ)、简易客车(JY)、双层硬座车(SYZ)、双层软座车(SRZ)、一等软座(ZY)、二等软座(ZE)等。

(二)旅客服务车

餐车(CA)：供旅客在旅行中用餐的车辆。主要由餐厅、厨房和储藏室三部分组成。

行李车(XL)：供装运行李及快件货物的车辆。

(三)特种用途车

此外，还有邮政车(UZ)、公务车(GW)、道检车(DJ)、实验车(SY)、维修车(WX)、卫生车(WS)、医疗车(YL)、轨道探伤车、隧道摄影车、限界检查车等特殊用途的车辆。

二、客车车号编码

在客车上，类型、型号、车号涂打在客车两侧外墙板端部车门右侧附近，如图 1-1 所示。客车车号编码规定见表 1-2。

图 1-1　客车外墙

表 1-2　客车车号编码规定

客车分类	客车车号	客车分类	客车车号
邮政车	7000～9999	软卧车	500000～599999
合造车	100000～109999	硬卧车	600000～799999
软座车	110000～199999	餐　车	800000～899999
行李车	200000～299999	其他车	900000～999999
硬座车	300000～499999		

三、客车设备

铁路客车上为旅客提供方便、舒适和安全的旅行生活条件而设置的各种设备。包括照明、采暖、通风、空气调节、供电、卫生等设备。

(一)照　　明

旧型客车多用白炽灯,新型客车则多用日光灯。用日光灯时,需配备晶体管逆变器,以便将蓄电池供给的直流电变为交流电。逆变器有集中式和分散式两种。采用集中式逆变器时全车只需一个逆变器,但在这种情况下,需有少量白炽灯以备发生故障时使用;采用分散式逆变器时每组灯具各有一个逆变器,因它们不会同时发生故障,所以不再需要设置白炽灯。客车灯具有全夜灯和半夜灯两种。全夜灯设在客车通过台、厕所、盥洗室和包房式客车的侧走廊等处,通宵不灭。半夜灯主要用于开敞式的座车和卧车,夜间关闭。为了安全和方便旅客,在客室内也设置少量低亮度的全夜灯。

(二)采　　暖

寒冷季节提高客车内温度的设备。旧式客车多用大气压式蒸汽采暖,由蒸汽机车直接供汽。这种采暖设备构造简单,但机车摘离后,客车即失去热源。柴油机车和电力机车牵引的列车,大多采用独立温水锅炉采暖,即在每辆客车上装设燃煤或燃油温水锅炉。这种采暖方式增加列车的重量和管理工作量,并且污染环境。安装空调设备的现代客车多用电热器采暖。在采用强迫通风的客车上,进入车内的冷空气需流过预热器进行预热。

(三)通　　风

旧型客车一般是靠车窗通风。冬季靠车顶通风器在运行中产生负压,排出车内污浊空气，而通过门窗缝隙补充新鲜空气。现代客车多采用机械强迫通风。通常是在车端上方设置离心式送风机将外界新鲜空气送入车内，经滤尘装置滤清灰尘杂质后，由送风道送入客室，同时排出室内的多余污浊空气。采用强迫通风，可以保持客室内空气洁净和适度的空气流动速度(图 1-2)。

图 1-2 车厢过道上方通风口

(四)空气调节

空气调节系统指现代客车上用以把车内空气温度、相对湿度、空气洁净度和气流速度控制在一定范围之内的设备。通常由空气冷却系统、机械强迫通风系统、空气加热系统、空气加湿系统和自动控制系统等部分组成。空气冷却系统利用制冷装置对进入车内的外部空气进行冷却处理，使夏季客室保持适当的空气温度。现代客车多采用以氟利昂为介质的蒸汽压缩式制冷装置。氟利昂在蒸发器内沸腾吸收热量而使流过的空气冷却。由于它的表面温度通常低于空气的露点，因而空气在冷却过程中也得到减湿处理，从而保证夏季客室内空气相对湿度在要求范围以内。客车需要加湿时，过去多采用喷雾法。现代客车多利用电极在水内通电产生蒸汽，以增加空气湿度，这种装置称为电极加湿器。

(五)供　　电

客车用以供给照明和空调用电的设备，有分散和集中两种方式。分散供电方式通常采用轴驱式发电机。客车运行时由车轴带动轴驱式发电机发电；停车和低速运行时由蓄电池供电。用电设备都是直流的。发电机、蓄电池通过控制箱同用电设备相连接。

有些客车没有供电设备，靠邻车的蓄电池和发电机供给照明用电。在这种情况下，两辆客车分别称为子车和母车。在客车装设空调设备后，用电量增加到 30 千瓦以上。当列车中有较多空调客车时，多采用集中供电方式，即在机车上增设辅助发电机或在列车中加挂发电车，在电气化线路上可由接触网供电，现代客车上也有在车下安装小型柴油发电机供电的。

(六)卫　　生

客车厕所通常采用直通式便器，污物直接排于铁路沿线，这不仅污染环境，也给旅客、客车和线路维修人员带来恶劣的卫生条件。各国铁路都致力于解决粪便处理的问题。采用的办法有：用电热或可燃气体焚化粪便；在车下设集便箱投药处理后排放车外；将水尿随时排出而将干粪存于集便箱内，到站取出；在车下设大型集便箱储存，到站后用真空泵吸出或连同箱体一并卸下排除等。

(七)其　　他

此外，列车上还有列车广播(图 1-3)。有些国家的列车上还设有可与地面直接通话的通信设备，客车上设会议厅、游艺室和备有放映闭路电视录像或电影的设备。

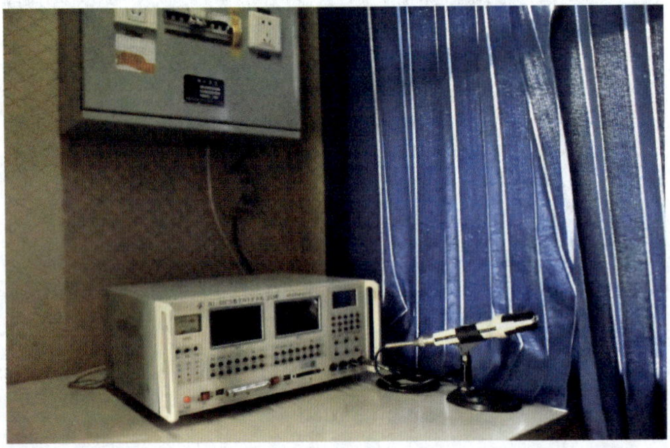

图 1-3　列车播音室内

四、常见客车车型

从 20 世纪 90 年代初开始，铁路客车由 22 型向 25 型升级换代，从 25B、25G、25Z 到 25K、25T 不断发展进步，技术水平日益提高。目前我国铁路主要运营的普通客车主要有 25B、25G、25K 和 25T。在用的客车中 25G 所占比例最大，25K 和 25T 次之。25 型客车以硬座车、软座车、硬卧车、软卧车、高级软卧车、餐车、餐座合造车、行李车、邮政车、公务车、医疗车、试验车等繁多的车种。在用客车图谱见表 1-3。

表 1-3　在用客车图谱

序号	速度(千米/时)	系列	车型	车长(毫米)	车种
1	120	22	22	23 950	硬座、硬卧、软卧、行李车、邮政车
2				22 000	发电车
3			18	23 600	硬卧、软卧、高级软卧、行李车、餐车
4			18A	23 600	硬卧、硬卧-播音、软卧、高级软卧、行李车
5			24	23 600	软座、硬卧、软卧、餐车
6		25	25G	25 500	硬座、软座、硬卧、软卧、餐车、行李车
7				22 000	发电车
8			25G 国际	25 500	硬卧、软卧、高级软卧、餐车、行李车
9			25B	25 500	硬座、软座、硬卧、软卧、餐车、邮政车、行李车
10			25B 双层	25 500	硬座、硬卧、软卧、餐车

续上表

序号	速度（千米/时）	系列	车型	车长（毫米）	车种
11	140	25	25Z	25 500	二等座车、一等座车、二等行李合造车、餐车
12				22 000	发电车
13			25Z 双层	25 500	一等车、二等车、软座车、餐车
14			25K	25 500	硬座、软座、硬卧、软卧、餐车、行李车
15				22 000	发电车
16			19K	25 500	高级软卧
17			25K 双层	25 500	硬座、软座
18	160		25T	25 500	硬座、软座、硬卧、软卧、餐车、高级软卧、行李车
19			19T	25 500	高级软卧
20			25T 高原	25 500	硬座、硬卧、软卧、餐车、行李车
21				25 500	发电车

(一)25G 型客车

25G 型客车是在 25A 型客车基础上改进，于 1991 年开始批量设计制造的经济化 25 型空调客车，25G 中的字母“G”代表改进之意。25G 型客车是我国干线铁路主型客车之一，其定型产品的构造速度为 120 千米/时。25G 型客车有 YZ_{25G} 硬座车、RZ_{25G} 软座车、YW_{25G} 硬卧车、RW_{25G} 软卧车、CA_{25G} 餐车、KD_{25G} 发电车、XL_{25G} 行李车、UZ_{25G} 邮政车等产品。25G 型客车的主要技术规格见表 1-4。

表 1-4　25G 型客车的主要技术规格

参数	车型							
	YZ_{25G} 硬座车	RZ_{25G} 软座车	YW_{25G} 硬卧车	RW_{25G} 软卧车	CA_{25G} 餐车	XL_{25G} 行李车	UZ_{25G} 邮政车	KD_{25G} 发电车
构造速度（千米/时）	120							
适应轨距（毫米）	1 435							
定员（人）	128	80	66	36	48	—	—	4
车辆长度（毫米）	26 576							23 076
车体长度（毫米）	25 500							22 000
车辆宽度（毫米）	3 277							
车体宽度（毫米）	3 104							3 105
车辆高度（毫米）	4 433							4 285
车辆定距（毫米）	18 000							15 400
车钩中心线高度（毫米）	880^{+10}_{-5}							
通过最小曲线半径（米）	连挂车辆 145，单车调行 100							
自重（吨）	44.5	—	46	45	49	42.4	—	63.6
轴重（吨）	16.5							

(二)25B 型客车

25B 型客车是在 25A 型和 25G 型客车的基础上，于 1992 年设计制造、1994 年批量投入运用的 120 千米/时速度级 25 型非空调客车，是比 25G 型客车更为经济的 25 型系列客车，是用于取代 22 型客车的升级换代产品。25B 型客车的主要技术规格见表 1-5。

表 1-5　25B 型客车的主要技术规格

参　数	车　型						
	YZ_{25B} 硬座车	RZ_{25B} 硬卧车	YW_{25B} 硬卧车	RW_{25B} 软卧车	CA_{25B} 餐车	UZ_{25B} 邮政车	XL_{25B} 行李车
构造速度(千米/时)	120						
适应轨距(毫米)	1 435						
定员(人)	128	80	66	36	48	20	行李间载重 17.7 吨
车辆长度(毫米)	26 576						
车体长度(毫米)	25 500						
车辆宽度(毫米)	3 277						
车体宽度(毫米)	3 104						
车辆高度(毫米)	4 433						
车辆定距(毫米)	18 000						
车钩中心线高度(毫米)	880^{+10}_{-5}						
通过最小曲线半径(米)	连挂车辆 145，单车调行 100						
自重(吨)	45.3	50.2	—	51.6	49.5	47	42.4
轴重(吨)	16.5						

(三)25K 型客车

准高速列车客车的试制成功与普及，为铁路客运的大提速夯实了基础，25K 型客车即是普及 25Z 型准高速客车技术，于 1997 年开展第一次铁路大提速而设计制造的“夕发朝至”快速列车客车。25K 型客车集成了 25A、25G、25Z 型客车的成熟技术与运用经验，其构造速度为 160 千米/时速度，25K 中的字母“K”代表“快速列车”之意。该系列客车中有 YZ_{25K} 硬座车、YW_{25K} 硬卧车、RW_{25K} 软卧车、RW_{19K} 高级软卧车、CA_{25K} 餐车、XL_{25K} 行李车、UZ_{25K} 邮政车、KD_{25K} 发电车等车种，另外还有部分 25K 型双层客车，形成了完整的铁路客车系列。25K 型客车先后承担了四次铁路大提速任务，目前主要用于国内的“T”字头车次特快列车。25K 型客车的主要技术规格见表 1-6。

表 1-6　25K 型客车的主要技术规格

参　数	车　型							
	YZ_{25K} 硬座车	RZ_{25K} 软座车	YW_{25K} 硬卧车	RW_{25K} 软卧车	RW_{19K} 高级软卧车	CA_{25K} 餐车	XL_{25K} 行李车	KD_{25K} 发电车
构造速度(千米/时)	160							
适应轨距(毫米)	1 435							

续上表

<table>
<tr><th rowspan="2">参数</th><th colspan="8">车型</th></tr>
<tr><th>YZ_{25K}
硬座车</th><th>RZ_{25K}
软座车</th><th>YW_{25K}
硬卧车</th><th>RW_{25K}
软卧车</th><th>RW_{19K}
高级软卧车</th><th>CA_{25K}
餐车</th><th>XL_{25K}
行李车</th><th>KD_{25K}
发电车</th></tr>
<tr><td>定员(人)</td><td>118</td><td>72</td><td>66</td><td>36</td><td>16</td><td>48</td><td>行李间载重 17.7 吨</td><td>4</td></tr>
<tr><td>车辆长度(毫米)</td><td colspan="7">26 576</td><td>23 076</td></tr>
<tr><td>车体长度(毫米)</td><td colspan="7">25 500</td><td>22 000</td></tr>
<tr><td>车辆宽度(毫米)</td><td colspan="8">3 277</td></tr>
<tr><td>车体宽度(毫米)</td><td colspan="7">3 104</td><td>3 105</td></tr>
<tr><td>车辆高度(毫米)</td><td colspan="7">4 433</td><td>4 285</td></tr>
<tr><td>车辆定距(毫米)</td><td colspan="7">18 000</td><td>15 400</td></tr>
<tr><td>车钩中心线高度(毫米)</td><td colspan="8">880^{+10}_{-5}</td></tr>
<tr><td>通过最小曲线半径(米)</td><td colspan="8">连挂车辆 145,单车调行 100</td></tr>
<tr><td>自重(吨)</td><td>48.8</td><td>41.6</td><td>47.4</td><td>47</td><td>47.2</td><td>48</td><td>42.4</td><td>61</td></tr>
<tr><td>轴重(吨)</td><td colspan="8">16.5</td></tr>
</table>

(四)25T 型客车

25T 型客车是在总结 25K 型客车的成熟技术与运用经验的基础上，为第五次铁路干线大提速设计制造的新一代提速客车，25T 中的字母 T 代表着“提速”和“特快列车”之意。该系列客车按 170 千米/时的构造速度设计、按 160 千米/时速度级客车投入运用。从结构上讲，25T 型客车有两代产品，第一代 25T 型客车是目前运用于我国干线铁路中“Z”字头车次的直达列车，第二代 25T 型客车是青藏铁路客车。该系列客车主要包括 YZ_{25T} 硬座车、RZ_{25T} 软座车、YW_{25T} 硬卧车、RW_{25T} 软卧车、RW_{19T} 高级软卧车、CA_{25T} 餐车等车种、KD_{25T} 发电车(仅青藏高原铁路用)。25T 型客车的主要技术规格见表 1-7。

表 1-7 25T 型客车的主要技术规格

<table>
<tr><th colspan="2" rowspan="2">参数</th><th colspan="7">车型</th></tr>
<tr><th>YZ_{25T}
硬座车</th><th>RZ_{25T}
软座车</th><th>YW_{25T}
硬卧车</th><th>RW_{25T}
软卧车</th><th>RW_{19T}
高级软卧车</th><th>CA_{25T}
餐车</th><th>KD_{25T}
发电车</th></tr>
<tr><td colspan="2">构造速度(千米/时)</td><td colspan="7">160</td></tr>
<tr><td colspan="2">适应轨距(毫米)</td><td colspan="7">1 435</td></tr>
<tr><td rowspan="2">定员(人)</td><td>干线铁路</td><td>118</td><td>80</td><td>66</td><td>36</td><td>16</td><td>40</td><td>无发电车</td></tr>
<tr><td>青藏铁路</td><td>98</td><td>—</td><td>60</td><td>32</td><td>—</td><td>44</td><td>18</td></tr>
<tr><td rowspan="2">车辆长度(毫米)</td><td>干线铁路</td><td colspan="6">26 576</td><td>23 076</td></tr>
<tr><td>青藏铁路</td><td colspan="7">26 576</td></tr>
<tr><td rowspan="2">车体长度(毫米)</td><td>干线铁路</td><td colspan="6">25 500</td><td>22 000</td></tr>
<tr><td>青藏铁路</td><td colspan="7">25 500</td></tr>
<tr><td colspan="2">车辆宽度(毫米)</td><td colspan="7">3 277</td></tr>
<tr><td colspan="2">车体宽度(毫米)</td><td colspan="6">3 105</td><td>3 105</td></tr>
</table>

续上表

参数		车型						
		YZ_{25T} 硬座车	RZ_{25T} 软座车	YW_{25T} 硬卧车	RW_{25T} 软卧车	RW_{19T} 高级软卧车	CA_{25T} 餐车	KD_{25T} 发电车
车辆高度(毫米)		4 433						4 286
车辆定距(毫米)		18 000						15 400
车钩中心线高度(毫米)		880^{+10}_{-5}						
通过最小曲线半径(米)		连挂车辆 145,单车调行 100						
自重(吨)	干线铁路	48.5	46.4	52.8	51.3	—	50.5	63.6
	青藏铁路	—	—	—	—	—	—	—
轴重(吨)	干线铁路	15.5						—
	青藏铁路	15.5						23

复习思考题

1. 普速旅客列车客运乘务组由哪些成员组成?
2. 中国铁路客车有哪些种类?
3. 简述常见客车车型及其车种。

第二章　安全管理

安全管理是客运乘务工作中的重要组成部分。为强化“人民至上、生命至上”的发展理念和人命关天、责任重于泰山的安全责任意识，真正把确保人的生命安全的责任和措施落实到客运生产全过程各环节；坚持将超前防范、主动避险作为提高事故预防能力的主要手段，相关安全管理制度措施具体可行、有效推进落实，结合形势需要和现场实际及时组织修订完善，从思想、管理、作风、落实等方面深入开展安全管理工作。

第一节　劳动安全

一、安全红线

安全红线是指在安全生产过程中，管理和作业人员违章违纪，严重危及安全生产特别是高铁和旅客列车安全的行为，是不可触碰、不可逾越的行为界限。

铁路局集团公司安全红线，按照等级分为Ⅰ类、Ⅱ类，对触碰者分别采取不同的处理方式；按照适用范围分为通用条款和专业条款，通用条款适用于所属各涉及单位和部门，专业条款适用于相应专业管理部门、单位和岗位。其中，触碰Ⅰ类安全红线的行为，属于严重违反企业规章制度情形。

(一)对触碰安全红线人员的处理

1. 触碰Ⅰ类安全红线者，应给予开除处分，并依法解除劳动合同。

2. 触碰Ⅱ类安全红线的管理人员，视情形由上级主管部门或本单位对其进行安全生产过程管理履职督查问责，依照人事管理权限进行处理，对不能胜任或不落实整改措施的，应予以调整职务、免职、降职等组织处理，或者撤职及以上的企业纪律处分。

3. 触碰Ⅱ类安全红线的作业人员，内部待岗 3 个月，由本单位进行培训，对考试不合格或不落实整改措施的，不得从事原岗位或其他涉及高铁和旅客列车安全的运输生产关键岗位。

4. 触碰安全红线并造成责任铁路交通事故或其他生产安全事故的，按照上述规定和事故责任追究办法就高进行处理。

(二)安全红线条款

Ⅰ类安全红线、Ⅱ类安全红线客运相关条款，见表 2-1。

表 2-1　Ⅰ类安全红线、Ⅱ类安全红线客运相关条款

分　类	安全红线条款
Ⅰ类 安全红线	1. 违章指挥或强令冒险作业。 2. 高铁区段无调度命令进入防护栅栏及通道门。

续上表

分 类	安全红线条款
Ⅰ类安全红线	3. 施工负责人无计划安排施工作业。 4. 擅自关闭、损坏或切除行车安全装备，或者篡改、隐瞒、销毁其相关数据、信息。 5. 使用封连线或其他手段封连信号设备电气接点。 6. 未联系确认，违章办理接触网送电或拆除接地封线。 7. 违反规定盲目应急处置，冒险放行列车，严重危及行车安全。 8. 关键行车岗位和相关作业人员当班饮酒。 9. 违反消防法律法规，造成高铁、旅客列车或重点场所火灾，或者易燃易爆场所擅自动用明火
Ⅱ类安全红线	Ⅱ类安全红线(通用)
	1. 当班期间打牌(含各类游戏)、饮酒、打架、赌博等或擅离岗位。不服从运输调度统一指挥，造成不良后果。 2. 无证无资质担任关键行车岗位或操作设备、驾驶移动设备和机动车辆。 3. 漏发、错发、漏传、错传行车文电、数据，漏传、错传调度命令。 4. 违章利用列车间隔进行施工、维修作业，或违反规定在天窗点外上道作业。 5. 防护体系未建立或防护人员未履职导致防护体系失效，违章上道作业。 6. 坐卧线路、钻车底或以车代步。 7. 高处作业未使用安全带(绳、网)。 8. 电力、电气设备维修未确认停、送电条件，错误停、送电。 9. 无防护措施或机车车辆移动中进入车档作业。 10. 电气化区段未采取安全措施攀爬车顶，或违反规定用水冲洗设备设施。 11. 爆破、吊装、动火、临时用电、有限空间等危险作业未经审批，未落实专人进行现场监护。 12. 有限空间作业未执行“先通风、再检测、后作业”规定。 13. 站车及消防重点场所违规安装或使用大功率电器。 14. 发现重大事故隐患未立即报告，或接到报告未及时采取控制措施。 15. 隐瞒、谎报事故信息。 16. 管理人员无故不参加重点任务、非正常行车、应急处置把关。 17. 占用、堵塞、封闭疏散通道、安全出口、消防车通道
	Ⅱ类安全红线(客运)
	1. 站台客运相关作业人力推车(不含轮椅)未实施常态制动。 2. 临时停车擅自组织乘降。 3. 旅客列车运行途中漏锁车门或敞(开)门运行。 4. 旅客列车锅炉、茶水炉缺水焚烧。 5. 动车组注水口、污物箱等盖板未关闭或上水管漏拔运行。 6. 客车整备作业人员、乘务员用水冲洗客车地板。 7. 旅客列车餐车油垢未按规定清理。 8. 旅客列车看车人员在车内吸烟、留宿或使用明火照明。 9. 漏检漏查旅客携带禁限物品进站上车并构成较大及以上事件

二、乘务作业要求

(一)站台作业

1. 客运乘务人员上下车时，低站台要手握扶手，高站台要注意车门与站台缝隙，不得从车窗上下列车，防止踩空坠落、跌倒摔伤。严禁随车奔跑，飞乘飞降。

2. 列车员需从反面下车作业或在区间停车需下车作业时，必须有专人进行防护，严禁在无安全防护或防护措施未到位的情况下下车作业。

3. 在高站台作业时，必须确保翻板卡牢，防止因翻板弹起造成伤害。车门立岗时，低站台应面向旅客放行方向立岗，高站台应面向车厢连接处立岗，防止因旅客拥挤而坠落站台。

（二）途中作业

1. 车门管理做到停开、动关、锁，出站台检查瞭望值乘区域车门；临时停车时应加强巡视，确保车门锁闭，未经列车长统一组织不准开启车门。

2. 行李架上的物品应摆放平稳、牢固。较重的物品、锐器、杆状物品及玻璃制品应放在座位下面。

3. 取送开水时，水桶（壶）应有相应的防烫、防溢措施，暖水瓶应有防倒圈（架）。倒开水时，应接杯，不倒过满。

4. 应经常向旅客宣传安全知识，劝阻旅客不要站在车辆连接处，不要手扶门框、风挡。非空调列车应提示旅客不要将头，手伸出窗外，不要向车外抛物。列车通过大桥、隧道时，应动员旅客关闭车窗并巡视车厢。

5. 列车运行中餐车炊事人员油炸食物应使用前进方向第一个炉灶，用油量不超过容器的1/3，正确控制油温，规范操作，防止烫伤。炉灶烧煮、油炸食物时，不得离人。旅客列车锅炉、茶水炉不得缺水焚烧，餐车油垢按规定清理。

（三）库内、折返作业

1. 在客车整备所、动车所作业时，作业人员应按照一体化作业管理要求，加强联系沟通，提前掌握作业计划变化情况，加强安全防护，防止因作业计划不掌握造成人身伤害。

2. 遇客车整备所、折返站看车时，看车人员必须坚守岗位，不得喝酒、打牌，不得在禁烟区或躺在铺位上吸烟。

3. 客运乘务人员在折返站停留需外出时，必须严格执行请销假制度，列车长应掌握外出人员的人数、去向和时间，外出人员严禁喝酒、打牌。

4. 客运班组出退勤（包括折返站）由班组长带队，按规定路线集体列队出入车站（客车整备所），必须横越线路时应指定专人防护，并执行相关规定。冬季上下车及通过车厢连接处时，要注意脚梯、车梯扶手和连接处有无冰雪，防止滑跌。

第二节 消防安全

旅客列车消防安全管理贯彻“预防为主，防消结合”的方针，按照“铁路局集团公司统一领导，所属单位全面负责、职工群众积极参与”的原则，严格落实“管行业必须管安全、管业务必须管安全、管生产经营必须管安全”，以及“领导负责、分工负责、专业负责、岗位负责”的要求，实行消防安全责任制。

一、消防组织

旅客列车运行途中的消防安全工作在列车长的统一领导下，实行岗位消防安全责任制。

1. 旅客列车应建立志愿消防队，由当班列车长任队长，当班车辆乘务人员任副队长，下设指挥组、疏散组、灭火组、伤员抢救组，根据乘务人员的具体情况，合理分工，明确职责，进行演练。

2. 旅客列车在运行途中应建立由列车长为组长，车辆乘务人员（含动力集中动车组随车机械师,下同)、客运乘务人员(列车员、餐饮工作人员、动力集中随车保洁及餐饮工作人员,下同)等为成员的消防安全小组,履行下列职责:

(1)认真贯彻执行上级有关消防工作的规定和工作部署,每月召开一次消防安全小组会议,组织安排和总结消防工作。

(2)按分工分别组织乘务人员认真学习消防知识,达到"四懂四会"(懂得本岗位的火灾危险性、懂得预防火灾的措施、懂得扑救火灾的方法、懂得逃生的方法,会使用消防器材、会报警、会扑救初起火灾、会组织疏散逃生)。

(3)按岗位职责落实消防安全管理制度,督促乘务人员落实岗位消防安全责任制,及时消除火灾隐患。

(4)向旅客开展消防安全注意事项宣传,对发现的可疑物品及时检查处置。

(5)发生火灾时,启动火灾事故应急预案,疏散旅客,扑救火灾,报告火灾情况。

(6)组织志愿消防队定期演练。

(7)建立旅客列车消防安全台账。

3. 旅客列车消防安全台账由列车长负责填写和管理,台账在车队存放,主要包括以下内容:

(1)上级有关消防工作的文件(复印件或摘抄件)。

(2)列车编组及乘务人员概况。

(3)列车消防安全小组名单。

(4)火灾事故应急预案及人员分工。

(5)消防安全小组会议记录。

(6)客运乘务人员消防安全培训记录。

(7)消防器材登记。

二、岗位消防安全职责

1. 列车长岗位消防安全职责

(1)全面负责旅客列车运行途中消防安全管理工作,贯彻上级有关消防工作部署和要求;

(2)主持召开由车辆乘务人员、客运乘务人员等参加的消防安全小组会议,总结分析、安排布置旅客列车运行途中的消防工作;

(3)检查督促客运乘务人员落实岗位消防安全责任制;

(4)组织客运乘务人员等学习消防知识,达到"四懂四会";

(5)落实设备设施检查制度,针对检查发现的问题,按职责分工进行整改,做好旅客列车上部服务设施检查记录;

(6)旅客列车运行途中按规定每 2 小时进行一次防火巡查,发现隐患及时妥善处置,劝阻违反消防安全行为;

(7)采取多种形式向旅客开展消防安全注意事项宣传,对发现的可疑物品及时检查处置;

(8)发生火灾时,启动火灾事故应急预案,做好应急处置;

(9)按规定填写消防安全台账。

2. 列车员岗位消防安全职责

(1)严格遵守消防安全规章制度,坚守岗位,落实岗位消防安全责任;

(2)严格执行各项操作规程,正确使用车辆设备,发现故障及时报告;

(3)认真巡视,劝阻旅客在车厢内吸烟;

(4)对发现的可疑物品及时检查处置;

(5)学习消防知识,达到“四懂四会”;

(6)发生火灾时,启动火灾事故应急预案,做好应急处置。

3. 行李员(邮政工作人员)岗位消防安全职责

(1)落实岗位消防安全责任,严格执行交接和监装监卸制度,防止夹带易燃易爆危险品的货物上车,督促装卸人员按规定堆码货物;

(2)按规定巡视,及时发现货物异常情况,妥善处置;

(3)向押运人员宣传防火注意事项,做好身份登记,收缴火种,制止吸烟、动用明火等违章行为;

(4)学习消防知识,达到“四懂四会”;

(5)发生火灾时,启动火灾事故应急预案,做好应急处置。

4. 餐饮工作人员(动力集中餐饮工作人员)岗位消防安全职责包括以下几项:

(1)餐车长负责餐车的消防安全工作,其他人员做好本岗位的消防安全工作。

(2)出库前认真检查炉灶、电气设备安全状况及消防器材是否齐全有效,发现隐患及时通知车辆乘务人员处理。

(3)按规定清除餐车油垢。

(4)严格按照设备操作说明和安全操作规程使用厨房设备。

(5)严格执行食品加工安全操作规定,按规定落实值班看守制度。

(6)学习消防知识,达到“四懂四会”。

(7)发生火灾时,启动火灾事故应急预案,做好应急处置。

三、火灾预防

1. 旅客列车采用的非金属材料必须是不燃、难燃材料,其燃烧性能和产烟毒性必须符合国家、行业和中国国家铁路集团有限公司(以下简称国铁集团)有关技术标准。

2. 旅客列车电气设备、消防设施和器材、非金属材料所采用的产品应是经国家有关部门鉴定合格的产品。

3. 旅客列车电气绝缘、防雷、电气接地、漏电、过流、过热、防水防潮保护及线路敷设、连接应符合国家、行业和国铁集团相关技术标准。

4. 乘务人员应严格标准化作业,认真执行岗位消防安全责任制。

5. 严格执行设备设施检查制度。由乘务人员按照职责分工,对用火用电设备、消防设施和器材进行全面检查,运行途中重点检查,终到后彻底检查。检查情况由检查人员分别签字确认,严禁代签、漏签。

6. 旅客列车运行途中列车长、车辆乘务人员在对客运工作和车辆设备设施巡视检查的同时,要开展防火巡查,并在发电车、邮政车、行李车的巡查记录上签字。

7. 对旅客列车始发前检查发现的设备故障,车辆部门应及时处置,消除隐患。对旅客列车运行途中发现不能当场处置的，应采取临时措施确保安全，按规定报告并如实记录。危及行车安全的，应立即停车处理。

8. 乘务人员必须经过全面的消防安全培训，达到“四懂四会”，熟记岗位消防安全职责和火灾事故应急处置基本要求，做到严格考核，持证上岗。

9. 操作“两炉一灶”和空调、火灾报警器等设备的乘务人员，应经过专门的消防知识培训，经培训合格后方可上岗。

10. 车辆电气设备必须保持状态良好，电气元件应安装牢固，接线及插座无松动，按钮开关、指示灯作用良好。严禁乱拉电线和违章安装、更换电气装置、元件；严禁擅自使用电热器具等电器。

11. 配电室内禁止存放物品，配电箱、控制箱内及上部不得放置物品，门锁必须良好，人离锁闭；可燃物品不得贴靠电采暖装置。

12. 车辆电气绝缘应符合要求，漏电保护、电气接地等装置应匹配、有效。车辆电气绝缘测试、设备巡检和交接应有记录；严禁用水冲刷地板。

13. 餐车配备的电烤箱、微波炉、电磁炉等餐饮炉具使用时，应有人监管，用后清洁，餐车离人断电。

14. 发电车乘务员应严格执行操作规程，落实防火制度，确保柴油发电机组及附属设备状态良好，阀门、管路连接部位紧固。油箱及其他各部位不得有积油和油垢，禁止乱堆乱放物品，棉纱应放在指定容器内。

15. 旅客列车取暖和蒸饭锅炉、茶炉应配件齐全、状态良好，落实点火试验和交接制度。使用中，乘务人员应按规定检查水位(压)表、水温表、验水阀、水循环状况，做到不漏水、不超温，严禁缺水、干烧。炉灰应先用水浸灭后再处置，炉室内不准堆放杂物，离人加锁。

16. 餐车炉灶、锅炉烟囱防火隔热装置应完好有效，使用燃煤炉灶的餐车入库应压火。

17. 旅客列车运行途中餐车严禁炼油，使用燃煤炉灶油炸食品和过油时，油量不得超过容器容积的1/3。电气化餐车电炸锅内油面高于1/4油锅深度，最高油面高度不超过油位警告标识，油温设定值严禁超过200 ℃。

18. 应定期对餐车炉灶台面、墙壁、抽油烟机、排烟罩、烟道、排风扇、车顶外表面和烟筒口、帽的油垢进行清除，保持清洁，并填写记录。

19. 循环水泵箱、检查孔、观察孔、煤箱、取暖器防护罩内部应保持清洁无杂物；停用的炉室应彻底清除可燃物，加固锁闭。

20. 邮政车、行李车货仓应留有安全通道，宽度不得小于0.5米，不得堵塞端门、边门，货物堆码不得超高。邮政车、行李车严禁使用明火或电炉烧水做饭，未经铁路局集团公司车辆主管部门批准严禁擅自增设使用各种电器。

21. 乘务室、配电室、餐车储藏室、广播室、检车工具间、宿营车、行李车、邮政车、发电车禁止烟火。车厢应设有禁止吸烟标识，乘务人员要对在车厢内吸烟的旅客进行劝阻，提醒旅客不得乱扔烟头火种；吸烟处应有明显标识并配备烟灰盒，及时清理，地板和壁板应保持完好，无孔洞和缝隙。

22. 旅客列车上的通道必须保持畅通，不得堵塞车门。

23. 在旅客列车上查获的禁限物品由列车工作人员妥善保管，并根据物品性质按站车交接程序向前方停车站或车站派出所移交。对判明不了性质的物品，严禁在车上进行试验。

24. 应通过图形标识、电子显示、广播宣传、视频宣传等多种方式，向旅客进行禁止吸烟、严禁携带禁限物品，以及逃生知识、灭火器和紧急破窗锤使用方法等消防安全知识宣传。

旅客列车灭火器配置和维修应符合下列规定，见表 2-2。

表 2-2　旅客列车灭火器配置

客车种类	灭火器配置种类及数量	灭火器配置位置
旅客列车车厢（双层客车每层）	2 千克 ABC 干粉灭火器和 2 升水基型灭火器各 2 具	车厢两端适当位置（每端各 2 具）
行李车、邮政车	4 具 4 升水基型灭火器、35 升推车式水基型灭火器 1 具	工作间内
餐车	4 具 4 升水基型灭火器，后厨没有直通餐厅门的餐车，可以在后厨内安设 2 具 4 升水基型灭火器	餐厅
发电车	4 升水基型灭火器 8 具，其中机房内 6 具，工作间 2 具；冷却间配备 25 千克推车式 ABC 干粉（或 35 升水基型）灭火器 1 具	机房、工作间、冷却间

（1）旅客列车配备的灭火器应适应环境温度，适于扑救 A 类（固体）、B 类（液体）、C 类（气体）和 E 类（带电）火灾。挂具应采用套筒结构，安装牢固、便于取用，底部离地面不得超过 1400 毫米。

（2）动力集中动车组消防设备设施按动力集中动车组运用维修规则等有关规定配置。机车消防设备设施按铁路机车运用管理规则等有关规定配置。

（3）灭火器应按国家有关标准要求定期维护、维修和报废。

（4）加强灭火器日常维护保养和管理，保证处于良好状态。灭火器应保持清洁，严禁搭挂物品，严禁挪作他用。

（5）空调旅客列车应按有关规定配备紧急破窗锤；餐车厨房应配备 2 条灭火毯；发电车、行李车、邮政车应各配备 2 具过滤式消防自救呼吸器。

（6）火灾自动报警系统应定期检测、维修，保持作用良好。

25. 定期组织旅客列车消防安全检查。主管部门每年进行一次检查；各客运段、车辆段每月进行一次检查。

第三节　卫生管理

铁路站车卫生管理工作坚持以人民健康为中心，树立健康优先发展理念，按照预防为主、分级负责、全程管理原则，突出卫生安全，强化健康环境，完善基础设施，落实人防、技防、物防措施提升标准与品质，促进高质量发展，创造温馨舒适、整洁卫生、品质优良的健康旅行环境。

各单位应制定突发公共卫生事件应急处理预案，定期检查防范措施落实情况，及时消除安全隐患。发生食物中毒、饮用水污染、传染病疫情等突发公共卫生事件应采取控制措施。

一、食品安全

1. 站车单位从事食品经营的，应依法取得“营业执照”“食品经营许可证”等有效经营资质；从事直接入口食品工作的从业人员应具有健康合格证明，遵守铁路食品安全管理要求，规范站车食品经营。

2. 站车食品经营应健全食品安全管理制度，突出源头治理和关键点控制，建立风险控制体系，推行食品安全体系认证，开展食品安全自查，加强从业人员培训和健康管理，提供放心食品。

3. 站车食品经营贮存食品应符合温度、时间等食品安全控制条件。要降低食品经营损耗率，控制水分活性高的食品，定期查验食品的生产日期和保质期，及时清理变质、超过保质期及其他不符合食品安全标准的食品，并做好相关记录。

4. 旅客列车折返或入库时，应保持餐车供电。无法供电时，餐车冰箱应使用冰排等控温措施；使用冰排仍然无法达到标准的，冰箱内禁止贮存食品。

5. 餐车经营冷(热)藏快餐食品时，严格执行“四控一规范”制度，控制贮藏温度、保质时间、食品标注和剩余食品，规范管理食品经营活动。保质期 24 小时以内的冷(热)藏盒饭生产日期应标注到年、月、日、时、分。要采取“售前自检”措施，严禁销售腐败变质、超过保质期和感官性状异常的快餐食品。

6. 餐车经营临时性团餐时，应保证与加工能力相适应，严格预制管理，做到即时加工，禁止使用剩余食品，实施团餐留样制度，并做好销售记录。

7. 对发生(疑似)食物中毒或食源性疾患的，食品生产经营者应积极救治患者，采取停止食品生产经营的临时性控制措施，封闭和保护现场及其食品原料，接受食品安全监督机构调查处置。

二、公共场所卫生

1. 站车公共场所应设置与旅客流量相适应且性能良好的卫生设施设备，客运车站应取得公共场所“卫生许可证”。从业人员应取得有效健康合格证明。新建、改建、扩建后投入使用的站车公共场所，空气质量等应符合国家公共场所卫生标准。

2. 站车公共场所应符合法律法规和卫生标准规范要求，建立健全卫生管理制度，加强从业人员培训和健康管理，保持环境整洁、空气清新、清洁卫生、无异味，并按规定进行卫生检测。

3. 站车公共场所应严格执行控制吸烟的有关规定，禁止吸烟区域有禁烟标识，开展吸烟危害健康的宣传。

4. 站车公共场所的病媒生物密度应当符合卫生标准规范要求，设有防鼠虫装置，控制各类缝隙，落实环境清扫，消除滋生环境，有效防制病媒生物危害。

5. 站车公共场所废弃物处置应实行定点存放、日产日清。出库始发列车不得带有垃圾、粪便和污水，废弃物必须在指定车站定点投放或在指定场所卸污。车站的客车线路、站台要保持清洁卫生。

6. 旅客列车应符合《铁路旅客运输服务质量规范》等要求，严禁携带有碍公共卫生物品进入客运车厢内；邮政车、行李车装运过有碍公共卫生物品或动物，应彻底清扫，保持整洁。

7. 站车公共场所应加强保洁管理，明确工作流程，规范保洁操作，工具设备清洁，不留死角盲区，完善检查记录，提升站车环境卫生质量。

8. 旅客列车保洁时，应加强列车室内外清洁，更换的卧具备品不能直接落地、踩踏，彻底清洁座席缝隙、卧铺缝隙、电取暖器、垃圾箱等边角缝隙，清除病媒生物滋生地。卫生清扫工具应配备数量充足，分类存放、使用和管理，及时清洗，保持清洁。

9. 铁路疾控机构应组织列车供水站(含客车整备所)每季水质检测，检测报告应上报各铁路局集团公司和铁路卫生监督机构,并通报有关单位。对水质达不到卫生标准的,不得向旅客列车供水,督导落实整改措施,经检验合格后恢复供水。

三、疾病防治

1. 站车单位应组织开展爱国卫生运动,进行预防传染病的健康教育,倡导文明健康的生活方式,加强环境整治,消除鼠、蟑、蚊、蝇、臭虫等病媒生物危害。

2. 站车单位发现传染病病人或者疑似传染病病人时,应按规定及时向铁路疾控机构报告。铁路疾控机构应按照工作程序,报告地方政府卫生行政部门。旅客列车上发现根据国家规定需要采取应急控制措施的传染病病人、疑似传染病病人,应当以最快的方式通知前方停靠站和上级营运单位。接报后,应按规定逐级上报。

3. 对患有传染病或疑似传染病的旅客,站车单位应组织现场应急处置,在铁路疾控机构指导下,采取必要的隔离控制患病旅客的临时性措施,落实消毒等措施,并在指定站或目的地车站下交。同时,按照传染病相关处置要求,采取有效防控措施。

4. 出现疫情时,铁路疾控机构要指导站车单位控制传染病疫情,同时应委派专人赶赴现场,开展流行病学调查,控制传染源,切断传播途径,保护易感人群,做好终末消毒,并采取必要的防控措施。加强联防联控,结合疫情状况,利用实名制售票等信息,甄别密切接触者;协调地方疾控部门做好患者移交和密切接触者医学观察提报等疫情控制工作。

5. 旅客列车应配备急救药箱,培训红十字救护员,对旅客在乘车中突发疾病、创伤,能够提供及时的紧急救助和简易救护治疗。

第四节 车门管理

一、基础管理

(一)建立岗位信息互通渠道

旅客列车客运各岗位配置带有耳麦的客运对讲机,对讲机和耳麦纳入客运备品管理。制定岗位间日常作业信息联控制度,建立健全各岗位与列车长快速联系机制。列车长和车站站台客运值班员的对讲机要具备录音功能。

(二)合理确定岗位职责分工

途中有乘降作业的硬座车厢必须保证每辆车厢每班配置1名列车员,在办客站每辆硬座车厢(整车厢不载客预留到前方站的除外)都要打开站台侧的一个车门组织乘降;卧车可根据岗位值乘范围情况,本着方便旅客乘降的原则合理确定开门位置,且应提前向本岗位值乘车厢的旅客进行通报。

(三)规范站车交接确认制度

1. 明确站车交接位置,原则上应在列车中部交接。站车在相互沟通的基础上,应对交接位置细化到每趟列车车厢号(原则上为列车中部餐车、软卧车厢等处所)。

2. 明确交接人员。站车交接人员应为站台客运值班员和列车长,特殊情况下可指定胜任人员进行交接,指定人员应主动联系对方办理交接。

二、过程控制

1. 严格执行《铁路旅客运输服务质量规范》中关于车门管理“停开、动关、锁，出站台检查瞭望值乘区域车门”等有关规定。列车运行中任何人员严禁开启车门。车门上下锁锁闭到位，防止运行中因震动等原因导致车锁自行开启（跳锁）。运行中列车乘务人员应加强车门巡视检查，防止车门漏锁或其他人员开启。遇临时停车，应加强车内巡视，确保车门锁闭，严禁旅客上下车。制定完善卡控措施，杜绝当班期间职工干与工作无关的事情，如串岗聊天、玩手机和电子产品等，减少途中不巡视不作业给安全带来的隐患。

【案例概况】

××次列车起动时，5 号车厢列车员在车门处看到站台一旅客向列车运行方向随车奔跑，因列车起动速度较慢，该旅客很快超过该列车员的视觉范围。随着列车出站，5 号车厢列车员一直未看到该旅客，之后进行值乘区域车门检查瞭望，在检查中发现该旅客攀爬在车外两车连接车梯处，十分危险。列车员立即使用对讲机呼叫列车长，列车长使用紧急制动阀停车将该旅客拉上车，该旅客未受伤。

【案例分析】

站停时，为列车车门动态防护的重点，列车员应时刻关注站台动态，防止旅客扒车或其他危及旅客及列车安全情况的发生。开车后对值乘区域车门检查更是对车门防护的一种重要手段。此案例再次体现出执行车门管理制度的重要性，如果列车员没有发现，后果不堪设想。

2. 列车到站前，列车员要做好车内通告，提前疏通车内通道，组织下车旅客到车门口处等待。列车站停组织乘降时，列车员须在车门口值守，低站台乘降时须打开踏板，杜绝旅客和乘务人员飞乘飞降。开车铃响完毕、确认无旅客乘降后，上车清除车门口障碍，放下踏板，做好关门准备（塞拉门应关闭车门），密切注意车门口旅客和站台人员动态，防止出现人员抢上抢下，列车起动迅速关闭车门车站应根据站场件合理确定停止检票时间，加强检票进站旅客走行通道和站台的盯控，防止开车铃响完毕后旅客抢上、扒车或在站台奔跑。列车出站台后列车员应对值乘岗位负责的各车门锁闭情况进行检查。受站场条件影响，遇个别车厢与站台间隙过大或落差过高时，可不使用安全踏板，应加强安全提示和乘降组织，也可组织旅客到相邻车厢或车门乘降。

三、结合部管理

1. 列车站停作业时，所有列车工作人员原则上应通过正常开启供旅客乘降的车门上下车，确因作业需要须打开非旅客乘降的车门时，按照“谁打开、谁负责”的原则，负责做好监护，防止旅客乘降，作业完毕及时将车门锁闭并确认；作业人员不能有效监护或正常锁闭时，应及时通知客运乘务人员到场监护或锁闭后方可离开；未接到作业人员通知，其他人员不得锁闭作业车门。运行途中遇非正常停车须临时下车应急处置时，应及时通知客运乘务人员到场监护车门。

2. 机后第一辆载客车厢前端车门或尾部载客车厢后端车门不得作为旅客乘降车门。相关作业人员须开启机后第一辆载客车车厢前端车门或尾部载客车厢后端车门作业时，应同时将该端客室（卧车小走廊）与通过台的端门使用钥匙锁锁闭（既有端门为直接开启式锁具的由配属局集团公司进行钥匙锁改造）。列车上编挂的邮政车车门由邮政人员负责管理，发电车车门由发电车列车员负责管理；编挂的试验、检测、回送车等不办理旅客乘降业务的车辆，由申请挂运单位负责该车辆的车门管理和安全检查巡视。

四、应急处置

（一）列车站停时的应急处置

1. 列车起动前发现车门无法关闭时，列车工作人员立即呼叫车辆乘务员（或站台工作人员）通知司机不得开车，同时迅速通知车辆乘务员到场处理。发生车门无法关闭时，第一时间通知车辆乘务员、列车长或站台工作人员。通知三者均可，以上三者第一时间通知司机不要开车，避免造成车门未关闭列车发车情况。

2. 车门无法关闭但列车已起动时，列车工作人员应立即使用紧急制动阀停车，同时迅速通知车辆乘务员到场处理。严禁滞后使用紧急制动阀，造成列车停于区间内。

【案例概况】

××次列车，在××站开车前（图定14时01分到，14时04分开），2号车厢列车员发现车门（塞拉门）无法关闭。立即用对讲机呼叫列车长，列车长此时已上车，从8号车厢赶至2号车厢故障车门，赶赴过程中列车起动。列车长到达现场后，见车门仍然无法关闭，立即联系车辆乘务员并使用2号车厢紧急制动阀停车。列车于14时06分停靠在出站信号机外区间内，由于停车位置为分相区，电力机车无动力，列车无法移动，后续由调车机将列车拉回××站重新发车。

【案例分析】

通过案例可以看出，滞后使用紧急制动阀停车给列车运行秩序带来的危害。同时列车长在接到车门故障的汇报后，应立即通过对讲设备联系司机不要开车，通知车辆乘务员赶赴故障车门处处置故障。

3. 客运乘务人员应熟练掌握值乘列车办客站及到开时刻、技术停点等业务知识。遇列车停车，能够判明为到达本趟列车办客站时，按规定作业；能够判明为临时停车时，要坚守岗位，加强巡视，确保车门锁闭，严禁旅客上下车，未经列车长组织严禁开启车门；不能判明时，列车长应及时通过对讲机通知乘务人员严禁打开车门，同时与车辆乘务员或司机确认停车情况。

4. 列车到站停稳后，列车员应确认所在车厢乘降车门是否停靠站台，如发现未正常停靠站台时，严禁打开车门，立即报告列车长并加强车门值守，同时做好组织旅客到最近停靠站台车厢车门乘降的准备。列车长在接到不停靠站台报告后，应立即用对讲机通知全列列车员关闭车门停止旅客乘降作业，并要求各车厢列车员依次汇报值守车门停靠站台情况，了解情况后与车站客运工作人员进行联控，明确列车是否需要再次移动。

5. 旅客未乘降完毕列车起动时，车站工作人员发现后应立即按规定通知司机停车；列车工作人员立即使用对讲机呼叫车辆乘务员、列车长或站台工作人员通知司机停车，列车员在车下组织乘降，不具备使用紧急制动阀停车条件时，使用对讲机呼叫车上工作人员，车上有值乘人员听到呼叫后，应立即使用紧急制动阀停车。站车工作人员应坚持“宁漏勿扒”的原则，立即劝阻疏散未上车的旅客到安全线以内，劝阻正在下车的旅客停止下车，列车员应尽可能关闭车门，高站台时还应尽可能撤下安全踏板。

【案例概况】

××次列车，列车到站××站停车时，列车员发现4节车厢未停靠站台，停靠站台列车员打开车门放下安全踏板组织旅客乘降时，列车突然起动，此时旅客均在上下，列车多个车门未来及关闭，运行100余米后停车。后续调查得知，该车次值乘司机第一次停车未停车到位，随即在未进行机车联控的情况下再次移动列车，所幸未造成旅客伤害。

【案例分析】

通过案例可以看出，不停靠站台所带来的安全隐患，以及联控的重要性。同时案例反映出车班处置的失误，比照本节“(二)列车站停时的应急处置”第4点要求，车厢在未停靠站台时，严禁打开车门，同时按照要求汇报车长，由车长做好联控。比照本节“(二)列车站停时的应急处置”第5点要求，列车工作人员在旅客未乘降完毕列车起动时，应立即使用紧急制动阀停车，避免因列车多个车门开启，旅客未乘降完毕所可能造成的严重后果。

(二)列车运行中的应急处置

1. 列车工作人员发现车门开启(含旅客报告)时，按照“谁发现、谁锁闭”的原则，由发现者立即锁闭车门，并向列车长通报情况，“三乘”对车门状态进行确认。

2. 车站助理值班员发现车门开启时，应呼叫列车车辆乘务员(或呼叫司机通知车辆乘务员)，车辆乘务员应及时就近锁闭或通知列车长指派就近列车员锁闭，“三乘”对车门状态进行确认。

3. 前两种情形中，如车辆乘务员现场确认车门无法正常关门的，列车长、车辆乘务员分别向所在局集团公司客运调度、车辆调度汇报，在前方站停车处理，其间由列车长指派工作人员做好防护；如遇车门口有人员难以疏散、扒车、坠落等严重危及人身、行车安全时，列车上首先到达车门现场的工作人员应迅速果断使用紧急制动阀停车。

五、责任追究

对擅自开启车门的行为，由公安机关依法处罚。违法人员属于路内职工的，还应按内部管理权限追究相关管理责任。对于列车管理责任(突发性设备故障、人为破坏除外)造成的运行中车门漏锁或开启，岗位列车员按规定处理，当班列车长免职，并追究相关管理责任。

六、设备管理

加强车门的检查飞维护、保养，严格落实普速旅客列车“三乘”检查制度。车辆部门应严格落实专项修制度，确保客车车门作用良好。

第五节 看车制度

一、看守范围和形式

1. 普速旅客列车停留存放期间(含折返站、客车技术整备所、存车场等处所)必须进行看守,明确责任主体,完善安全设施,落实看守措施,确保消防安全。

2. 运用客车在客车技术整备所(客技站)停留存放期间,由车辆、机辆段负责车下看守。

3. 运用客车出客车技术整备所(客技站)后停留期间,车下由铁路客车停留存放场所所属单位负责,看守人员(第4项描述情况除外)不得上车。

4. 运用客车、行李车车内使用燃煤炉、灶且处于点火(压火)状态时,由客运部门负责车内看守;邮政车有处于点火(压火)状态的燃煤炉、灶时,由使用单位派人看守。

5. 备用客车由铁路客车停留存放场所所属单位负责看守。下线客车存放前必须进行消防安全检查,按有关规定办理交接,切断电源,灭火清灰,封闭锅炉、茶炉间门,锁闭门窗。

6. 客车在存放期间,应清除存放线路周围的杂草、垃圾,及时清理闲杂人员,防止外来火源引发火灾事故。应配备相应的消防设施、灭火器材、交通和通信工具以及监控等设施,停留存放场所与周围建筑物的防火间距应符合消防规范有关规定,并在适当位置设置醒目的“严禁烟火”标识等。

7. 铁路客车停留存放场所应实行封闭式管理,防止闲杂人员进入。

二、看守工作要求

1. 客车看守工作自列车进入客技站等场所开始至列车离开相关场所为止,相关单位应掌握列车车底调车计划,合理安排看守计划。

2. 负责看守停留存放铁路客车的人员必须经过消防安全教育和培训,达到“四懂四会”,具备应急处置能力,并配备应急通信器材。

3. 车辆段、机辆段、车务段、直属站等处所看守人员按规定对停留客车的状态进行检查确认,发现异常,立即报告,妥善处置;巡视检查每2小时不少于一次。

4. 客车发生火情时,场站内的第一发现人(含看守人员)均应及时报告,相关单位接报后应迅速组织处置。

三、其他工作要求

1. 客车终到或入库后,由列车长和车辆乘务员分别对全列进行检查,确认设备状态正常,无遗留火种和闲杂人员,锁闭车门。列车长检查完成后应与客运保洁整备人员对接,布置安全注意事项及整备作业重点。列车长检查确认过程应使用音视频记录仪。

2. 库内整备作业完毕,铁路工作人员及保洁人员必须下车,车上不得留人。工作人员及保洁人员撤离前应巡视全列,无遗留火种和闲杂人员,做到全列断电、锁闭车门;车辆工作人员作业完毕后应关闭用电负载,锁闭控制柜、配电柜门和配电室门,非车辆工作人员严禁打开控制柜、配电柜和配电室门、违规操作电气设备。工作人员在库内、站场需要开门上车作业时,作业完毕应按照“谁开启、谁锁闭”原则,锁闭开启车门。

3. 运用客车在异地停留期间，车上原则上不得留人。
4. 客车餐车应落实措施强化餐料管理，确保食品卫生安全。

复习思考题

1. 什么是安全红线？Ⅰ类安全红线有哪些？
2. 列车员岗位消防安全职责是什么？
3. 简述旅客列车灭火器配置种类、数量及位置。
4. 列车起动前发现车门无法关闭时，列车工作人员应如何处置？
5. 如遇旅客未乘降完毕列车起动，应如何处置？

第三章　作业标准

作业标准是指日常乘务工作中，乘务人员在标准化的工作流程中，依据规范需要完成的工作任务。本章旨在帮助乘务人员了解工作中的职责和具体任务，明确工作目标，规范操作流程，提升工作效率，为旅客提供更加优质的服务，各岗位工种均制定了相应的作业标准。

第一节　列车长岗位作业标准

列车长主要负责普速旅客列车乘务组管理，做好旅客运输服务工作，组织列车乘务服务、餐售、保洁、行包工作，协调各乘务工种关系，规范处置各类突发事件。

一、一班作业流程

普速旅客列车列车长一班作业流程，如图 3-1 所示。

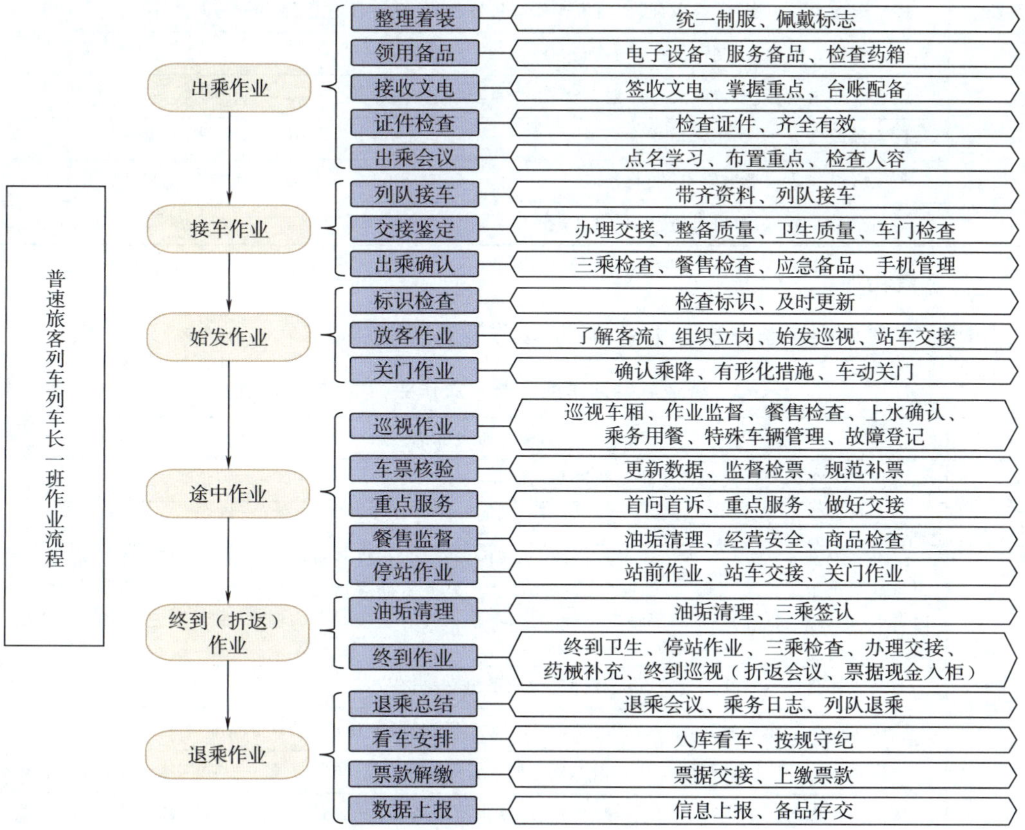

图 3-1　普速旅客列车列车长一班作业流程

二、一次作业标准

(一)出乘作业

普速旅客列车列车长一次作业标准(出乘作业),见表 3-1。

表 3-1 普速旅客列车列车长一次作业标准(出乘作业)

作业内容	质量标准
整理着装	身着统一制服,佩戴职务标志和工号牌
领用备品	领用电子票据,核对票据起止号,测试补票设备状态,办理交接手续,绑定扫码支付账号
	调试测试手持电台、音视频记录仪、客运站车无线交互手持终端(以下简称交互机)等作业设备,确保设备状态良好、正常使用
	根据药箱配置标准核对红十字药箱药品配置情况,重点对药品有效期及备量情况进行检查,指定专人通过旅客应急药品管理系统对过期药品及时更换,缺失药品及时补充。更换检查完毕药箱加锁
	根据值乘列车编组、车型、乘务制度等情况,核对低值易耗品、清扫工具、备用标识标牌等备品准备情况
	根据列车编组、车型,指派专人请领车厢视频记录仪,电量充足、性能良好
接收文电	查阅、摘录调度命令、相关文件、电报和业务通知,按规定签认
	及时登录客管系统,提报电子乘务日志,数据下载及时准确
	接受工作布置,认领乘务趟计划。掌握重点旅客预约信息
	检查客运记录、电报等台账配备情况
证件检查	核实乘务人员上岗证、健康证、广播机操作证等证件,保证证件有效、符合要求
出乘会议	检查班组人员着装,制服统一,佩戴职务标志和工号牌
	组织召开出乘会,布置趟工作计划、当班工作重点、岗位安排等
	传达客调命令、上级指示和要求
	带领班组列队接受出乘点名、业务提问
	与列车员交互机、对讲机,核对时间、信号

(二)接车作业

普速旅客列车列车长一次作业标准(接车作业),见表 3-2。

表 3-2 普速旅客列车列车长一次作业标准(接车作业)

作业内容	质量标准
列队接车	带领班组全体人员按规定线路列队接车
	带齐相关证件、设备、备品、资料等
交接鉴定	组织班组乘务人员与看车人员办理交接;非库内接车的,与终到班组办理交接手续。中途站交接时,组织与退乘班组进行重点旅客、卧铺使用、设施设备、服务备品等情况的交接。值乘非空调列车时,应对车内供水、茶炉间和保温桶加锁等情况进行交接,冬季采暖时还应对车内温度、采暖锅炉使用状态及加锁等情况进行交接
	与兼职补票员做好补票设备、电子票据交接,填写交接记录
	确认车厢整备作业质量,重点检查车门车窗、安全标识、服务标志、服务备品等情况
	确认列车出库卫生情况,做好卫生鉴定,不达标项督促整改到位,与保洁领班进行签字交接,并按规定考核
	接车后重点对行李车仓门、车门,餐车厨房边门、后门加强检查,督促相关人员加强监管,按规定使用车门防护绳

续上表

作业内容	质量标准
出乘确认	组织对列车移动设备进行复核，检查列车上部设施情况，对检查发现的设备设施问题及时填记“三乘检查”记录，将问题反馈车辆部门并盯控修复情况。督促列车员安装车厢视频记录仪，汇总支架破损、缺失情况
	组织对安全踏板、列车应急备品等进行检查确认，做到状态良好、定位摆放
	确认列车餐售经营准备情况，检查餐车“食品经营许可证”“价目表”“商品进货单”，核对餐料、商品上车情况，并对“商品进货单”签认，值乘非空调列车时确认列车供水准备、保温桶使用等情况。 值乘非空调列车时，确认车内温度情况，冬季车内温度不低于14℃，夏季车内温度超过28℃时，通知工作人员提前开启车内风扇
	按规定收取班组人员和委外人员手机，并核对手机信息，定点存放、统一管理
	对委外商品及销售清单进行核实，核对发票、价签、人员持证等情况

（三）始发作业

普速旅客列车列车长一次作业标准（始发作业），见表3-3。

表3-3　普速旅客列车列车长一次作业标准（始发作业）

作业内容	质量标准
标识检查	督促乘务人员确认列车运行区间牌的粘贴情况，避免区间牌出现卷边、破损、褪色等现象
	组织对内顺、外顺等标识标牌、揭示揭挂（服务标识）进行检查确认，发现破损、缺失及时更换补充粘贴
放客作业	开启交互机，督促各车厢列车员按照岗位设置登录铁路站车客运信息无线交互系统（以下简称站车交互系统），了解客流情况
	根据车站放客预告和通知，通知班组乘务人员统一开门立岗
	组织列车员做好车门核验乘车信息，落实车门口安全宣传及扶老携幼工作，使用音视频记录仪对作业情况进行巡视记录
	与车站客运（值班）人员在列车中部办理交接
关门作业	开车铃响完毕，确认无旅客乘降后，组织列车员集体登车
	组织列车员上车后收取安全踏板，低站台时列车员上车后放下翻板、卡牢压杆（放下翻板前，注意脚趾位置、防止压伤），做好关门准备（塞拉门应关闭车门，在车门口立岗，车动按规定锁闭车门），车动锁闭车门

（四）途中作业

普速旅客列车列车长一次作业标准（途中作业），见表3-4。

表3-4　普速旅客列车列车长一次作业标准（途中作业）

作业内容	质量标准
巡视作业	始发开车后全面巡视车厢，途中按规定全面巡视，巡视检查时全程使用音视频记录仪进行记录
	重点检查车门管理、车容整理、乘务作业、纪律执行等情况；列车办公席票据现金管控情况进行检查，重点查验票据现金使用保管情况。值乘非空调列车时还应检查冬季采暖、车内供水等情况
	对列车广播宣传情况进行检查，广播及集中控制的视频播放时间、内容、音量符合规定
	对列车餐售经营情况进行检查，餐车经营证照齐全有效，经营项目、收费价格公开，无只收费不服务行为；商品质价相符，明码标价，一货一签，无演示叫卖销售行为，餐售过程中提供发票
	对列车员晨间、午间、夜间、交接班作业等情况进行检查，重点对列车厕所卫生管理情况进行检查，督促岗位作业标准落实

续上表

作业内容	质量标准
巡视作业	对列车途中给水及台账登记情况进行检查，途中上水站按规定上水，督促车厢列车员上水站到站前、开车后分别核记水位刻度，确认上水情况，规范填记上水台账
	对行李车、邮政车作业情况进行检查，重点检查车门管理、消防管理等情况，并规范填写特种车巡查记录
	对宿营车管理情况进行确认，重点检查铺位管理、乘务箱(包)集中管理、禁烟制度落实等情况
	对列车员用餐情况进行检查，督促列车员定时定点、分批用餐，其他时段不在旅客面前吃食物、吸烟、剔牙齿和出现其他不文明、不礼貌的动作；餐车对旅客供餐时，乘务人员不在餐车逗留、闲谈、占用座席、陪客人就餐
	对途中巡视检查发现的设备设施问题及时填记"三乘检查"记录，将问题反馈车辆部门并盯控修复情况
车票核验	及时更新交互机数据，全面了解席位使用情况
	督促列车员根据站车交互系统核验车内旅客席位信息，重点核验空闲席位、减价票、无座、标记旅客，对不符合乘车条件或无票人员按章处理，票据现金及时入保险柜存放
	遇旅客丢失有效乘车凭证时，按要求规范处置业务
	根据电子客票查验情况，组织办理旅客补票、补签业务
重点服务	督促列车员落实首问首诉负责制，对旅客咨询、求助、投诉及时回应，按规定处置，有问必答，回答准确；对列车员引导的旅客及时接待，耐心解释
	督促列车员落实重点旅客服务要求，对重点旅客做到"三知三有"(知座席、知到站、知困难，有登记、有服务、有交接)，优先办理卧铺、安排座席；为有需求的特殊重点旅客联系到站提供担架、轮椅等辅助器具，及时办理站车交接
	遇双班作业时，将重点旅客、重点事项纳入交接班内容，共同做好旅客服务工作
餐售监督	对餐车作业情况进行检查，督促餐车做好油垢清理工作，落实餐车炉灶台面一餐一清要求；餐车电器设备做到离人断电，餐料、商品、备品和餐、炊具等分类定位放置；售饭车辆制动良好
	对商品经营情况进行检查，重点检查售货车辆状态、商品明码标价等情况，杜绝人车分离、演示叫卖销售
停站作业	根据停站，督促列车员对通道进行疏通，执行"一站两报"要求，组织旅客提前做好准备，并提前到车门立岗，做好开门准备
	到站与车站在列车中部办理交接，站停作业期间使用音视频记录仪记录作业情况
	开车铃响完毕，确认无旅客乘降后，组织列车员集体登车
	组织列车员上车后收取安全踏板，低站台时列车员上车后放下翻板、扣牢压杆(放下翻板前，注意脚趾位置、防止压伤)，做好关门准备(塞拉门应关闭车门，在车门口立岗，车动按规定锁闭车门)，车动锁闭车门

(五)终到(折返)作业

普速旅客列车列车长一次作业标准[终到(折返)作业]，见表 3-5。

表 3-5 普速旅客列车列车长一次作业标准[终到(折返)作业]

作业内容	质量标准
油垢清理	终到前检查餐车油垢清理情况，餐车炉灶台面一餐一清，炉灶墙壁、抽油烟机、排烟罩和烟道的表面可见部位一趟一清，做到彻底清理
	会同"三乘"人员对餐车油垢清理情况进行检查签认
终到(折返)作业	督促列车员落实列车终到(折返)站车厢卫生标准，做到车内无垃圾、无污水、无粪便，垃圾装袋、封口、无渗漏

续上表

作业内容	质量标准
终到(折返)作业	到站前督促列车员按照停站作业要求,提前做好作业准备,根据车厢旅客情况开展安全防护、重点服务等作业
	督促车厢列车员将垃圾定点投放,与终到(折返)站办理业务交接,入库列车做到"三不带"
	进行"三乘检查",根据检查情况做好相应记录;列车终到前对已修复设备设施进行标记确认,相关记录交车辆乘务员
	组织对设备设施、服务备品进行交接,折返站时召开折返站会议,组织乘务人员在公寓(或列车上)休息,进公寓休息时将补票设备、现金锁入保险柜并打乱密码
	检查本趟药品使用情况,通过旅客应急药品管理系统对过期药品申请更换,对缺失药品申请补充
	退乘前,需与班组人员确认无滞留旅客,无闲杂人员,并对发现的遗失物品进行正确处置

(六)退乘作业

普速旅客列车列车长一次作业标准(退乘作业),见表3-6。

表3-6　普速旅客列车列车长一次作业标准(退乘作业)

作业内容	质量标准
退乘总结	在指定地点组织召开退乘会议,按手机集中管理规定发还手机,重点对乘务工作开展情况进行总结,并对违章违纪情况进行通报,必要时组织召开分析会,并进行相应考核
	收集运输生产数据,填写"乘务工作日志"
	组织乘务人员按规定线路退乘,步伐一致,箱(包)在同一侧
看车安排	入库列车安排好看车人员,每组车底看车人员应不少于3人,编挂有餐车的,其中必须有1人为餐车工作人员,并对"三关一熄"执行情况进行检查
	督促看车人员严格执行"两纪一化",重点检查劳动纪律和禁烟管理要求执行情况
票款解缴	与兼职补票员办理补票设备、电子票据、现金交接并填写交接记录、车内补票移交报告
	安排解款、护送人员,上缴票款,按规定存放补票设备
数据上报	完善运输生产数据,到安全生产指挥中心(或值班分室),上交"乘务工作日志"
	登录客管系统,完成数据录入和退乘
	使用专用工具和机器,完整上报音视频记录仪数据
	列车通信等设备、备品按规定进行移交或存放

第二节　列车员岗位作业标准

一、列车员(座车)岗位作业标准

列车员(座车)从事普速旅客列车座车旅客服务工作,落实安全、作业相关标准,协助处置各类突发事件。兼职服务台为旅客办理列车补票业务,解答旅问询,协助列车长处理旅客旅行中相关事务。兼职广播员落实列车广播视频播放相关规定,协作列车长做好药箱管理工作。

(一)一班作业流程

普速旅客列车列车员(座车)一班作业流程,如图 3-2 所示。

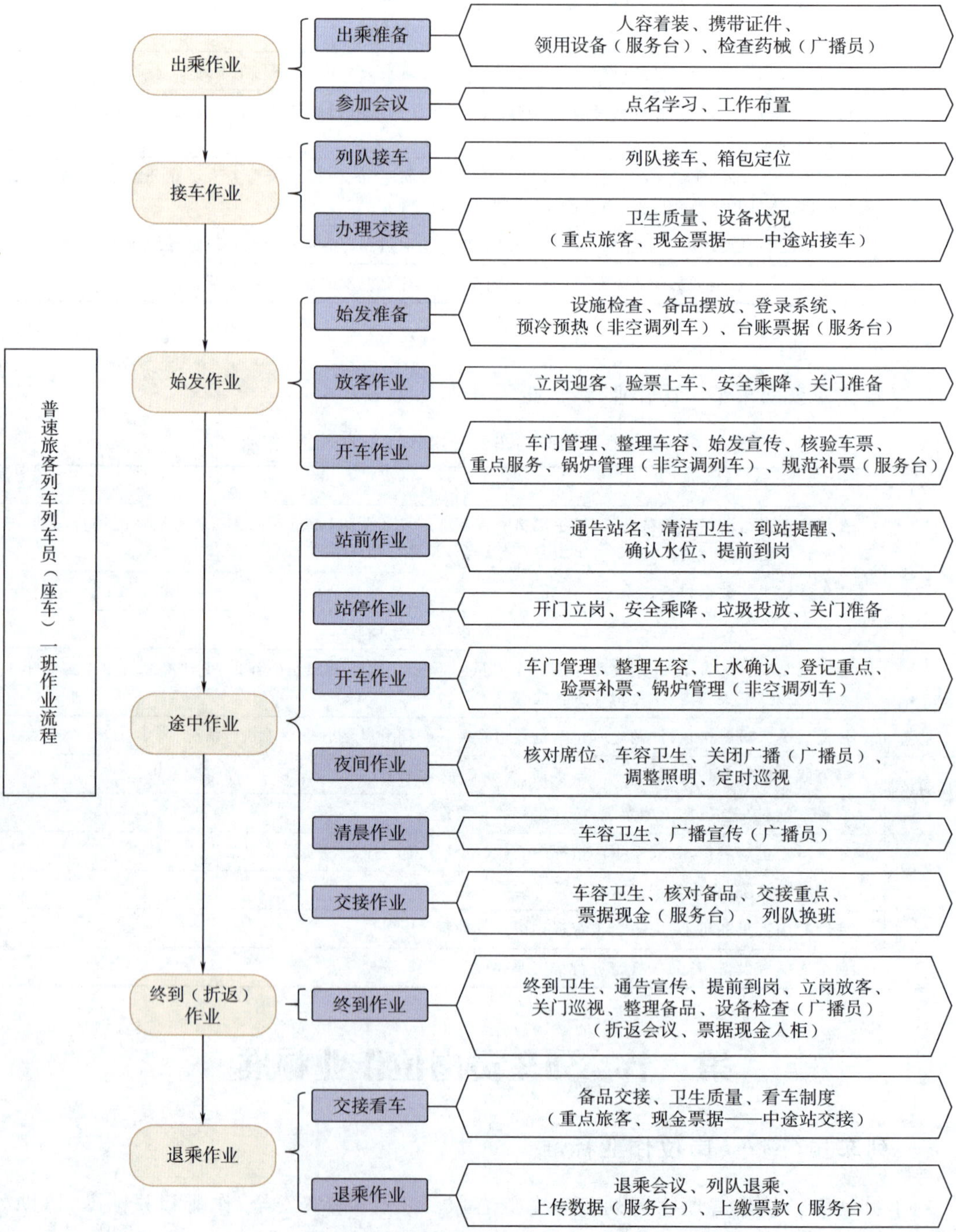

图 3-2 普速旅客列车列车员(座车)一班作业流程

(二)一次作业标准

1. 出乘作业

普速旅客列车列车员(座车)一次作业标准(出乘作业),见表 3-7。

表 3-7　普速旅客列车列车员(座车)一次作业标准(出乘作业)

作业内容	质量标准
出乘准备	规范着装,佩戴职务标志、仪容整洁(女性淡妆上岗),携带相关有效证件
	兼职列车值班员时,随同列车长到收入部门请领、核对电子票据;领取并测试音视频记录仪状态,确保正常使用
	兼职广播员领取药箱,并检查各类器械、药品,通过旅客应急药品管理系统对过期药品及时更换,缺失药品及时补充,做到药箱内摆放规范,齐全有效。药箱加锁
参加会议	按规定时间到指定地点集合,参加出发会、点名会
	接受列车长传达上级指示、命令和工作布置,学习有关文件和业务知识

2. 接车作业

普速旅客列车列车员(座车)一次作业标准(接车作业),见表 3-8。

表 3-8　普速旅客列车列车员(座车)一次作业标准(接车作业)

作业内容	质量标准
列队接车	在列车长带领下列队入库接车(非库内接车的上站台接车),带齐备品、资料
	统一由指定车厢登车,将乘务箱包按规定定位摆放
办理交接	与列车保洁人员或看车人员交接车内卫生质量,核对备品情况,填写交接簿
	中途站交接时,还应交接重点旅客等事项
	兼职广播员时,对广播设备、备品情况进行交接
	兼职值班员时,中途站还应办理交接等事项

3. 始发作业

普速旅客列车列车员(座车)一次作业标准(始发作业),见表 3-9。

表 3-9　普速旅客列车列车员(座车)一次作业标准(始发作业)

作业内容	质量标准
始发准备	检查服务设施设备运用状态和车内紧急破窗锤、服务标识、内外顺号牌、列车运行区间牌、气窗等情况,检查车厢视频记录仪,发现支架破损、缺失等情况。兼职广播员时对广播设备设施运用状态进行检查,兼职值班员时整理办公用品、台账资料,发现问题及时报告列车长
	整理窗帘、座席套、头靠套(片)、乘务室等。遇有无障碍厕所摆放一次性坐便垫圈,清洁用具定位放置
	值乘非空调列车时,确认车内温度情况,采暖季确认采暖锅炉设备状态,按规定焚烧,保持车内温度,冬季车内温度不低于 14℃时;夏季车内温度超过 28℃时,提前开启车内风扇
	兼职值班员时,与列车长办理补票设备、电子票据交接手续,调试补票设备,填写“运输收入台账”,入柜加锁
	按照岗位设置登录站车交互系统,设置到站前提示时间
放客作业	列车广播通知放客后,锁闭厕所(集便器厕所除外)、乘务室门。打开车门、卡牢翻板(高站台站停超过 4 分钟时使用安全踏板,安全踏板脚踩固定),擦扶手,面向旅客放行方向(高站台站在车厢主体一侧)立岗迎客。兼职广播员时,按规定时间广播通知列车员迎接旅客上车
	做好车门口乘车及安全宣传、重点帮扶,核验乘车信息,引导旅客上车
	铃响站线、铃停登车,上车后放下翻板、卡牢压杆(放下翻板前,注意脚趾位置、防止压伤;高站台收取安全踏板)、紧握扶手,关门准备(塞拉门关闭车门)

续上表

作业内容	质量标准
开车作业	车动关锁车门(塞拉门按规定锁闭车门),致注目礼,列车出站台后检查值乘区域车门锁闭情况(防漏锁约束带规范使用),安全踏板定位放置
	开启端门、厕所,整理车容
	通报下一到站站名、到开时刻,兼职广播员时,广播致欢迎词,介绍安全和旅行常识,进行禁烟、禁危宣传,安全乘车、服务设备设施等宣传
	巡视车厢,调整行李架,确保车门、通道畅通。落实首问首诉负责制。对不文明乘车行为做好宣传劝阻
	通过站车交互系统了解运行车次售票信息,核对旅客身份和电子客票,并在电子票夹内登记、标注重点旅客
	使用站车交互系统核对旅客信息,重点核验减价票、空闲席位、无座、标记旅客。对不符合乘车条件的旅客及遇有效乘车凭证丢失的旅客,及时通知列车长
	确认车内重点旅客信息,加强到站提醒,及时将特殊重点旅客信息向列车长报告,并做好重点服务
	兼职值班员时,在列车办公席为有需要的旅客办理补票业务,业务办理过程中使用音视频记录仪进行记录
	值乘非空调列车时,取暖季按照规定做好取暖锅炉的操作和巡视,防止缺水焚烧。炉灰浸灭后装袋处理,人离锅炉室门加锁
	遇临时停车做好宣传,加强巡视,车门锁闭,严禁旅客上下车

4. 途中作业

普速旅客列车列车员(座车)一次作业标准(途中作业),见表 3-10。

表 3-10 普速旅客列车列车员(座车)一次作业标准(途中作业)

作业内容	质量标准
站前作业	提前通告站名(不晚于到站前 10 分钟),宣传到站前注意事项
	到站前卫生清洁,清理果皮盘和垃圾桶,垃圾装袋扎口,定位放置
	给水站确认水位并填写上水台账
	厕所卫生清理,提前 5 分钟锁闭厕所(集便器厕所除外),集便器厕所吸污或未供电时锁闭厕所
	列车到站前,锁闭与不同席别相连车厢端门,通告站名、到开时刻,协助重点旅客提前做好下车准备。兼职广播员时,在到站前广播通告站名和停站时间
	提前到岗,试开车门(塞拉门除外),致注目礼
站停作业	停稳开门,卡牢翻板,擦扶手,车门立岗(高站台站停超过 4 分钟时使用安全踏板,安全踏板脚踩固定)
	做好车门口乘车及安全宣传、重点帮扶,提醒车次信息,核验乘车信息,引导旅客上车
	垃圾投放站定点投放垃圾
	铃响站线、铃停登车上车后放下翻板、卡牢压杆(放下翻板前,注意脚趾位置、防止压伤;高站台收取安全踏板)、关门准备(塞拉门关闭车门)
开车作业	车动关锁车门(塞拉门按规定锁闭车门),致注目礼出站。列车出站台后确认值乘区域车门锁闭情况(防漏锁约束带规范使用),安全踏板定位放置
	通报下一到站站名、到开时刻,开启端门、厕所,整理车容,调整行李架,确保车门、通道畅通。兼职广播员时,规范做好站名、安全宣传、文明乘车宣传等内容播报,用餐时间做好餐车供应时间、品种等广播介绍。兼职值班员时,在列车办公席为有需要的旅客办理补票业务
	确认水位并填写上水台账
	按规定巡视车厢,途中对、减价票、空闲席位、无座、标记旅客加强核对,对不符合乘车条件的旅客及遇有效乘车凭证丢失的旅客,及时通知列车长
	确认车内重点旅客信息,加强到站提醒,及时将特殊重点旅客信息向列车长报告,并做好重点服务
	值乘非空调列车时,取暖季按照规定做好取暖锅炉的操作和巡视,防止缺水焚烧。炉灰浸灭后装袋处理,人离锅炉室门加锁
	遇临时停车做好宣传,加强巡视,确保车门锁闭,严禁旅客上下车

续上表

作业内容	质量标准
夜间作业	宣传夜间注意事项，核验车内旅客席位信息，夜间22:00—次日7:00时间段运行时，对重点旅客加强到站提醒
	兼职广播员时，夜间停止播音前，预告相关停车站及到开时刻，介绍夜间旅行注意事项。夜间停止广播作业后，检查广播设备，关机、关灯、关闭电源
	车容整理、全面清扫，清倒烟灰盒，拉合遮阳帘，照明开关置于半灯位，洗面灯开关置于开位
	定时巡视车厢
清晨作业	打开遮阳帘，整理车容，保持洗脸间、厕所卫生清洁，照明开关置于全灯位
	兼职广播员时，做好清晨播音，介绍列车运行情况，洗漱注意事项等
交接作业	全面卫生清扫，整理车容
	交接重点旅客、备品等情况，填写交接台账；兼职值班员时，交接补票设备、电子票据、现金，填写"运输收入台账"
	列队交接班

5. 终到(折返)作业

普速旅客列车列车员(座车)一次作业标准[终到(折返)作业]，见表3-11。

表3-11 普速旅客列车列车员(座车)一次作业标准[终到(折返)作业]

作业内容	质量标准
终到(折返)作业	全面卫生清理，垃圾装袋扎口，定位放置。兼职广播员时，提前做好列车终到前广播卫生宣传，介绍列车终到站，致欢送词
	提前通知旅客做好下车准备，做好通告宣传(到站前注意事项)
	提前10分钟锁闭厕所(集便器厕所除外)
	协助重点旅客做好下车准备
	提前到岗，试开车门(塞拉门除外)，致注目礼
	停稳开门，卡牢翻板，擦扶手，车门立岗(高站台使用安全踏板，安全踏板脚踩固定)，协助重点旅客下车，防止闲杂人员上车，垃圾定点投放
	锁闭车门，巡视车厢，确认无滞留旅客，无闲杂人员，发现遗失物品及时交列车长处理
	补做车内卫生，整理备品。值乘非空调列车时，取暖锅炉熄(压)火，炉灰浸灭处理。兼职广播员时，检查广播设备，与广播工区办理交接
	在折返站参加折返会议，需进公寓休息时，在列车长带领下列队进公寓休息；兼职值班员时，按规定将补票设备、票款入柜加锁，打乱密码

6. 退乘作业

普速旅客列车列车员(座车)一次作业标准(退乘作业)，见表3-12。

表3-12 普速旅客列车列车员(座车)一次作业标准(退乘作业)

作业内容	质量标准
交接看车	与列车保洁人员或看车人员交接车内卫生质量，核对备品情况，填写交接簿。兼职广播员时，还应对广播设备备品进行交接
	中途站交接时，还应交接重点旅客等事项。兼职值班员时，结算票据进款，统计单程(全程)输送人数，整理台账资料，与列车长办理补票设备、电子票据、现金交接手续，填写"运输收入台账"
	库内看车时，落实看车制度
退乘作业	参加退乘会议，汇报重点事项，落实问题整改
	列队按规定线路出站退乘
	兼职值班员时，终到陪同列车长上缴补票设备、电子票据、现金
	兼职值班员时，使用专用工具和机器，完整上报音视频记录仪

二、列车员(卧车)岗位作业标准

列车员(卧车)从事普速旅客列车卧车旅客服务工作,落实安全、作业相关标准,协助处置各类突发事件。兼职服务台为旅客办理列车补票业务,解答旅客问询,协助列车长处理旅客旅行中相关事务。兼职广播员落实列车广播视频播放相关规定,协作列车长做好药箱管理工作。

(一)一班作业流程

普速旅客列车列车员(卧车)一班作业流程,如图 3-3 所示。

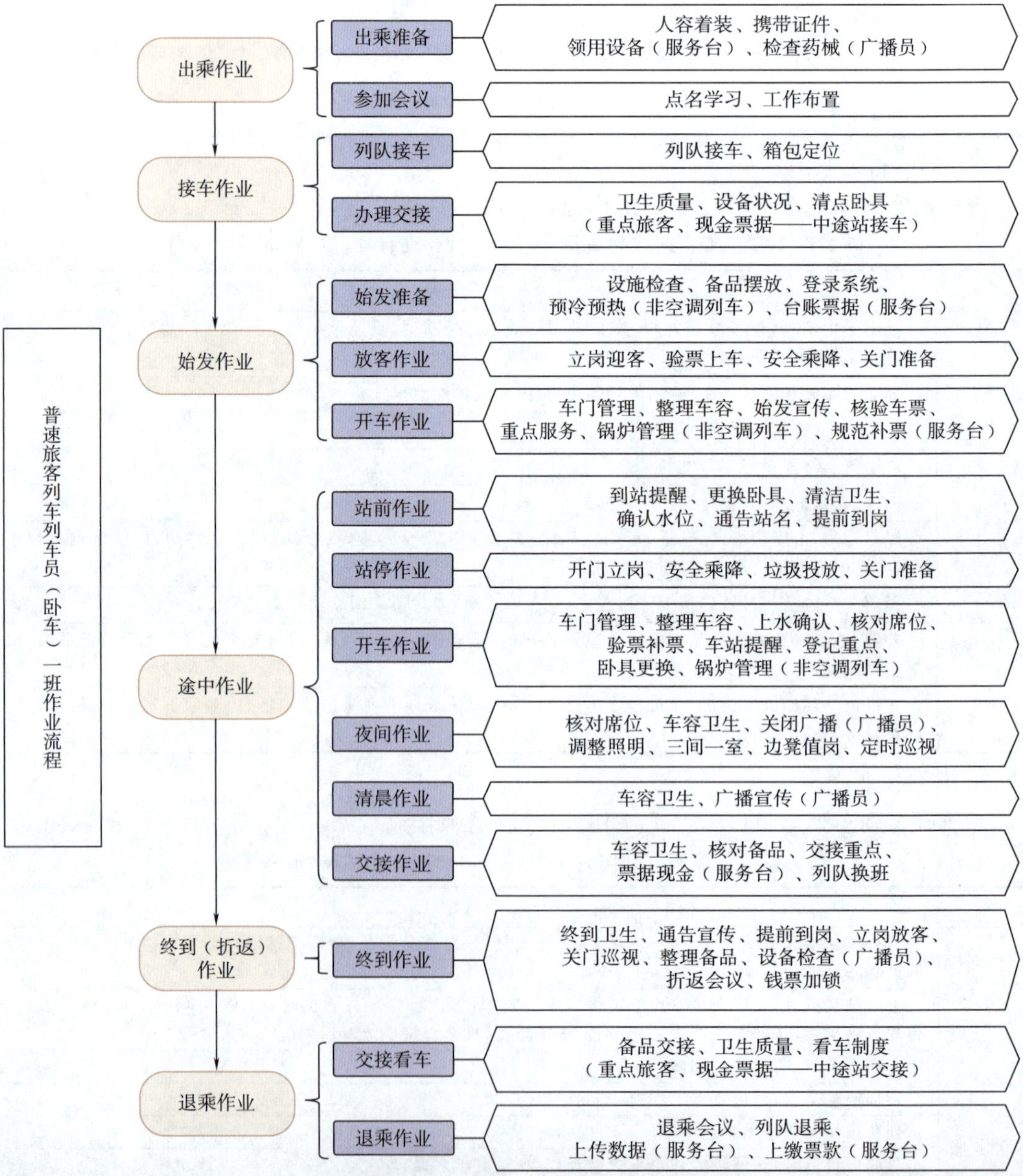

图 3-3　普速旅客列车列车员(卧车)一班作业流程

(二)一次作业标准

1. 出乘作业

普速旅客列车列车员(卧车)一次作业标准(出乘作业),见表 3-13。

表 3-13 普速旅客列车列车员(卧车)一次作业标准(出乘作业)

作业内容	质量标准
出乘准备	规范着装,佩戴职务标志,仪容整洁(女性淡妆上岗),着装得体,带齐相关有效证件
	兼职列车值班员时,随同列车长到收入部门请领、核对补票设备、电子票据;领取并测试音视频记录仪状态,确保正常使用
	兼职广播员时领取药箱,并检查各类器械、药品,通过旅客应急药品管理系统对过期药品及时更换,缺失药品及时补充,做到药箱内摆放规范,齐全有效。药箱加锁
参加会议	规定时间到指定地点集合,参加出发会、点名会
	接受列车长传达上级指示、命令和工作布置,学习有关文件和业务知识

2. 接车作业

普速旅客列车列车员(卧车)一次作业标准(接车作业),见表 3-14。

表 3-14 普速旅客列车列车员(卧车)一次作业标准(接车作业)

作业内容	质量标准
列队接车	在列车长带领下列队入库接车(非库内接车的上站台接车),带齐备品、资料
	统一由指定车厢登车,将乘务箱包按规定定位摆放
办理交接	与列车保洁人员或看车人员交接车内卫生质量、服务备品等,清点卧具数量
	中途站交接时,还应交接车内重点旅客、卧具使用等事项
	兼职广播员时,对广播设备、备品情况进行交接

3. 始发作业

普速旅客列车列车员(卧车)一次作业标准(始发作业),见表 3-15。

表 3-15 普速旅客列车列车员(卧车)一次作业标准(始发作业)

作业内容	质量标准
始发准备	检查服务设施设备运用状态和车内紧急破窗锤、服务标识、内外顺号牌、列车运行区间牌、气窗等情况。检查车厢视频记录仪,发现支架破损、缺失等情况,兼职广播员时,对广播设备设施运用状态进行检查,兼职值班员时整理办公用品、台账资料,发现问题及时报告列车长
	整理窗帘、卧具、乘务室等,摆放果皮盘。遇有坐便器厕所摆放一次性坐便垫圈,清洁用具定位摆放。值乘软卧时,整理窗帘、卧具、衣架、茶几布、地毯、乘务室等,包房内摆放一次性拖鞋(颜色区分)、果皮盘等,热水瓶满水,厕所摆放卫生纸、一次性垫卷(坐式便器),洗脸间补充洗手液(皂),清洁用具定位摆放
	按照岗位设置登录站车交互系统,设置到站前提示时间
	值乘非空调列车时,采暖季确认采暖锅炉设备状态,按规定焚烧,保持车内温度。夏季车内温度超过 28℃时,打开车内风扇
放客作业	列车广播通知放客后,锁闭厕所(集便器厕所除外)、端门、乘务室门。打开车门,卡牢翻板(高站台站停超过 4 分钟时使用安全踏板,安全踏板脚踩固定),擦扶手,面向旅客放行方向(高站台站在车厢主体一侧)立岗迎客。兼职广播员时,按规定时间广播通知列车员迎接旅客上车
	做好车门口乘车及安全宣传、重点帮扶,核验乘车信息,引导旅客上车
	铃响站线、铃停登车上车后放下翻板、卡牢压杆(放下翻板前,注意脚趾位置、防止压伤;高站台收取安全踏板)、紧握扶手,关门准备(塞拉门关闭车门)

续上表

作业内容	质量标准
开车作业	车动关锁车门(塞拉门按规定锁闭车门),致注目礼。列车出站台后检查值乘区域车门锁闭情况(防漏锁约束带规范使用),放安全踏板,定位摆放
	开启端门、厕所,整理车容。兼职广播员时,广播致欢迎词,介绍安全和旅行常识
	进行禁烟、禁危、安全乘车及服务设备设施宣传
	巡视车厢,调整行李架,落实首问首诉负责制。对不文明乘车行为做好宣传劝阻
	通过站车交互系统了解运行车次售票信息,核对旅客身份和电子客票,并在电子票夹内登记、标注重点旅客
	使用站车交互系统核对旅客信息,重点核验减价票、空闲席位、无座、标记旅客。对不符合乘车条件的旅客遇有效乘车凭证丢失的旅客,及时通知列车长
	确认车内重点旅客信息,加强到站提醒,及时将特殊重点旅客信息向列车长报告,并做好重点服务
	值乘非空调列车时,取暖季按照规定做好取暖锅炉的操作和巡视,防止缺水焚烧。炉灰浸灭后装袋处理,人离锅炉室门加锁
	遇临时停车做好宣传,加强巡视,车门锁闭,严禁旅客上下车

4. 途中作业

普速旅客列车列车员(卧车)一次作业标准(途中作业),见表 3-16。

表 3-16 普速旅客列车列车员(卧车)一次作业标准(途中作业)

作业内容	质量标准
站前作业	提前 30 分钟通知下车旅客,打开站车交互系统录音功能进行录音
	到站前卫生清洁工作,清理果皮盘和垃圾桶。垃圾装袋扎口,定位放置
	确认水位并填写上水台账
	厕所卫生清理,提前 5 分钟锁闭厕所。集便器厕所吸污或未供电时必须锁闭
	列车到站前,按照值乘范围锁闭相应车厢端门,通告站名、到开时刻,协助重点旅客提前做好下车准备。兼职广播员时,在到站前广播通告站名和停站时间
	提前到岗,确认站台,试开车门(塞拉门开除外),致注目礼
站停作业	停稳开门,打开卡牢翻板(高站台站停超过 4 分钟时使用安全踏板),擦扶手,车门立岗
	做好车门口乘车及安全宣传、重点帮扶,提醒车次信息,核验乘车信息,引导旅客上车
	垃圾投放站定点投放垃圾
	铃响站线,铃停登车,上车后放下翻板、卡牢压杆(放下翻板前,注意脚趾位置、防止压伤;高站台收取安全踏板)、关门准备(塞拉门关闭车门)
开车作业	车动关锁车门(塞拉门按规定锁闭车门),致注目礼。列车出站台后检查值乘区域车门锁闭情况(防漏锁约束带规范使用),安全踏板定位放置
	开启端门、厕所,整理车容。兼职广播员时,规范做好站名、安全宣传、文明乘车宣传等内容播报,用餐时间做好餐车供应时间、品种等广播介绍
	确认水位并填写上水台账
	通过站车交互系统了解运行车次售票信息,核对旅客铺位。对中途站上车的旅客加强铺位的核对
	对不符合乘车条件的旅客及遇有效乘车凭证丢失的旅客,及时通知列车长

续上表

作业内容	质量标准
开车作业	确认车内重点旅客信息，加强到站提醒，及时将特殊重点旅客信息向列车长报告，并做好重点服务
	对中途下车旅客做好到站前提醒，打开站车交互系统录音功能进行录音
	采暖期按照规定做好采暖锅炉的操作和巡视，防止缺水焚烧。炉灰浸灭后装袋处理，人离锅炉，室门加锁
	遇临时停车做好宣传，加强巡视，确保车门锁闭，严禁旅客上下车
夜间作业	宣传夜间注意事项，核验车内旅客席位信息，夜间 22:00—次日 7:00 时间段运行时，对重点旅客加强到站提醒。对夜间上车旅客，轻声沟通做好登记，确保旅客按票面到站下车
	做好车容整理，全面清扫，清理果皮盘，拉合窗帘
	兼职广播员时，夜间停止播音前，预告相关停车站及到开时刻，介绍夜间旅行注意事项。夜间停止广播作业后，检查广播设备，关机、关灯、关闭电源
	照明开关置于半灯位，洗面灯开关置于开位
	三间一室清理，清倒烟灰盒
	边座值岗，定时巡视车厢
清晨作业	打开窗帘，整理车容，保持洗脸间、厕所卫生清洁，照明开关置于全灯位
	兼职广播员时，做好清晨播音，介绍列车运行情况，洗漱注意事项等。值乘软卧时，为重点旅客更换热水瓶，清理包房卫生
交接作业	全面卫生清理，整理车容、备品
	交接卧铺使用、重点旅客、服务设施及备品等情况，填写交接台账
	列队交接班

5. 终到（折返）作业

普速旅客列车列车员（卧车）一次作业标准[终到（折返）作业]，见表 3-17。

表 3-17 普速旅客列车列车员（卧车）一次作业标准[终到（折返）作业]

作业内容	质量标准
终到（折返）作业	卫生清理，垃圾装袋扎口，定位摆放
	兼职广播员时，提前做好列车终到前广播卫生宣传，介绍列车终到站，致欢送词
	提前 30 分钟通知下车旅客，做好确认
	提前 10 分钟锁闭厕所（集便器厕所除外）
	协助重点旅客做好下车准备
	提前到岗，试开车门（塞拉门开除外），致注目礼
	停稳开门，卡牢翻板（高站台使用安全踏板，安全踏板脚踩固定），擦扶手，车门立岗，防止闲杂人员上车，垃圾定点投放
	锁闭车门，巡视车厢，确认无滞留旅客，无闲杂人员，发现遗失物品及时交列车长处理
	补做车内卫生，整理备品。值乘非空调列车时，取暖锅炉熄（压）火，炉灰浸灭处理。兼职广播员时，检查广播设备，与广播工区办理交接
	在折返站参加折返会议，需进公寓休息时，在列车长带领下列队进公寓休息

6. 退乘作业

普速旅客列车列车员(卧车)一次作业标准(退乘作业),见表 3-18。

表 3-18 普速旅客列车列车员(卧车)一次作业标准(退乘作业)

作业内容	质量标准
交接看车	与列车保洁人员或看车人员交接车内卫生质量、服务备品、卧具等情况,填写交接簿。兼职广播员时,还应对广播设备备品进行交接
	中途站交接时,还应交接车内重点旅客、卧具使用等事项。兼职值班员时,结算票据进款,统计单程(全程)输送人数,整理台账资料,与列车长办理补票设备、电子票据、现金交接手续,填写"运输收入台账"
	库内看车时,落实看车制度
退乘作业	参加退乘会议,汇报重点事项,落实问题整改
	列队按规定线路出站退乘
	兼职值班员,终到陪同列车长上缴补票设备、电子票据、现金
	兼职值班员,使用专用工具和机器,完整上报音视频记录仪

第三节 餐车岗位作业标准

一、餐车长岗位作业标准

餐车长负责普速旅客列车餐车餐饮供应和服务工作,为旅客提供饮食服务和商品供应,对餐车班组日常工作进行管理。

(一)班作业流程

普速旅客列车餐车长一班作业流程,如图 3-4 所示。

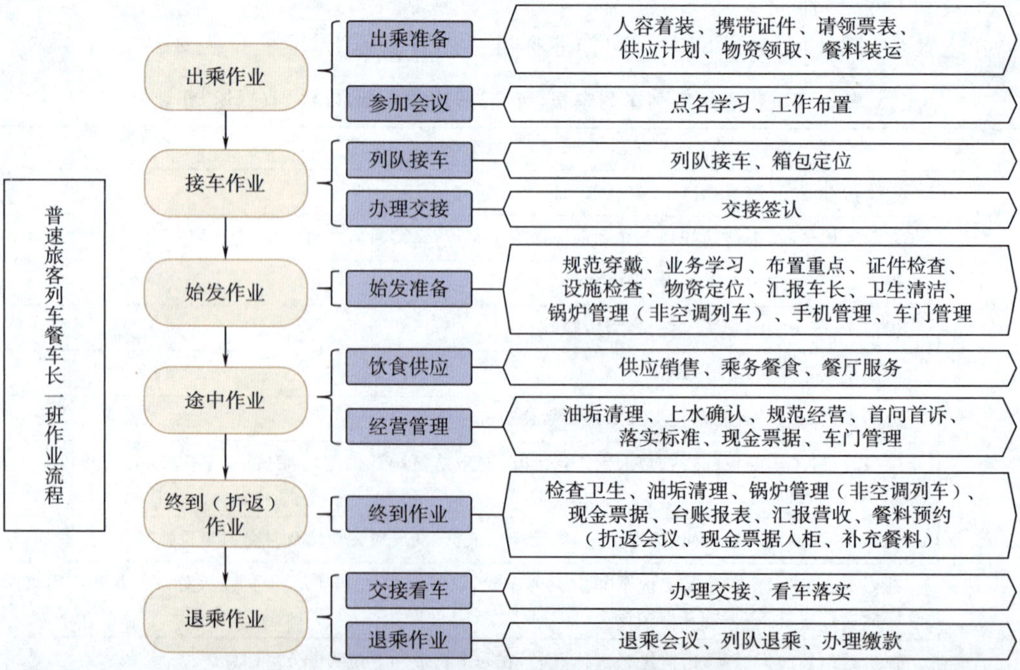

图 3-4 普速旅客列车餐车长一班作业流程

(二)一次作业标准

1. 出乘作业

普速旅客列车餐车长一次作业标准(出乘作业),见表 3-19。

表 3-19 普速旅客列车餐车长一次作业标准(出乘作业)

作业内容	质量标准
出乘准备	按规范着装,佩戴职务标志,仪容整洁(女淡妆上岗),带齐相关有效证件
	请领票据、发票、报表
	会同厨师拟定趟任务供应计划,安排领取备品、餐料和商品
	安排餐车组人员负责餐料装车和押运
参加会议	按规定时间到指定地点集合,参加出发会、点名会
	接受列车长传达的上级指示、命令和工作布置,学习有关文件和业务知识

2. 接车作业

普速旅客列车餐车长一次作业标准(接车作业),见表 3-20。

表 3-20 普速旅客列车餐车长一次作业标准(接车作业)

作业内容	质量标准
列队接车	入库接车(非库内接车的上站台接车),带齐备品、资料等
	将乘务箱包按规定定位摆放
办理交接	组织本班餐车组人员与对班餐车组办理交接,在交接簿上签字确认

3. 始发作业

普速旅客列车餐车长一次作业标准(始发作业),见表 3-21。

表 3-21 普速旅客列车餐车长一次作业标准(始发作业)

作业内容	质量标准
始发准备	工作时戴工作帽(女性戴三角巾)和围裙
	组织召开餐车组出乘会,布置趟工作,提出工作重点,组织餐车组业务学习
	检查餐车组人员仪容仪表、着装、标志、“上岗证”“健康证”等相关证件及餐车“食品经营许可证”
	检查餐厅和厨房的安全设施设备,油垢清理情况,保险柜正常使用状态
	核对餐料、商品、备品的定位存放情况
	向列车长汇报餐车供应计划、重点餐料准备情况,提供上料单
	组织餐车组人员进行卫生清理、餐厅布置及售饭(货)车擦抹工作,检查售饭(货)车四周防撞胶带(条),破损及时更换,制动装置作用良好
	检查环境卫生和餐饮茶具、食品容器等清洗、消毒、保洁情况。值乘非空调列车时,采暖季节车内温度不低于 14℃,按照规定做好取暖锅炉的操作和巡视,防止缺水焚烧;保持室内无杂物,炉灰浸灭后装袋处理,人离锅炉室门加锁。夏季车内温度超过 28℃时,开启餐厅内风扇
	按规定收取餐车人员手机,并核对手机信息,交列车长统一保管
	检查移动支付设备是否齐全完好,定位摆放
	检查列车厨房及过道边门锁闭情况
	做好始发其他准备工作

4. 途中作业

普速旅客列车餐车长一次作业标准(途中作业),见表 3-22。

表 3-22 普速旅客列车餐车长一次作业标准(途中作业)

作业内容	质量标准
饮食供应	组织餐厅、茶吧、车厢供应销售工作
	做好乘务饭供应
	做好就餐时段餐厅经营服务
经营管理	每餐后检查油垢清理情况,填写“餐车油垢清理记录”
	掌握上水站给水情况,并及时填写台账
	盯控供餐质量,规范经营行为,明码标价,提供发票,落实首问首诉负责制,必要时向列车长汇报
	督促餐车各岗位落实各项安全制度和作业标准
	票据、现金及时锁入保险柜并打乱密码
	列车运行中,检查餐车厨房边门、厨房后门、走廊边门锁闭情况,做到上锁下销,车动必检(夜间由值班炊事员负责)

5. 终到(折返)作业

普速旅客列车餐车长一次作业标准[终到(折返)作业],见表 3-23。

表 3-23 普速旅客列车餐车长一次作业标准[终到(折返)作业]

作业内容	质量标准
终到(折返)作业	检查厨房、餐厅及包干区卫生
	确认餐车炉灶台面、墙壁、抽油烟机(电气部件除外)、排烟罩和烟道等部位油垢全面清理情况,填写“餐车油垢清理记录”,相关人员签字确认。值乘非空调列车时,彻底清理取暖炉室内卫生,炉灰浸灭装袋处理,保持室内无杂物;取暖锅炉熄(压)火,炉灰浸灭处理
	做好成本核算,整理票据、结算现金
	依据规定做好折返站餐料补充工作
	填写各类报表,整理台账,向列车长汇报趟经营情况
	折返站时现金、票据入柜加锁
	在折返站参加折返会议,需进公寓休息时,在列车长带领下列队进公寓休息
	会同厨师做好下趟出乘餐料预约

6. 退乘作业

普速旅客列车餐车长一次作业标准(退乘作业),见表 3-24。

表 3-24 普速旅客列车餐车长一次作业标准(退乘作业)

作业内容	质量标准
交接看车	做好餐车组交接,填写交接簿
	库内看车时,落实看车制度
退乘作业	参加退乘会议,汇报重点事项,落实问题整改
	列队按规定线路出站退乘
	办理缴款手续

二、餐车厨师岗位作业标准

从事普速旅客列车餐车烹饪工作，合理选择原料，完成菜肴的制作。严格执行餐车厨师岗位作业流程，落实安全、作业相关标准。

(一)一班作业流程

普速旅客列车餐车厨师一班作业流程，如图 3-5 所示。

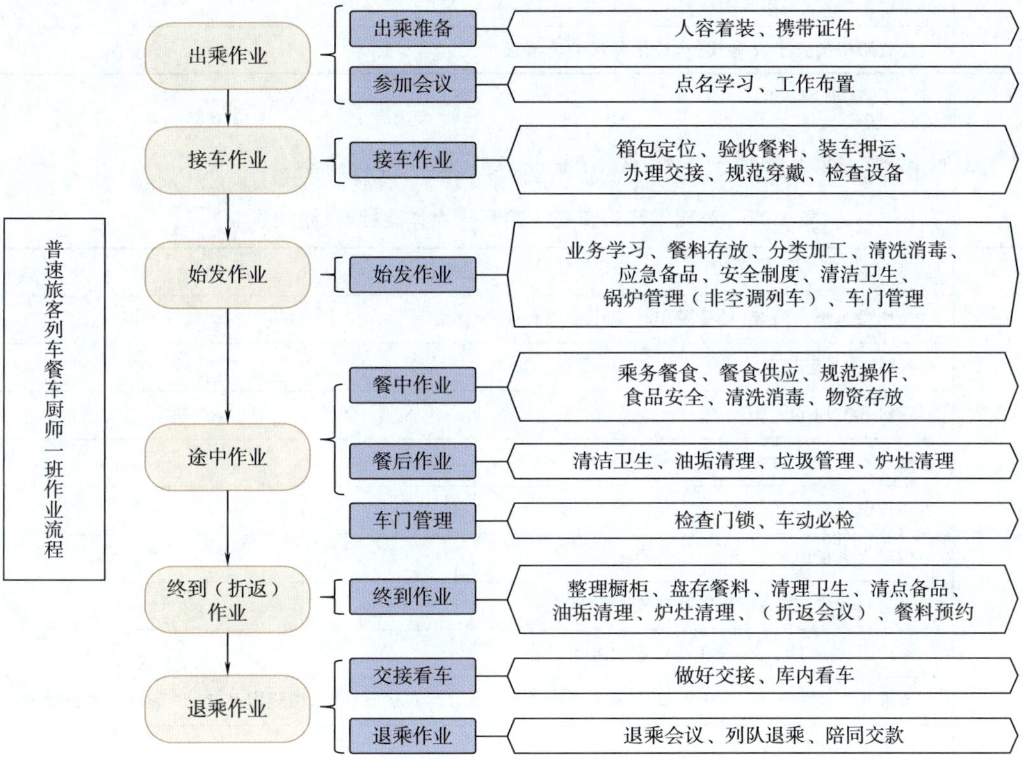

图 3-5 普速旅客列车餐车厨师一班作业流程

(二)一次作业标准

1. 出乘作业

普速旅客列车餐车厨师一次作业标准(出乘作业)，见表 3-25。

表 3-25 普速旅客列车餐车厨师一次作业标准(出乘作业)

作业内容	质量标准
出乘准备	按规范着装，佩戴职务标志，仪容整洁，带齐相关有效证件
参加会议	规定时间到指定地点集合，参加出发会、点名会
	接受列车长传达上级指示、命令和工作布置，学习有关文件和业务知识

2. 接车作业

普速旅客列车餐车厨师一次作业标准(接车作业)，见表 3-26。

表 3-26 普速旅客列车餐车厨师一次作业标准(接车作业)

作业内容	质量标准
接车作业	将乘务箱包按规定定位摆放
	会同餐车长拟定趟任务供应计划,对照供应计划,领取、验收餐料、备品
	做好餐料、备品的领取、装车和押运
	与对班餐车组办理交接
	更换工作服,工作时戴口罩、着工作帽、围裙、穿工作鞋
	检查厨房的安全设施设备,餐车厨房油垢清理情况

3. 始发作业

普速旅客列车餐车厨师一次作业标准(始发作业),见表 3-27。

表 3-27 普速旅客列车餐车厨师一次作业标准(始发作业)

作业内容	质量标准
始发作业	参加餐车组出乘会,接受餐车长工作布置和业务学习
	餐料、备品定位存放
	餐料分类加工
	做好餐饮茶具、食品容器等清洗、消毒工作
	整理储藏室
	核对灭火毯的配置情况,定位存放
	拟定每餐供应计划,落实各项安全制度
	保持厨房卫生清洁,做好供餐各项准备工作
	值乘非空调列车时,按规定操作餐车燃煤炉灶,确认设备状态良好,按规定焚烧,炉灰浸灭装袋处理
	锁闭厨房边门、后门

4. 途中作业

普速旅客列车餐车厨师一次作业标准(途中作业),见表 3-28。

表 3-28 普速旅客列车餐车厨师一次作业标准(途中作业)

作业内容	质量标准
餐中作业	乘务饭供应
	加工制作盒饭,做好餐厅供应
	根据点菜单,烹调各种菜肴
	规范操作炉灶及各类厨房设备
	执行各项食品安全制度
	做好餐饮茶具、食品容器等清洗、消毒工作
	整理冰箱和橱柜,餐料、备品定位存放

续上表

作业内容	质量标准
餐后作业	组织全面清理厨房卫生
	餐后做好油垢清理工作
	厨房垃圾使用专用垃圾袋收纳，与列车其他垃圾分类管理，按规定投放
	值乘非空调列车时，炉灶压火，炉灰浸灭装袋处理
车门管理	列车运行中，检查餐车厨房边门、厨房后门锁闭、做到上锁下销，车动必检（夜间由值班炊事员负责）

5. 终到（折返）作业

普速旅客列车餐车厨师一次作业标准[终到（折返）作业]，见表 3-29。

表 3-29 普速旅客列车餐车厨师一次作业标准[终到（折返）作业]

作业内容	质量标准
终到（折返）作业	整理冰箱、橱柜
	盘点库存餐料
	整理备品、餐具，组织全面清理厨房卫生
	全面清点、登记备品
	面清理餐车炉灶台面、墙壁、抽油烟机（电气部件除外）、排烟罩和烟道等部位油垢，相关人员签字确认
	值乘非空调列车时，炉灶熄（压）火，炉灰浸灭装袋处理
	在折返站参加折返会议，需进公寓休息时，在列车长带领下列队进公寓休息
	会同餐车长做好下趟出乘餐料预约

6. 退乘作业

普速旅客列车餐车厨师一次作业标准（退乘作业），见表 3-30。

表 3-30 普速旅客列车餐车厨师一次作业标准（退乘作业）

作业内容	质量标准
交接看车	配合餐车长做好交接工作
	库内看车时，落实看车制度
退乘作业	参加退乘会议，汇报重点事项，落实问题整改
	列队按规定线路出站退乘
	根据餐车长的指派，陪同交款

三、餐车炊事员岗位作业标准

餐车炊事员从事普速旅客列车餐车餐料加工、烹饪等工作，协作厨师合理选择原料，完成菜肴的制作。严格执行餐车炊事员岗位作业流程，落实安全、作业相关标准。

（一）一班作业流程

普速旅客列车餐车炊事员一班作业流程，如图 3-6 所示。

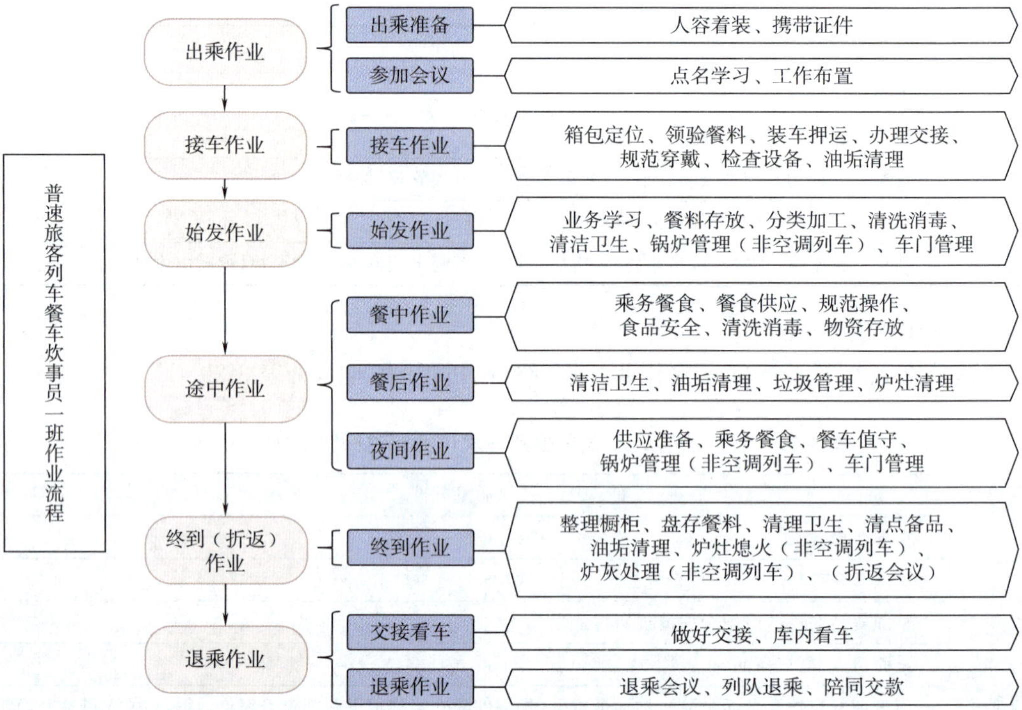

图 3-6 普速旅客列车餐车炊事员一班作业流程

(二)一次作业标准

1. 出乘作业

普速旅客列车餐车炊事员一次作业标准(出乘作业),见表 3-31。

表 3-31 普速旅客列车餐车炊事员一次作业标准(出乘作业)

作业内容	质量标准
出乘准备	按规范着装,佩戴职务标志,仪容整洁,带齐相关有效证件
参加会议	规定时间到指定地点集合,参加出发会、点名会
	接受列车长传达上级指示、命令和工作布置,学习有关文件和业务知识

2. 接车作业

普速旅客列车餐车炊事员一次作业标准(接车作业),见表 3-32。

表 3-32 普速旅客列车餐车炊事员一次作业标准(接车作业)

作业内容	质量标准
接车作业	将乘务箱包按规定定位摆放
	协助领取、验收餐料、备品
	做好餐料、备品装车和押运
	与对班餐车组办理交接
	更换工作服,工作时戴口罩、着工作帽、围裙,穿工作鞋
	检查厨房的安全设施设备,检查餐车厨房油垢清理情况

3. 始发作业

普速旅客列车餐车炊事员一次作业标准(始发作业),见表3-33。

表3-33 普速旅客列车餐车炊事员一次作业标准(始发作业)

作业内容	质量标准
始发准备	参加餐车组出乘会,接受餐车长工作布置和业务学习
	餐料、备品定位存放
	餐料分类加工
	完成餐饮茶具、食品容器等清洗、消毒工作
	做好厨房卫生和供餐各项准备工作
	做好各种餐料的加工
	值乘非空调列车时,按规定操作餐车燃煤炉灶,确认设备状态良好,按规定焚烧,炉灰浸灭装袋处理
	负责锁闭厨房边门、后门

4. 途中作业

普速旅客列车餐车炊事员一次作业标准(途中作业),见表3-34。

表3-34 普速旅客列车餐车炊事员一次作业标准(途中作业)

作业内容	质量标准
餐中作业	乘务饭供应
	加工制作盒饭,做好餐厅供应
	根据点菜单,烹调各种菜肴
	规范操作炉灶及各类厨房设备
	执行各项食品安全制度
	餐饮茶具、食品容器等清洗、消毒工作
	整理冰箱和橱柜,做好餐料、备品的定位存放
餐后作业	全面清理厨房卫生
	餐后做好油垢清理工作
	厨房垃圾使用专用垃圾袋收纳,与列车其他垃圾分类管理,规定投放
	炉灶压火,炉灰浸灭装袋处理
夜间作业	做好夜间乘务饭制作和次日供应准备工作
	做好夜间茶吧服务供应、餐车值守
	值乘非空调列车时,采暖季节按照规定做好取暖锅炉的操作和巡视,防止缺水焚烧。保持室内无杂物,炉灰浸灭后装袋处理,人离锅炉室门加锁
	列车运行中,负责检查锁闭餐车厨房边门、厨房后门、做到上锁下销,车动必检;夜间走廊边门由值班炊事员负责检查

5. 终到(折返)作业

普速旅客列车餐车炊事员一次作业标准[终到(折返)作业],见表3-35。

6. 退乘作业

普速旅客列车餐车炊事员一次作业标准(退乘作业),见表3-36。

表 3-35 普速旅客列车餐车炊事员一次作业标准[终到(折返)作业]

作业内容	质量标准
终到(折返)作业	整理冰箱、橱柜
	盘点库存餐料
	整理备品、餐具,全面清理厨房卫生
	全面清理餐车炉灶台面、墙壁、抽油烟机(电气部件除外)、排烟罩和烟道等部位油垢,相关人员签字确认
	值乘非空调列车时,炉灶熄(压)火,炉灰浸灭装袋处理
	在折返站参加折返会议,需进公寓休息时,在列车长带领下列队进公寓休息

表 3-36 普速旅客列车餐车炊事员一次作业标准(退乘作业)

作业内容	质量标准
交接看车	做好相关交接工作
	库内看车时,落实看车制度
退乘作业	参加退乘会议,汇报重点事项,落实问题整改
	列队按规定线路出站退乘
	根据餐车长的指派,陪同缴款

四、餐车服务员岗位作业标准

餐车服务员从事餐车布置、点配菜点、送餐和商品销售服务等工作。严格执行餐车服务员岗位作业流程,落实安全、作业相关标准。

(一)一班作业流程

普速旅客列车餐车服务员一班作业流程,如图 3-7 所示。

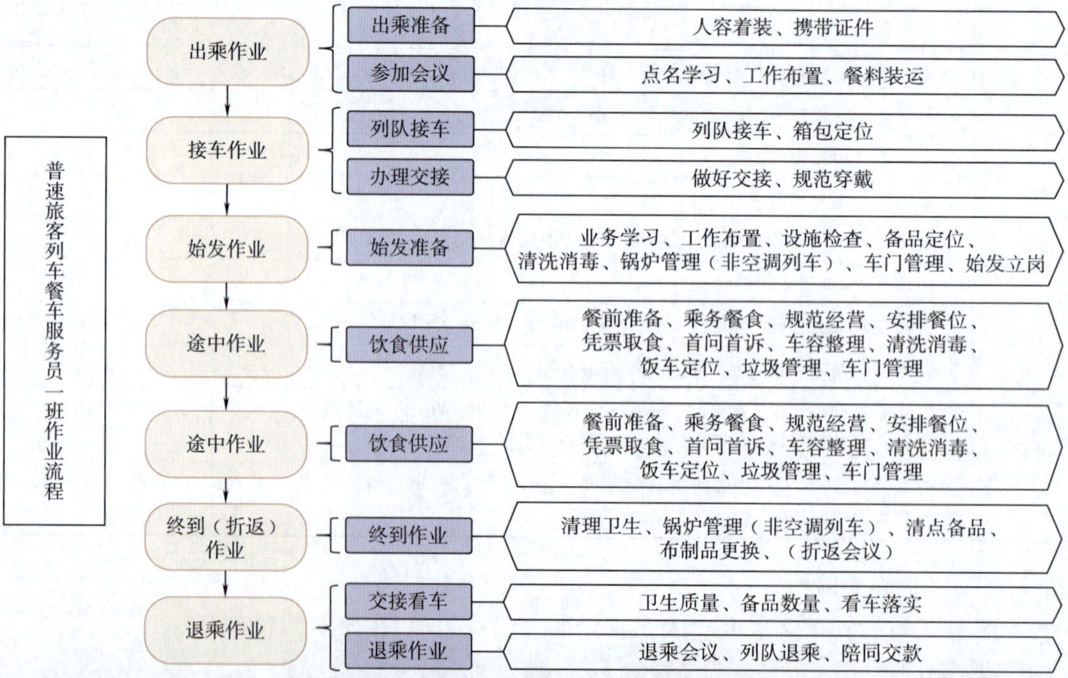

图 3-7 普速旅客列车餐车服务员一班作业流程

(二)一次作业标准

1. 出乘作业

普速旅客列车餐车服务员一次作业标准(出乘作业),见表 3-37。

表 3-37 普速旅客列车餐车服务员一次作业标准(出乘作业)

作业内容	质量标准
出乘准备	规定着装,佩戴职务标识,仪容整洁(女淡妆上岗),携带相关有效证件
参加会议	按规定时间到指定地点集合,参加出发会、点名
	接受列车长传达上级指示、命令和工作布置,学习有关文件和业务知识
	根据餐车长指派做好备品、餐料的领取、装车和押运

2. 接车作业

普速旅客列车餐车服务员一次作业标准(接车作业),见表 3-38。

表 3-38 普速旅客列车餐车服务员一次作业标准(接车作业)

作业内容	质量标准
列队接车	列队入库接车(非库内接车的上站台接车),带齐备品、资料
	将乘务箱包按规定定位摆放
办理交接	与对班餐车组办理交接。工作时戴工作帽(女性带三角巾)和围裙

3. 始发作业

普速旅客列车餐车服务员一次作业标准(始发作业),见表 3-39。

表 3-39 普速旅客列车餐车服务员一次作业标准(始发作业)

作业内容	质量标准
始发准备	参加餐车组出乘会,接受餐车长工作布置和业务学习
	检查餐厅设备设施,做好餐车卫生、车容布置及售饭车清洁工作,检查售饭车四周防撞胶带(条),破损及时更换,制动装置作用良好。双层客车使用规格统一、洁净、无害塑料筐(箱)代替售饭车
	定位放置各类服务备品和服务设施
	做好餐饮具、食品容器等清洗、消毒工作
	值乘非空调列车时,采暖季节按照规定做好取暖锅炉的操作和巡视,防止缺水焚烧。保持室内无杂物,炉灰浸灭后装袋处理,人离锅炉室门加锁
	负责锁闭走廊边门
	始发按规定位置立岗

4. 途中作业

普速旅客列车餐车服务员一次作业标准(途中作业),见表 3-40。

表 3-40 普速旅客列车餐车服务员一次作业标准(途中作业)

作业内容	质量标准
饮食供应	做好餐前准备工作,落实各项安全措施
	做好乘务饭供应工作

续上表

作业内容	质量标准
饮食供应	做好餐厅和车厢供应工作，规范经营行为，明码标价，提供发票
	主动迎送就餐旅客、安排就餐座位，介绍菜品（名）及特色
	了解、反馈旅客需求，并提供针对性服务，落实首问首诉负责制
	凭票取食、托盘上菜，使用托盘收拾餐具，整理餐桌
	做好餐饮茶具、食品容器等清洗、消毒工作
	清理售饭车，定位放置，经营过程中人车不得分离
	做好每餐清理和车容整理
	厨房垃圾使用专用垃圾袋收纳，与列车其他垃圾分类管理，按规定投放
	列车运行中，负责检查锁闭走廊边门。做到上锁下销，车动必检；夜间由值班炊事员负责

5．终到（折返）作业

普速旅客列车餐车服务员一次作业标准[终到（折返）作业]，见表 3-41。

表 3-41　普速旅客列车餐车服务员一次作业标准[终到（折返）作业]

作业内容	质量标准
终到（折返）作业	整理备品、餐具，全面清理餐厅卫生
	值乘非空调列车时，彻底清理取暖炉室内卫生，炉灰浸灭装袋处理，保持室内无杂物。取暖锅炉熄（压）火，炉灰浸灭装袋处理
	全面清点、登记备品
	定期更换窗帘、座席套等
	在折返站参加折返会议，需进公寓休息时，在列车长带领下列队进公寓休息

6．退乘作业

普速旅客列车餐车服务员一次作业标准（退乘作业），见表 3-42。

表 3-42　普速旅客列车餐车服务员一次作业标准（退乘作业）

作业内容	质量标准
交接看车	配合餐车长与对班餐车组交接车内卫生质量，清点餐具、备品数量
	库内看车时，落实看车制度
退乘作业	参加退乘会议，汇报重点事项，落实问题整改
	列队按规定线路出站退乘
	根据餐车长的指派，陪同交款

第四节　售货员岗位作业标准

从事普速旅客列车商品供应和服务工作，落实安全、作业相关标准。依据售货员岗位标准严格执行作业流程，规范经营。

一、一班作业流程

普速旅客列车售货员一班作业流程，如图 3-8 所示。

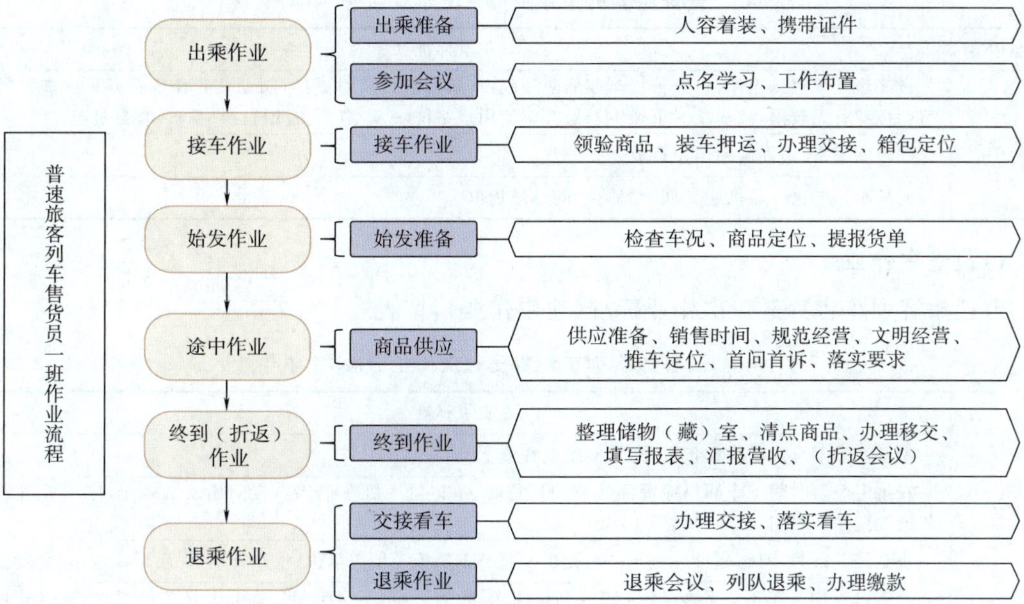

图 3-8 普速旅客列车售货员一班作业流程

二、一次作业标准

(一)出乘作业

普速旅客列车售货员一次作业标准(出乘作业),见表 3-43。

表 3-43 普速旅客列车售货员一次作业标准(出乘作业)

作业内容	质量标准
出乘准备	规定着装,佩戴职务标志,仪容整洁(女性淡妆上岗),携带相关有效证件
参加会议	按规定时间到指定地点集合,参加出发会、点名
	接受列车长传达上级指示、命令和工作布置,学习有关文件和业务知识

(二)接车作业

普速旅客列车售货员一次作业标准(接车作业),见表 3-44。

表 3-44 普速旅客列车售货员一次作业标准(接车作业)

作业内容	质量标准
接车作业	领取、验收商品
	做好商品装车和押运
	与对班售货员办理交接
	将乘务箱包按规定定位摆放

(三)始发作业

普速旅客列车售货员一次作业标准(始发作业),见表 3-45。

表 3-45 普速旅客列车售货员一次作业标准(始发作业)

作业内容	质量标准
始发准备	做好售货车擦抹工作,检查售货车四周防撞胶带(条),破损及时更换,制动装置作用良好。检查售货车"价目表"有无破损,破损及时更换。双层客车使用规格统一、洁净、无害塑料筐(箱)代替售货车
	整理储藏室,做好商品定位存放
	向列车长汇报商品供应计划,并提供"商品进货单"

(四)途中作业

普速旅客列车售货员一次作业标准(途中作业),见表 3-46。

表 3-46 普速旅客列车售货员一次作业标准(途中作业)

作业内容	质量标准
商品供应	做好商品下车厢供应准备工作,落实安全措施
	在规定经营时间下车厢供应商品。夜间运行时,不得进入卧车销售。夜间始发的列车,座车可适当延长或提前销售时间,但不得超过 1 小时
	规范经营行为,明码标价,一货一签,提供发票。不销售无生产单位、生产日期、保质期或过期、变质食品
	经营过程中人车不得分离,不在车内高声叫卖、频繁穿梭,不捆绑销售商品。推车经营时,提前提醒前进方向范围内的旅客注意安全,提醒时音量适当、态度和蔼,严禁用售货车接触、碰撞旅客肢体及行李物品
	结束经营时,清理售货车,定位摆放
	及时了解、反馈旅客需求,并提供针对性服务,落实首问首诉负责制
	落实列车长布置任务

(五)终到(折返)作业

普速旅客列车售货员一次作业标准[终到(折返)作业],见表 3-47。

表 3-47 普速旅客列车售货员一次作业标准[终到(折返)作业]

作业内容	质量标准
终到(折返)作业	整理储藏室
	全面清点商品
	办理商品移交
	填写各类报表,向列车长汇报趟经营情况
	在折返站参加折返会议,需进公寓休息时,在列车长带领下列队进公寓休息

(六)退乘作业

普速旅客列车售货员一次作业标准(退乘作业),见表 3-48。

表 3-48 普速旅客列车售货员一次作业标准(退乘作业)

作业内容	质量标准
交接看车	与对班售货员交接
	库内看车时,落实看车制度
退乘作业	参加退乘会议,汇报重点事项,落实问题整改
	列队按规定线路出站退乘
	办理缴款

第五节　行李员岗位作业标准

行李员从事行李车运行中的行李、包裹管理等工作。严格执行行李员岗位作业流程，落实安全、作业相关标准。

一、一班作业流程

普速旅客列车行李员一班作业流程，如图 3-9 所示。

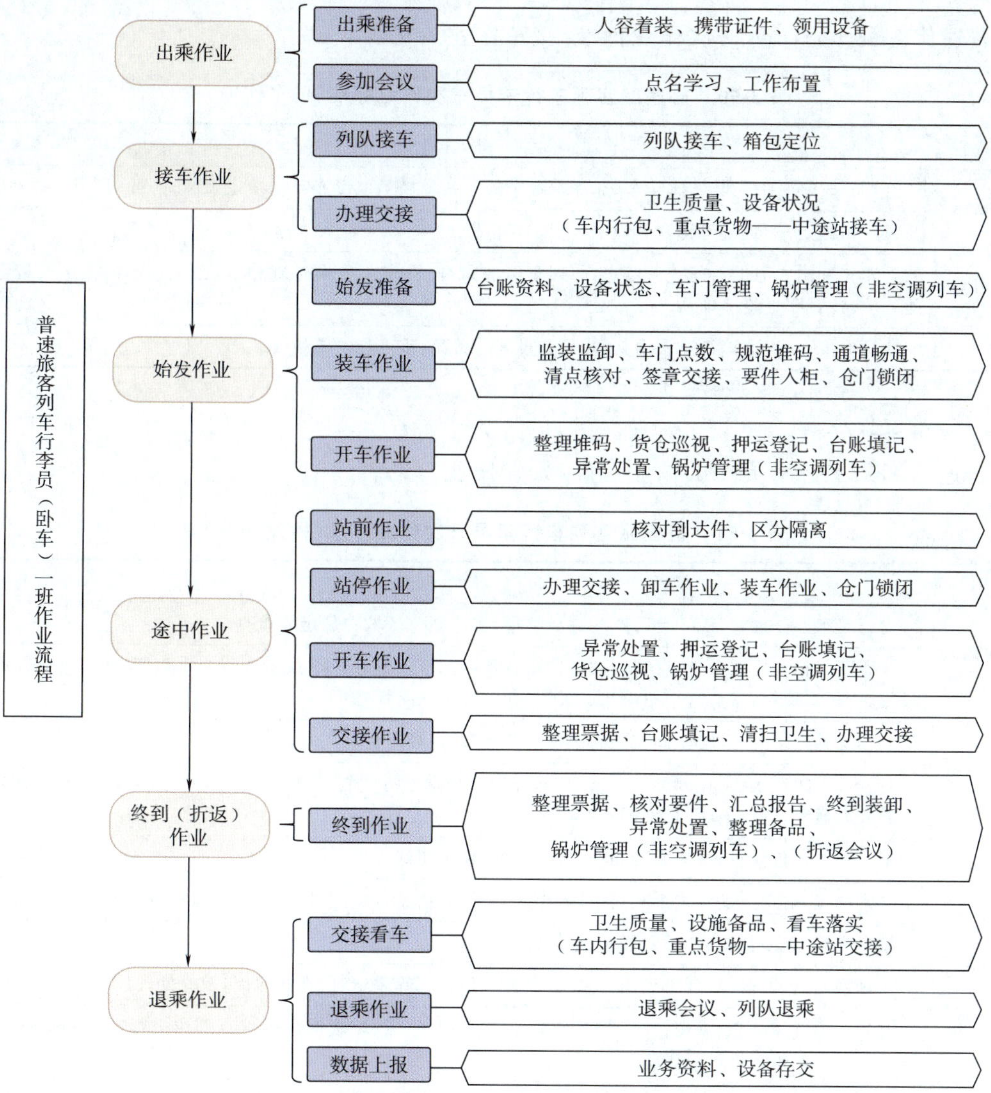

图 3-9　普速旅客列车行李员一班作业流程

二、一次作业标准

（一）出乘作业

普速旅客列车行李员一次作业标准（出乘作业），见表 3-49。

表 3-49 普速旅客列车行李员一次作业标准(出乘作业)

作业内容	质量标准
出乘准备	规范着装,佩戴职务标志,仪容整洁,带齐相关有效证件
	领取并测试音视频记录仪,确保正常使用
参加会议	规定时间到指定地点集合,参加出发会、点名会
	接受列车长传达上级指示、命令、文电、通知和工作布置,学习有关文件和业务知识

(二)接车作业

普速旅客列车行李员一次作业标准(接车作业),见表 3-50。

表 3-50 普速旅客列车行李员一次作业标准(接车作业)

作业内容	质量标准
列队接车	在列车长带领下列队入库接车(非库内接车的上站台接车),带齐音视频记录仪、资料
	统一由指定车厢登车,将乘务箱包按规定定位摆放
办理交接	对本车厢出库卫生情况进行鉴定,与列车保洁人员(看车人员或对班行李员)交接车内卫生质量、备品等,在交接台账上签字确认
	中途站接车时,交接行李车内行包、设备设施及备品、重点货物等情况

(三)始发作业

普速旅客列车行李员一次作业标准(始发作业),见表 3-51。

表 3-51 普速旅客列车行李员一次作业标准(始发作业)

作业内容	质量标准
始发准备	对行李车办公室和备品、台账资料进行整理,实施办公区域物品定置管理
	检查车内相关设施设备运用状态时,使用音视频记录仪记录。重点检查行李车端门、车门和仓门、消防设施、取暖锅炉等,保持行李车端门、车门和仓门常态锁闭状态
	值乘非空调列车时,采暖季确认采暖锅炉设备状态,按规定焚烧
装车作业	打开音视频记录仪,记录站车交接、装车作业。根据站方计划,车门监装、唱数,指定货位,按规定堆码,留有安全通道,行包不堵门,堆码不超限
	清点装车行包件数,核对票货相符,装运准确、包装完好
	签章交接,清点正确。贵重品、密件入柜加锁;押运物品、放射性物品指定位置存放
	装车完毕,关闭货仓门,插好插销,仓门加锁
开车作业	整理堆码,挂站名牌,红带隔离。发现误装、货票分离等差错时,查找原因,及时处理
	对货仓内货物状态、堆码情况、行李车货仓门、车门、端门、取暖锅炉等重点部位进行定时巡视检查时使用音视频记录仪拍摄进行确认
	遇有押运人员,及时核验有效证件、登记、宣传安全注意事项、收取火种
	按站顺整理公文、信件,整理票据,填写交接证、货位揭示牌和乘务工作记录、行包运输密度表
	遇有行包满载、货物交接异常、包装破损等情况,及时拍发电报
	值乘非空调列车时,采暖期按照规定做好采暖锅炉的操作和巡视,防止缺水焚烧;炉灰浸灭后装袋处理,人离锅炉室门加锁

(四)途中作业

普速旅客列车行李员一次作业标准(途中作业),见表3-52。

表3-52　普速旅客列车行李员一次作业标准(途中作业)

作业内容	质量标准
站前作业	到站前,按票核对卸车行包件数、包装、到站,不卸车行包用红带隔离
站停作业	列车停稳,打开音视频记录仪记录站车交接作业。开启仓门,与站方交接票据、公文、信件,指明应卸货物货位,监督装卸人员卸货、唱数,与车站行李员办理交接手续
	卸车完毕后,根据站方递交的装车计划,车门监装、唱数,指定货位,指挥装卸人员按规定码,留有安全通道,行包不堵门。确认件数、包装后,盖章办理交接
	信件、公文按规定交接,清点正确,贵重品、密件入柜加锁(挂号信件签字交接);押运物品、放射性物品指定位置存放;发现误装、误卸、货票分离等差错时,查找原因,及时处理
	装车完毕,关闭货仓门,插好插销,仓门加锁;检查车厢端门和车门,确保锁闭
开车作业	遇有行包满载、货物交接异常、包装破损等情况,及时拍发电报
	遇有押运人员,及时验票、登记,宣传安全注意事项、收取火种
	整理公文、信件、票据,填写行包装卸交接证、行包运输密度表
	对货仓内货物状态、堆码情况、行李车货仓门、车门、端门、取暖锅炉等重点部位进行定时巡视检查时使用音视频记录仪记录,并使用巡检仪在巡检点上进行确认
	值乘非空调列车时,采暖期按照规定做好采暖锅炉的操作和巡视,防止缺水焚烧;炉灰浸灭后装袋处理,人离锅炉室门加锁
交接作业	交班前整理票据,核对贵重品和密件,点清公文、信件
	交接行李车内行包、设备设施及备品、重点货物等情况,确认车门状态,填写交接簿和乘务工作记录
	全面清扫办公室卫生,对岗交接班

(五)终到(折返)作业

普速旅客列车行李员一次作业标准[终到(折返)作业],见表3-53。

表3-53　普速旅客列车行李员一次作业标准[终到(折返)作业]

作业内容	质量标准
终到(折返)作业	到站前整理票据,核对贵重品和密件,点清公文、信件;汇总行包运送件数、重量汇报列车长
	列车停稳后打开音视频记录仪记录站车交接作业,开启仓门,站方交接,监督装卸,锁闭车门。特殊情况,终到站行包未完成卸车的,按章拍发电报,配合车站做好后续处理
	整理备品、资料,定位摆放。值乘非空调列车时,对采暖锅炉熄(压)火,炉灰浸灭装袋处理
	在折返站参加折返会议,需进公寓休息时,在列车长带领下列队进公寓休息

(六)退乘作业

普速旅客列车行李员一次作业标准(退乘作业),见表3-54。

表3-54　普速旅客列车行李员一次作业标准(退乘作业)

作业内容	质量标准
交接看车	与列车保洁人员(看车人员或对班行李员)交接车内卫生质量、备品等,填写交接台账
	中途站交接班时,交接行李车内行包、设备设施及备品、重点货物等情况
	库内看车时,落实看车制度

续上表

作业内容	质量标准
退乘作业	参加退乘会议,汇报重点事项,落实问题整改
	列队按规定线路出站退乘
数据上报	上交行包运输密度表等业务资料
	使用专用工具和设备,完整上传音视频记录仪数据

第六节　供水员岗位作业标准

供水员从事非空调旅客列车饮用水供应工作,落实安全、作业相关标准。严格执行供水员岗位作业标准,并协助列车员做好旅客乘降等服务工作。

一、一班作业流程

普速旅客列车供水员一班作业流程,如图 3-10 所示。

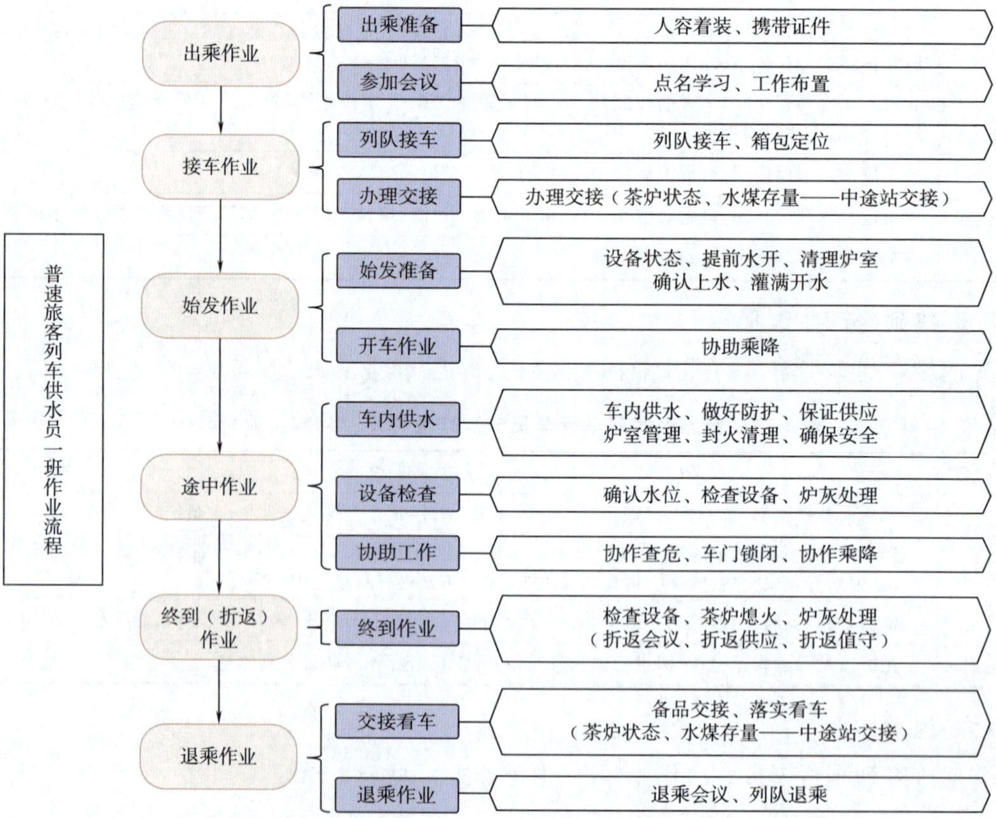

图 3-10　普速旅客列车供水员一班作业流程

二、一次作业标准

(一)出乘作业

普速旅客列车供水员一次作业标准(出乘作业),见表 3-55。

表 3-55 普速旅客列车供水员一次作业标准(出乘作业)

作业内容	质量标准
出乘准备	规范着装,佩戴职务标志、仪容整洁,携带相关有效证件
参加会议	按规定时间到指定地点集合,参加出发会、点名会
	接受列车长传达上级指示、命令和工作布置,学习有关文件和业务知识

(二)接车作业

普速旅客列车供水员一次作业标准(接车作业),见表 3-56。

表 3-56 普速旅客列车供水员一次作业标准(接车作业)

作业内容	质量标准
列队接车	在列车长带领下列队入库接车(非库内接车的上站台接车),带齐备品
	将乘务箱包按规定定位摆放
办理交接	与看车人员或对班供水员交接相关备品,在交接簿上签字
	中途站接车时对茶炉状态、车内供水、燃煤存量等情况进行交接

(三)始发作业

普速旅客列车供水员一次作业标准(始发作业),见表 3-57。

表 3-57 普速旅客列车供水员一次作业标准(始发作业)

作业内容	质量标准
始发准备	检查茶炉、水箱、保温桶等供水设施设备,确认运用状态正常、作用良好
	确认茶炉水位情况,提前将水烧开。清理茶炉车燃煤,保持茶炉室无杂物
	检查各车厢保温桶状态,发现问题及时报告处理
	核对茶炉车上水情况,在放客前将各车厢保温桶灌满开水并加锁
开车作业	协助列车员组织旅客有序乘车

(四)途中作业

普速旅客列车供水员一次作业标准(途中作业),见表 3-58。

表 3-58 普速旅客列车供水员一次作业标准(途中作业)

作业内容	质量标准
车内供水	做好车内供水工作,下车厢灌水时,应使用小推车,做到壶嘴加塞,壶身有套,加水不外溢
	列车运行期间做到全列开水不间断供应
	供水完毕,送水车和送水桶按规定摆放
	保持茶炉间周围整洁无杂物,做到人离门锁
	坚守岗位值守在茶炉车厢,严格执行安全规定,防止烧干炉
	做好夜间茶炉封火或熄火及炉灰清理工作
设备检查	列车到达上水站前,核对茶炉车水箱水位,检查茶炉、水箱设备状态
	加强对茶炉运用状态的巡视,及时清理炉灰,浸灭装袋处理

续上表

作业内容	质量标准
协助工作	协助列车长进行“查危”、检查各车厢车门锁闭情况
	停站时，协助重点车厢列车员做好站停作业

（五）终到（折返）作业

普速旅客列车供水员一次作业标准[终到（折返）作业]，见表3-59。

表3-59 普速旅客列车供水员一次作业标准[终到（折返）作业]

作业内容	质量标准
终到（折返）作业	折返站开车前，做好开水供应工作
	检查茶炉运用状态，发现问题及时报告
	对茶炉进行熄火处理，炉灰浸灭装袋处理。折返站时茶炉压火，专人值守
	在折返站参加折返会议，需进公寓休息时，在列车长带领下列队进公寓休息

（六）退乘作业

普速旅客列车供水员一次作业标准（退乘作业），见表3-60。

表3-60 普速旅客列车供水员一次作业标准（退乘作业）

作业内容	质量标准
交接看车	与对班供水员交接供水设备、热水瓶、保温桶等备品，发生丢失损坏时，及时更换和补充，填写交接簿
	中途站交接时还应交接茶炉状态、车内供水、燃煤存量等情况
	库内看车时，落实看车制度
退乘作业	参加退乘会议，汇报重点事项，落实问题整改
	列队按规定线路出站退乘

复习思考题

1. 普速旅客列车列车长岗位作业标准出乘作业中，证件检查需要检查哪些证件？
2. 普速旅客列车列车长岗位作业标准接车作业中，交接鉴定有哪些内容？
3. 普速旅客列车列车员（座车）岗位作业标准始发作业中，站停作业有什么要求？
4. 普速旅客列车列车员（卧车）岗位作业标准站前作业中，夜间作业有什么要求？
5. 普速旅客列车售货员岗位作业标准终到（折返）作业有哪些内容？
6. 普速旅客列车餐车长岗位作业标准途中作业对车门管理有什么要求？
7. 普速旅客列车餐车厨师岗位作业标准途中作业中，餐后作业有哪些内容？
8. 普速旅客列车餐车炊事员岗位作业标准途中作业中，夜间作业对车门管理有什么规定？
9. 普速旅客列车餐车服务员岗位作业标准始发作业中，始发准备要做哪些工作？

第四章 乘务服务

列车乘务服务工作的本质属性和核心任务是服务，坚持“人民铁路为人民”的服务宗旨，贯彻“以服务为宗旨，待旅客如亲人”的服务理念，需要掌握重点旅客、依法优先旅客等不同服务对象的服务要点，掌握常用服务用语、卫生服务、旅客携带品、遗失物品处理以及旅客投诉建议处理的相关知识，确保《铁路旅客运输服务质量规范》全面有效落实。

第一节 旅行环境

一、旅行服务

列车旅行服务旨在为旅客创造一个温馨、舒适、便捷的出行环境，让旅客的出行体验更美好。为此，要求乘务人员用语文明、举止得体，具备良好的沟通能力和服务意识，为旅客提供热情周到的服务。

(一)语言服务

客运工作中，要使用规范服务用语，旅客讲话时应认真倾听，不得随意打断，遇有问询时面向旅客站立(列车办公席工作人员办理业务时除外)，目视旅客，有问必答，回答准确，解释耐心。遇有失误时，向旅客表示歉意。对旅客的配合与支持，表示感谢，展现乘务人员良好的职业素养。

1. 基本内容

(1)语言服务要求

①使用普通话，表达准确，口齿清晰，使人听得明、听得懂，不要用“大概”“也许”“可能”“差不多”等不肯定、不准确的词语。

②服务语言表达规范、使用“十字文明用语”，对旅客称呼恰当，禁止使用不规范的土语、粗语、行话、俗语、网络用语、服务忌语等。

例如“不知道”“我怎么知道”“我也没办法”“不晓得”“快点儿”“让开”“起开”“你懂不懂”“你想怎么样”等。

③车厢内不高声喧哗、嬉笑打闹，不对旅客评头论足。

④为旅客服务中要有“五声”：旅客上车有欢迎声，遇有旅客有招呼声，得到协助有致谢声，麻烦旅客有致歉声，旅客下车有道别声。

(2)语言服务方法

开展服务工作要做到以“勤为主、话当先”。

勤为主：是指乘务人员要勤劳踏实地落实各项服务工作，不能只是夸夸其谈流于形式。

话当先：是指乘务人员在开展服务工作之前和工作当中，边服务边向旅客做好宣传、解释,及时提醒旅客,以获得旅客的理解、支持与配合。

例如,列车员开展重点区段验票前,应站在车厢的一端向旅客通告:“旅客们,现在开始实名制验票,请旅客们提前准备好购票证件,协助我们做好查验核对工作,谢谢。”这段开展实名制验票通告宣传,既及时宣传了即将开展的工作,又减少了重复宣传的工作量,同时也能加快工作开展的进度,这就是语言服务的效果。

例如,对列车进行卫生清扫通告:“旅客们,为了搞好车内卫生,我现在开始全面清扫,请大家提前整理一下携带的物品,当清扫到您座位时,请给予协助,谢谢!”这段卫生清扫通告,把清扫的目的、要求提前告知旅客,以便获得旅客的配合,使清扫工作能够更为顺利地进行。

实际服务过程中,应礼貌服务,并运用热情的语言去体贴旅客、关心旅客,以达到更佳的服务效果。

2. 列车站顺及时刻通告用语

(1)担当列车的站顺

列车员要熟悉担当列车的全程站点顺序,以便旅客问询到站信息时能够正确解答。例如,旅客询问列车几点到某某站,列车员答:“先生/女士您好,正点到达××站时间是××点××分,停车××分。”

(2)停车站到开时刻

列车员需密切关注列车运行时刻,开车后、到站前硬座车厢列车员双车(边)通报下一到站站名和时刻,以免旅客发生误降和遗忘随身行李物品。

①开车后预告:向旅客通告前方到站站名和时刻。普速旅客列车列车员(座车)服务用语及动作规范见表4-1。

表4-1 普速旅客列车列车员(座车)服务用语及动作规范

服务用语	旅客们/各位旅客,前方到站是××站,正点到达××站的时间是××点××分
动作规范	采用标准站姿,面带微笑,音量适宜,态度亲切;站在车厢前、后第三排座位位置,各宣传一次

②到站通告:在到站前(不晚于到站前10分钟)向下车旅客做到站提醒。普速旅客列车列车员(座车)服务用语及动作规范见表4-2。

表4-2 普速旅客列车列车员(座车)服务用语及动作规范

服务用语	旅客们/各位旅客,列车即将到达××站,停车××分钟,请下车的旅客提前整理好自己的行李物品,不要遗忘在车上,欢迎再次乘坐我们的列车
动作规范	采用标准站姿,面带微笑,音量适宜,态度亲切;站在车厢前、后第三排座位位置,各宣传一次

③到站通告:在到站前(提前30分钟左右)对下车旅客逐一进行到站提醒。普速旅客列车列车员(卧车)服务用语及动作规范见表4-3。

表4-3 普速旅客列车列车员(卧车)服务用语及动作规范

服务用语	先生/女士,列车即将到达××站,请您提前整理好自己的行李物品,不要遗忘在车上。请从××号车厢车门口下车。 不客气,很高兴为您服务,欢迎您再次乘车(如遇旅客感谢)
动作规范	与下铺旅客沟通时,采用弯腰或下蹲的姿态;与中、上铺旅客沟通时,采用标准站姿,保持目视旅客,态度亲切;有引导手势,手部指示下车车门方向。与旅客沟通时,微笑示意

④终到站通告：终到站前(提前 15 分钟左右)向旅客做终到提醒。普速旅客列车列车员服务用语及动作规范见表 4-4。

表 4-4 普速旅客列车列车员服务用语及动作规范

服务用语	旅客们/各位旅客，列车即将到达本次列车终点站，感谢各位对我工作的理解和支持，请大家整理好随身行李物品，不要遗忘在车上，欢迎再次乘坐我们的列车
动作规范	采用标准站姿，面带微笑，音量适宜，态度亲切；站在车厢前、后第三排座位/铺位位置，各宣传一次

3. 铁路旅行常识介绍

向旅客介绍铁路旅行常识，提升旅客在旅途中的乘车体验，保障旅客在旅途中的乘车安全。

例如，提醒旅客不要向窗外抛扔废弃物(非空调列车)："旅客们，为确保铁路沿线环境卫生、设备设施及人身安全，请勿向窗外扔东西。"

介绍饮水设备，提醒旅客防止烫伤："各位旅客，列车每节车厢一端都设有电茶炉，您在取用开水时，请不要接得过满，及时盖上杯盖，要注意茶桌上的水杯，避免烫伤自己或周围的旅客。"

提醒带小孩的家长留意孩子的安全："您好，请不要让您的孩子单独在车厢内跑动玩耍(攀爬铺梯)，以免造成碰伤或摔伤。在经过厕所和乘务室的时候要注意不要把手扶在门缝处，以免挤伤手指。"

提醒卧铺旅客："上、下铺时请抓牢扶稳，注意安全"等。

(二)引导服务

各车厢公布中国铁路客户服务中心客户服务电话(区号＋电话号码)、中国铁路 12306 网站(含铁路 12306 移动端，以下简称 12306 网站)。

实行首问首诉负责制。受理旅客咨询、求助、投诉，及时回应，热情处置，有问必答，回答准确；对旅客提出的问题不能解决时，指引到相应岗位，并做好耐心解释。

(三)供水服务

1. 始发开车前电茶炉水开，清空热水瓶存水；开车后及时为热水瓶注水。途中为有需求的重点旅客供水，确保旅客饮水需求得到满足。

2. 车厢不间断供水。上水站到站前、开车后分别核记水位刻度，确认上水情况，确保供水正常。

3. 向旅客介绍车厢内的供水、卫生服务设施的使用方法，提醒旅客节约用水。

4. 非空调列车编组按硬座车每三辆、卧铺车每四辆编挂不少于一辆茶炉车；热水瓶、保温桶始发开车前灌满开水，途中及时供水，保证有足够的开水或安全卫生饮用水供旅客饮用。茶炉室及保温桶应及时加锁。

(四)餐饮服务

1. 供应品种多样，有高、中、低不同价位的预包装饮用水、盒饭等旅行饮食品。尊重外籍旅客和少数民族的饮食习惯。

2. 餐料、商品有检验、签收制度，采购、保管、加工、运输、销售符合食品卫生安全要求，严防食物中毒。

3. 不出售无生产单位、生产日期、保质期和过期、变质，以及口香糖等严重影响列车环境卫生的食品。非空调列车不出售无生产单位、生产日期、保质期和过期、变质的商品，以及口香糖和玻璃、陶瓷等硬质包装的严重影响列车环境卫生、运输安全的食品和商品。

4. 一次性餐饮茶具符合国家卫生及环保要求。

二、环境卫生

铁路站车卫生管理工作坚持以人民健康为中心，树立健康优先发展理念，突出卫生安全，强化健康环境，完善基础设施，落实人防、技防、物防措施，提升标准与品质，促进高质量发展，创造温馨舒适、整洁卫生、品质优良的健康旅行环境。

（一）列车环境

车容标准：庄重美观、整洁卫生、设备齐全、标识鲜明。

1. 车上业务宣传内容准确

车上业务宣传要内容准确，其他标语口号、宣传画应位置适当。广告发布的内容、形式、位置等符合有关规范，布局合理，安装牢固，内容健康，与列车环境协调，不挤占铁路图形标识、业务揭示、安全宣传等客运服务内容或位置，不影响安全和服务功能，不损伤车辆设备设施。

2. 车内空气质量符合国家标准

（1）空调列车空调温度调节适宜，体感舒适，原则上保持冬季 18 ℃～20 ℃，夏季 26 ℃～28 ℃。非空调列车运行途中，车内温度冬季不低于 14 ℃，夏季超过 28 ℃时，使用电风扇，夏季启用单元式空调的车厢，车内温度保持 26 ℃～28 ℃。

（2）严格执行控制吸烟的有关规定，禁止吸烟区域有禁烟标识，加强禁烟宣传，发现禁烟区吸烟行为及时劝阻，并由公安机关依法查处。允许吸烟的处所有“吸烟处”标识和安全注意事项告知揭示，配备烟灰盒。

3. 车内照明符合规定

夜间运行（22:00—次日 7:00）时，硬卧车和软、硬座车照明开关置于半灯位，洗面灯开关置于开位；始发、终到站和客流量大的停站，以及列车途经地区与北京时间存在时差时自行调整。

4. 服务标识

铁路旅客服务标识安装应牢固可靠，不应产生倾斜、移动、卷翘和摆动等现象。标识安装位置应清晰易见。

（二）列车卫生

卫生标准：窗明地净、四壁无尘、内外清洁、消灭“四害”。

1. 列车要积极宣传、大力开展爱国卫生运动，建立健全卫生负责制，并做到按质量标准定期检查。

2. 运用中的客车每季度消毒、杀虫、灭鼠一次，夏季应增加次数。公务车、代用客车每次使用前消毒、杀虫、灭鼠一次。发生传染病和发现“四害”时，应随时消毒、杀虫、灭鼠。消毒、杀虫、灭鼠由卫生防疫部门负责组织实施，客运部门配合。

3. 每节车厢垃圾箱不少于一个，与垃圾袋配套使用。内嵌式垃圾箱正常启用，不封闭或挪作他用；外置式垃圾箱有盖，放置位置不占用通道或影响其他服务设施使用。垃圾箱

(桶)内用垃圾袋，垃圾袋符合国家标准，印有使用单位标志，与垃圾箱(桶)规格匹配，厚度不小于 0.025 毫米；餐车厨房配备专用垃圾袋，厚度不小于 0.04 毫米，厨房垃圾与列车其他垃圾分类管理。垃圾装袋、封口、无渗漏，到站定点投放。

4. 车内清扫工具放置在清洁柜内，无清洁柜的定位隐蔽存放。有厕所专用清扫工具，定位存放厕所内或与车内清扫工具分开放置在清洁柜内，不影响旅客使用空间。清理卫生时，清扫工具不触碰旅客及携带物品。需要踩踏座席、铺位时，戴鞋套或使用垫布。

5. 卧车贴身卧具一客一换，卧具终点站收取。贴身卧具与其他布质备品分类洗涤；洗涤、存储、装运及更换不落地、无污染。

6. 列车渡海以及运行在市区、长大隧道、大桥和站停 3 分钟及以上的停车站锁闭厕所；中途停车站提前 5 分钟、终到站提前 10 分钟锁闭厕所，不能把粪便、污水、垃圾带入城市。集便式厕所吸污时或未供电时锁闭厕所，其他时间不锁厕所。

7. 普速旅客列车厕所途中保洁作业要求包括以下几点：

(1)原则上到站前应对车厢厕所进行巡视和清扫，保持厕所清洁卫生，便池无积便，洗手盆无积水，地面整洁干燥。遇长大区间时，增加巡视清扫次数。

(2)检查厕所卫生纸、坐便垫圈纸等备品，及时清理垃圾桶垃圾，做好备品补充。

(3)列车到达中间大站或终到站前 30 分钟，全面检查厕所便器及地面状态，清扫厕所，清理垃圾桶，检查设备状态。做好终到“三不带”。

(4)列车夜间运行时，由列车长组织对厕所重点部位进行卫生突击，消除卫生死角。

(5)列车运行途中，每日应开窗通风不少于两次。每次不少于 30 分钟。

(三)列车整备

1. 出库标准

(1)车厢内外各部位整洁，窗明几净，四壁无尘，物见本色。

①车外皮、车梯(图 4-1)、翻板内外、窗门框及玻璃、扶手干净、无污渍。

图 4-1　车梯

②天花板(顶棚)、板壁、边角、地板、连接处、灯罩、座椅(铺位)、暖气罩、空调口、通风口、电茶炉等部位清洁卫生，无尘无垢，缝隙无杂物。

③热水瓶、果皮盘、垃圾箱(桶)、洗脸间(图 4-2)内外洁净。

图 4-2　洗脸间

④餐车橱、柜、箱干净无异味，分类标识清晰，餐料、商品、备品和餐、炊具等分类定位放置。

⑤厕所无积便、积垢、异味，地面干净无杂物，便器排污管及内边沿无积垢。集便式厕所污物箱内污物排尽。

(2)布制品、消耗品和清扫工具等服务备品配备齐全，定位放置，定型统一。

(3)卧具(图 4-3)叠放整齐，摆放统一，床单、头枕套、座席套、茶几布等铺设平整，干净整洁。窗帘、纱帘悬挂整齐，定型统一，美观大方，无脱扣。

图 4-3　卧具

(4)洗手液、卫生纸、面巾纸、一次性坐便垫圈等服务备品补足配齐，定位放置。

(5)清扫工具、安全踏板等备品定位放置，不影响旅客使用空间。

(6)办公席、列车员室各种资料、备品定位摆放，干净整齐。

(7)定期进行“消、杀、灭”，蚊、蝇、蟑螂等病媒昆虫指数及鼠密度符合国家规定。

2. 途中标准

(1)各处所清扫及时,保持整洁卫生。

①各处所地面墩扫及时,干燥、干净;台面、桌面、面镜擦抹及时,干净、无水渍;中途站擦扶手,低站台停车时擦翻板扶手。

②洗脸(手)池、电茶炉沥水盘、餐车洗碗池清理、擦抹及时,无污渍,无残渣,无堵塞,无积水;果皮盘、垃圾箱(桶)清理及时,无残渣;厕所畅通无污物,无异味,集便式厕所按规定吸污。

③餐车餐桌、吧台、厨房地面和工作台,以及各橱、箱、柜内保持洁净。厨房垃圾使用专用垃圾袋收纳,与列车其他垃圾分类管理。

(2)洗手液、卫生纸、面巾纸、一次性坐便垫圈等备品补充及时;卧具污染更换及时。

(3)垃圾装袋、封口、无渗漏,定位放置,在指定站定点投放;不向车外扫倒垃圾、抛扔杂物。

3. 终到标准

终到站时车内无垃圾,无污水,无粪便。垃圾装袋、封口、无渗漏,到站定点投放。

4. 到站立即折返标准

(1)车厢地面、通过台、连接处、行李架、扶手及座椅(铺位)、暖气罩、边角等部位干净整洁,通风口、电茶炉下、洗脸间下等隐蔽处所无积垢,无杂物。垃圾箱(桶)内无垃圾,无异味。

(2)果皮盘(图 4-4)、热水瓶内外洁净;垃圾箱(桶)、洗脸间四周洁净。

图 4-4　果皮盘

(3)餐车橱、柜、箱干净无异味,分类标识清晰,餐料、商品、备品和餐、炊具等分类定位放置。

(4)洗脸间、厕所面镜洁净,洗脸(手)池、便器无污物、无异味。电茶炉沥水盘洁净。

(5)布制品、消耗品和清扫工具等服务备品配备齐全,定位放置,定型统一。

①卧具叠放整齐,摆放统一,床单、头枕套、座席套、茶几布等铺设平整,干净整洁。窗帘、纱帘悬挂整齐,定型统一,美观大方,无脱扣。

②洗手液(皂)、卫生纸、面巾纸、一次性坐便垫圈、垃圾袋等服务备品补足配齐,定位放置。

③清扫工具、安全踏板等备品定位放置,不影响旅客使用空间。

④办公席、列车员室各种资料、备品定位摆放,干净整齐。

第二节 重点旅客

重点旅客指老、幼、病、残、孕旅客。特殊重点旅客是指因年龄、行为、身体状况等原因，在旅行中依靠辅助器具才能行动等需特殊照顾的重点旅客。铁路重点旅客运输服务保障工作应充分发挥铁路网络布局和客运站车协同优势，充分利用信息技术手段，及时受理重点旅客服务需求，使现场工作人员及时掌握重点旅客信息，实施行之有效的重点旅客服务措施，切实提升重点旅客铁路出行服务体验。重点旅客服务工作应当坚持“渠道畅通、受理规范、服务到位、交接清楚、保障有力”的原则。

一、服务内容及旅客分类

重点旅客(可包括不超过 2 名随行陪同人员)可享受优先安检、优先验证、优先检票、引导服务，使用无障碍售票窗口、重点旅客候车室、母婴室(哺乳室)、无障碍卫生间(第三卫生间)，以及无障碍服务设施等服务。

特殊重点旅客申请成功后，由铁路客运站车安排服务人员提供便利进出站、优先安检、优先验证、优先检票、引导帮扶、协助乘降，以及提供站内免费轮椅、担架(车)以及列车内随访关照等服务，为残疾人携带导盲犬提供便利；设有重点旅客候车室、母婴室(哺乳室)等服务设施的车站，提供专区候车等服务。优先安检服务过程应严格落实《铁路旅客运输安全检查管理规则》等关于特殊重点旅客安检实行重点服务、重点照顾的有关要求。

特殊重点旅客服务细分为无陪伴年长旅客服务、无陪伴孕妇旅客服务、视觉/听觉障碍旅客服务、轮椅/担架(车)行动障碍旅客服务、携带导盲犬旅客服务等，见表 4-5。

表 4-5 特殊重点旅客服务分类

特殊重点旅客服务分类	具体含义
无陪伴年长旅客服务	一般指面向年龄超过 65 周岁，单独乘车且行动不便，需要进出站引导以及途中随访关照旅客所提供的服务
无陪伴孕妇旅客服务	一般指面向怀孕超过 36 周(含)或预产期在 4 周(含)以内，单独乘车，需要进出站引导以及途中随访关照旅客所提供的服务
视觉/听觉障碍旅客服务	指面向视觉(双目有缺陷、失明)/听觉(双耳听力缺陷)障碍旅客所提供的服务
轮椅/担架(车)行动障碍旅客服务	指面向因病因残导致行动不便且有服务需求旅客所提供的服务
携带导盲犬旅客服务	指面向因视觉障碍，需携带取得导盲犬工作证，辅助视力障碍人工作、生活的导盲犬进站乘车旅客所提供的服务

二、服务申请

(一)申请渠道

持有铁路有效车票且符合特殊重点旅客服务条件的旅客可以在乘车前规定时间内通过线上线下渠道向铁路部门提出特殊重点旅客服务申请。线上渠道包括 12306 网站、铁路畅行码、中国铁路微信公众号、12306 客户服务热线；线下渠道包括铁路车站 12306 服务台、综合服务中心和旅客列车现场。

(二)申请条件

无陪伴年长旅客、无陪伴孕妇旅客、视觉/听觉障碍旅客、轮椅/担架(车)行动障碍旅客、携带导盲犬旅客可通过铁路 12306 网站、中国铁路微信公众号等线上渠道提出预约申请,中国残联在册残疾人旅客(限视力、肢体残疾,且残疾等级为 1 级或 2 级)以及无陪伴年长旅客还可通过 12306 客户服务热线提出预约申请,但都应不晚于乘车站列车开车前 6 小时办理。距离开车前不足 6 小时的,应到乘车站 12306 服务台、综合服务中心现场提出申请,办理时限原则上应不晚于乘车站列车开车前 60 分钟。或在旅客列车上向客运乘务人员现场提出申请。

(三)申请注意事项

通过 12306 网站、中国铁路微信公众号等线上渠道办理预约申请时,系统应要求特殊重点旅客准确填写其实际乘车站、目的地车站和列车车次、服务需求等信息,同时提交有效车票信息和相关有效证明材料。

1. 无陪伴年长旅客应提交个人真实身份信息。

2. 无陪伴孕妇旅客应提交“诊断证明书”,以及孕妇的连续病历或经医院盖章的孕妇保健手册。

3. 中国残联在册残疾人旅客(限视力、肢体残疾,且残疾等级为 1 级或 2 级)应提交残疾人证记载个人信息的内容页。其他视觉/听觉障碍旅客、轮椅/担架(车)行动障碍旅客的残疾人应提交乘车日前 7 日内医院医生签字并盖有公章的“诊断证明书”(或出院小结)等。

4. 视力障碍旅客可以携带取得导盲犬工作证(载有导盲犬使用者信息,盖有公安部门或残疾人联合会公章,或带有国际导盲犬联盟标识“IGDF”),用于辅助视力障碍人员工作、生活的导盲犬进站乘车。携带导盲犬旅客在预约申请时应提交相关残疾人证、服务犬工作证、动物健康免疫证明等材料。

(1)需要具备照看导盲犬能力的成年人同行的规定。

为保障旅客出行安全,乘坐同一趟列车时间超过 12 小时或购买联程票,每段接续时间在 2 小时以内,且全程时间超过 12 小时的,需要具备照看导盲犬能力的成年人同行。在车站及乘车期间,旅客或同行成年人负责照看导盲犬及照顾导盲犬吃、喝、排泄。在不阻塞通道、车门等前提下,导盲犬宜在旅客座席附近或铺位下陪伴,不得占用席位或任意跑动。

(2)携带导盲犬进站检查的规定。

为维护良好的站车秩序,旅客应主动配合铁路工作人员做好以下工作:

①在进站、乘车时,须主动出示的证件包括:购票时所使用的有效身份证件、残疾人证、导盲犬工作证、动物健康免疫证明。

②进站时,请与其他旅客一样,携带导盲犬接受安全检查。

③进入车站、列车前,请为导盲犬系上牵引链,佩戴导盲鞍。

(3)携带导盲犬乘车的规定。

①乘车期间,在条件允许的情况下,列车工作人员应尽可能协调将旅客安排至较为宽敞的席位,以方便其乘车生活和照看导盲犬;有同行人时,还应尽可能协调将同行人安排至就近席位。协调更换座位时,原则上应为同等级席别的席位;如因更换席位出现票价差额,应提前征得旅客本人同意,并按规定处理票价差额。

②在发生危及旅客人身安全和铁路运营秩序的特殊情况下，携带导盲犬的旅客与其他旅客一样，需共同遵守铁路和公安部门的有关规定，接受铁路工作人员的组织和引导。

5. 现场申请的特殊重点旅客，办理时应出示有效车票信息和相关有效证明材料。

6. 遇旅客突发伤病导致行动不便或可直观判断旅客确属肢体残疾等特殊情况时，客运车站和旅客列车工作人员应按照特殊重点旅客服务要求适需开展服务，不再要求其提供相关证明材料。

(四)申请受理

1. 通过12306网站、中国铁路微信公众号提出旅客预约申请后，系统将旅客所填写的信息和提交的证明材料推送至乘车站进行审核与受理。

2. 通过12306客户服务热线受理的特殊重点旅客预约申请，客服中心应利用客服中心综合查询系统或客票系统进行核实。对符合预约申请条件的，客服中心应准确了解特殊重点旅客需求并规范填写“工单”信息，并及时按流程将“工单”流转至旅客乘车站、旅客列车和目的地车站。对不符合受理条件的，客服中心应及时告知申请人或乘车人无法受理其申请。

3. 旅客乘车站接到特殊重点旅客预约申请时，应对旅客线上提交的证明材料进行核实，确认该旅客是否符合预约申请条件，以及旅客身份信息与所购车票身份信息一致性。对符合预约申请条件的，通过系统以微信、短信等形式将车站12306预约旅客会合点位置，以及特殊重点旅客到站时间，在乘车期间携带并出示相一致的有效证明材料等服务须知通知申请人。旅客预约服务信息应按其服务需求通过系统同步推送至相关客运乘务单位和旅客目的地车站。对不符合受理条件的，客运车站应通过系统及时告知申请人或乘车人，要求其补充有效证明材料，或告知因不符合受理条件无法受理。

4. 中国残联在册残疾人(限视力/听力、肢体残疾，且残疾等级为1级或2级)、无陪伴年长旅客的信息，由系统自动对旅客提交信息真实性和旅客年龄进行判定核实。

(五)申请成功后现场相关工作

1. 特殊重点旅客预约申请成功后，在客运站车乘车期间应按规定出示与线上提交信息相一致的相关有效证明材料，在乘车站列车开车前60分钟到达车站12306预约旅客会合点。

2. 客运车站应根据列车开车日期、时间，提前按需做好人员安排和辅助器具准备工作，必要时可在所乘列车开车前2小时前与旅客确认，沟通确认特殊重点旅客预计到达时间，提醒特殊重点旅客携带相关有效证明材料，通告车站12306预约旅客会合点位置。客运车站应安排客运人员在预定时间到达12306预约旅客会合点，在特殊重点旅客到达后提供适需服务，包括安排特殊重点旅客至重点旅客候车室(区)或其他指定位置候车，及时提供优先检票、便利乘车等服务，并做好站车服务交接工作。对因现场服务保障能力限制，无法满足旅客使用轮椅、担架(车)等辅助器具需求时，应征询特殊重点旅客意见后尽可能提供服务协助。对于旅客身份信息与车票身份信息不一致、不符合服务条件，或无法提供相关有效证明材料等情况的，客运车站在说明情况后，有权拒绝提供服务。

3. 客运车站安检处、验证处、12306服务台、综合服务中心遇特殊重点旅客提出现场申请时，车站工作人员应对特殊重点旅客出示的证明材料有效性、真实性进行审核，并核实旅客身份信息与车次信息。符合受理条件且车站现场具有服务保障能力的，运用信息系统做好信息和服务需求登记，尽可能安排旅客至重点旅客候车室（区）或其他指定位置候车，并适需提供轮椅、担架（车）等辅助器具，及时提供优先安检、优先验证、优先检票、便利乘车等服务。

4. 旅客列车接到系统流转的特殊重点旅客预约申请，或客服中心流转的“工单”后，应根据特殊重点旅客所在车厢、位置，提前做好人员安排和服务准备工作。对于客运车站交接的，或运行途中发现的符合服务条件的特殊重点旅客时，客运乘务人员应及时纳入“铁路畅行”爱心服务范围。旅客列车在有运输能力情况下，应尽可能为同席别不同车厢或不相邻的陪伴人员安排临靠特殊重点旅客的座位，或为不同席别的陪同人员、特殊重点旅客优先办理补票升席服务，并协助做好旅客助残设备存放。通过铁路畅行码受理出站服务申请时，或旅客现场提出服务需求时，对符合服务条件的，列车工作人员应核实特殊重点旅客身份信息与到站信息，及时使用交互机通知到站。

5. 特殊重点旅客列车到达目的地车站前，目的地车站应根据服务需求，做好人员安排和辅助器具准备工作，并将特殊重点旅客送至合适的出站口。对持联程车票的特殊重点旅客应做好候车、检票等换乘服务。客运车站、旅客列车要加强信息通报和服务交接，做到交接事项清楚，交接流程规范。

三、服务管理

1. 不符合受理条件

旅客通过规定渠道提交预约申请的，并不表示该服务已经申请成功，铁路部门将对证明材料和相关信息真实性进行核查，对不符合受理条件的，铁路部门除有权拒绝提供服务外，还可以在一定期限内限制其服务申请。因客运站车承运数量限额、服务保障能力不足等原因而不能满足重点旅客需求除外。

属于下列行为的，铁路部门有权拒绝提供服务，但应做好解释说明工作。

(1)不满足年龄条件，或不满足单独出行要求等不符合预约申请条件的。

(2)持伪造、过期等无效证明材料或冒用他人有效证明材料的。

(3)提供的证明材料不符合规定，或无法提供规定的有效证明材料的。

(4)现场临时提出申请，或明显超过约定时间到达车站，铁路客运站车现场不具备服务保障能力的。

(5)提出的服务要求，明显超出铁路旅客运输服务范围和能力的。

2. 其他情况

因列车停运或旅客自行办理退票，其所办理的特殊重点旅客预约申请随即自动取消，相关信息提示系统自动推送至客服中心和客运站车。当旅客乘坐的列车发生变动或自行办理改签，预约申请随即自动取消，特殊重点旅客需重新办理特殊重点旅客服务申请。旅客因自身原因，需要取消重点旅客服务预约申请时，应在乘车站列车开车前 2 小时通过线上渠道或 12306 客户服务热线渠道办理取消服务，也可在车站 12306 服务台或综合服务中心办理取消服务。

对违反相关规定，发生下列行为的，旅客将在行为发生日 180 天内无法通过线上渠道办理相关服务的预约申请。

(1)不符合预约申请条件,但连续2次办理预约申请的。

(2)在1年内办理重点旅客服务预约申请成功后,累计2次未如约到达车站的。

(3)在30天内预约申请重点旅客服务后,因自身原因需要取消重点旅客服务预约申请的,累计2次未在规定时间内办理取消的。

(4)持伪造、过期等无效证明材料或冒用他人有效证明材料的。

(5)在服务过程中,存在辱骂、殴打客运服务人员等不文明行为的。

非无陪伴年长旅客、非无陪伴孕妇旅客,以及视觉/听觉障碍旅客、轮椅/担架(车)行动障碍旅客、携带导盲犬旅客,在客运站车现场经判断确有帮扶必要的,原则上可有不超过2名随行陪同人员,随行陪同人员可随特殊重点旅客享受便利进出站、优先安检、专区候车、优先检票等服务,超出的人员应按照普通旅客旅行。

四、建立人体捐献器官转运绿色通道

人体捐献器官转运绿色通道是指人体器官获取组织(Organ Procurement Organization,以下简称OPO)获取人体捐献器官后,为缩短器官运输时间,在保障安全的前提下采取的快速、有序的人体捐献器官转运措施。

1. 站段在接到有关人体捐献器官转运信息后,要进行重点布置,加强与OPO工作人员沟通联系,为其安检、进站、乘降提供优先服务,并提前通知到站。

2. 因OPO工作人员所乘列车发生晚点等情况时,车站应协助为其办理改签其他列车,如因办理时间不足或其他列车无席位能力时,车站应联系列车做好站车交接工作。

3. 遇有OPO工作人员转运人体捐献器官乘车时,站车应加强交接工作,列车长应为OPO工作人员提供相应的帮助。列车到站前,列车长应提前预报到站,做好相应的服务工作。

4. 遇列车晚点时,列车长应及时通知OPO工作人员列车运行情况。如晚点时间较长时,列车长应及时向运行所在局集团公司客调报告相关情况,由调度人员采取相应赶点措施,保证人体捐献器官转运工作顺利。

5. 到站接到有关OPO工作人员转运人体捐献器官信息后,应布置专人接车,并引导OPO工作人员便捷出站。

6. 车站遇相关机构(组织)人员转运人体血液、造血干细胞等不可经安全检查仪检查时,应要求转运人员出示公立医疗机构出具的证明材料,并采取人工开箱(包)检查措施。如不具备开箱(包)人工检查条件的,其出具的证明材料中应予以明确,工作人员查验无误后,予以放行。

第三节 依法优先

为发扬拥军爱兵优良传统,提升职业荣誉感,保障军人依法优先权利,铁路部门基于社会责任感,对军人、消防救援、应急救援人员等提供依法优先服务。

一、军队人员

(一)优待对象

军队人员及其随行家属。军队人员包括:中国人民解放军和武警部队现役军人、文职人

员、军队离(退)休干部(士官)、革命伤残军人。凭中国人民解放军和武警部队军官证、文职干部证、警官证、士官证、义务兵证、文职人员证、军队离(退)休干部(士官)证、残疾军人证证明身份。可享受优先政策的随行家属数量原则上不多于2名,不需要出具与军人本人的关系证明。

(二)优待措施

1. 购票优先措施

各站均应设置军人优先购票窗口,有条件的车站设立军人购票专窗,条件不具备的应结合现有重点旅客窗口合设,为军人购取车票提供优先服务。军人售票窗口应在醒目位置按标准设置"军人依法优先"标识。

2. 进(出)站优先措施

条件允许的车站,应设立军人专用通道;条件不具备的车站,结合现有商务座、重点旅客等通道合设,并设置明显的"军人依法优先"标识,如图4-5所示。大批部队官兵进(出)站,车站应明确进(出)站通道和行进线路,并安排专人负责引导。零星军人出行按照重点旅客服务标准,为军人提供进站、上车、乘车、出站等优先服务。

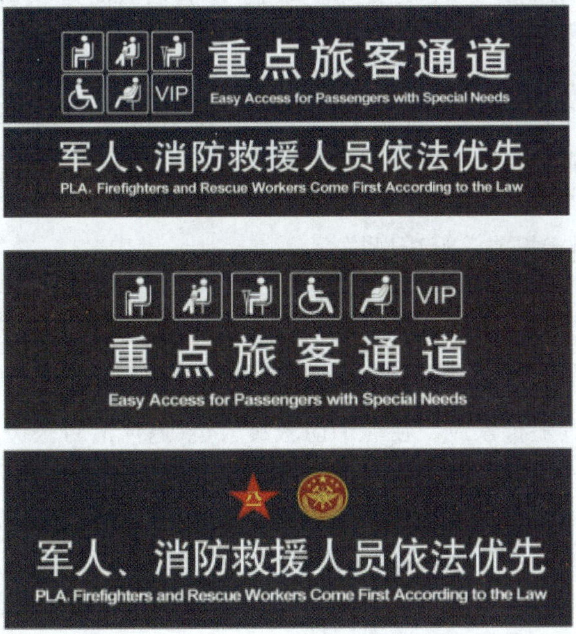

图4-5 军人、消防救援人员依法优先标识样式

3. 候车优先措施

(1)各直辖市、省会城市、计划单列市、军级以上单位驻地和部队相对集中地的主要客运站,应设军人候车区,有条件的应当单独设置军人候车室,条件不具备的要利用重点旅客候车专区(座)做好服务。其他车站应积极结合现场条件,合理设置军人候车专区(座)。

(2)军人专用候车室(区)有条件的应设置重点保障区域,为携带机要文件、执行应急任务和重大活动、革命伤残军人、离退休干部提供服务保障,日常使用由任务单位提前与车站或现场军代表联系安排。无军人专用候车专室(区)的车站,遇有军人携带机密级以上文件候车,凭旅以上单位保密部门出具的携密证明,应安排在其他专用候车区候车。

(3)军人专用候车室应设置明显标识，张贴体现军人荣誉感的标语，布置带有军队特色的背景，营造军队文化氛围，并设立电子显示屏滚动播报车次信息。日常运营配备专人管理，负责军人身份核验、车次信息登记和检票引导服务，并提供报刊、饮水、应急药品、充电等服务。

4. 享受票价优惠

持中华人民共和国残疾军人证、中华人民共和国伤残人民警察证、国家综合性消防救援队伍残疾人员证的人员凭证可以购买优待票。购买残疾军人(警察)优待票时，应出示有效身份证件和符合规定的减价优待凭证原件，售票员核对"两证"后依据其身份证号码进行发售，客票系统如核对为具备资质人员，可直接发售残疾军人(警察)优待票。

5. 途中优先服务措施

列车运行途中，客运乘务人员应给有需求的军人及随行家属，优先办理卧铺或座位补票手续。团体军人(15 人以上)有用餐需求的，列车应优先供餐。

6. 行包优先托运措施

中铁快运公司应在车站行包承运处、到达处设立军人优先办理窗口，优先为军人办理行包托运和交付工作，并在行李票、快运运单上加盖"军人依法优先"专用戳记。

7. 应急出行优先措施

军人因紧急任务需铁路出行，但所乘列车无票额时，经现场核实，可凭各地区军代室开具并加盖地区军代室印章的"军人进站上车补票证"或由车站开具"客运记录"后，予以安排进站上车。对有特殊管控要求和严禁超员的列车，原则上不予开具。列车应及时为持"军人进站上车补票证"或"客运记录"上车的军人办理补票手续。遇有国家重大活动或重点方向有安保要求的，按照国家相关政策法规执行。

二、国家综合性消防救援队伍人员

(一)优待对象

消防救援人员及其随行家属。在职消防救援人员、退休消防救援人员、残疾消防救援人员，分别凭"国家综合性消防救援队伍干部证""国家综合性消防救援队伍消防员证""国家综合性消防救援队伍退休证"，以及中华人民共和国退役军人事务部印制、中华人民共和国应急管理部发放的"国家综合性消防救援队伍残疾人员证"(在正式发放前凭"中华人民共和国残疾军人证")证明身份。可享受优先政策的随行家属数量原则上不多于 2 人，不需要出具与消防救援人员本人的关系证明。

(二)优待措施

1. 优先乘坐火车

消防救援人员乘坐境内运行的火车(高铁)时，享受优先购票、安检、候车、乘车服务，使用"军人依法优先"和"重点旅客"等优先购票窗口和优先进站通道，优先窗口和通道具备动态显示屏时，可在功能显示中增加"消防救援人员优先"标识。

2. 享受票价优惠

残疾消防救援人员乘坐境内运行的火车(高铁)时(国际列车和部分跨境列车除外)，可凭加装有铁路既有设备可识读的电子芯片的相应证件购买减价优惠票，并享受公布票价

50%的优惠。

3. 强化服务保障

积极做好消防救援人员因执行综合应急救援任务或者参加实战拉动演练需乘坐火车(高铁)集中出行时的服务保障工作。

第四节 携 带 品

一、旅客携带品

为了方便旅客旅行生活,维护列车良好秩序,旅客可以将限制范围内的携带品带入乘坐的列车,并由旅客自行负责看管。

(一)旅客携带品重量和规格

旅客携带品由自己负责看管。旅客需妥善放置携带品,不得影响公共空间使用和安全。每人免费携带品的重量和规格是:儿童 10 千克,外交人员 35 千克,其他旅客 20 千克。每件物品外部尺寸长、宽、高之和不超过 160 厘米,杆状物品不超过 200 厘米;但乘坐动车组列车均不超过 130 厘米;每件重量不超过 20 千克。平衡车、滑行器等轮式代步工具须使用硬质包装物妥善包装。依靠辅助器具才能行动的老、幼、病、残、孕等特殊重点旅客旅行时代步的折叠式轮椅,以及随行婴儿使用的折叠婴儿车,可免费携带并不计入上述范围。

(二)国家禁止或者限制运输物品

为保障车站、旅客列车等公共场所内外整洁、空气清新,妨碍公共卫生的物品,能够损坏或污染车辆的物品,以及活动物(导盲犬和作为食品且经封闭箱体包装的鱼、虾、蟹、贝、软体类水产动物除外)不得随身携带乘车。

公益性"慢火车"可以允许旅客随身携带少量家禽家畜和日用工具农具。铁路运输企业与旅客另有约定的,按照其约定。

军人、武警、公安民警、民兵、射击运动员等人员依法可以携带、托运枪支弹药或者管制器具的,按照国家有关规定办理。

在特定区域、特定时间、中央和国家有关部门根据需要依法决定提升铁路禁止、限制携带和托运物品查控标准的,从其规定。

国家禁止托运和随身携带物品见表 4-6,国家禁止随身携带但可以托运物品见表 4-7,国家限制随身携带物品见表 4-8,国家禁止托运和随身携带物品图示如图 4-6 所示,国家禁止随身携带但可以托运物品图示如图 4-7 所示。

表 4-6 国家禁止托运和随身携带物品

品 类	具体物品
枪支、子弹类(含主要零部件)	军用枪、公务用枪:手枪、冲锋枪、步枪、机枪、防暴枪等以及各类配用子弹
	民用枪:气枪、猎枪、运动枪、麻醉注射枪等以及各类配用子弹
	道具枪、发令枪、钢珠枪、催泪枪、电击枪等以及各类配用子弹
	上述物品的样品、仿制品

续上表

品　　类	具体物品
爆炸物品类	弹药:炸弹、照明弹、燃烧弹、烟幕弹、信号弹、催泪弹、毒气弹、手雷、地雷、手榴弹等
	爆破器材:炸药、雷管、导火索、导爆索、震源弹、爆破剂等
	烟火制品:礼花弹、烟花(含冷光烟花)、鞭炮、摔炮、拉炮、砸炮等各类烟花爆竹,发令纸、黑火药、烟火药、引火线,以及“钢丝棉烟花”等具有烟花效果的制品等
	上述物品的仿制品
管制器具	管制刀具:根据《管制刀具分类与安全要求》(GA 1334—2016),认定为管制刀具的专用刀具(匕首、刺刀、佩刀、三棱刮刀、猎刀、加长弹簧折叠刀等)、特殊厨用刀具(加长砍骨刀、加长西瓜刀、加长分刀、剔骨刀、屠宰刀、多用刀等)、开刃的武术与工艺礼品刀具(武术刀、剑等),以及其他管制刀具[超过《日用刀具分类与安全要求》(GA/T 1335)规定的尺寸规格限制要求的各种刀具]
	其他器具:警棍、军用或警用匕首、催泪器、电击器、防卫器、弩、弩箭等
易燃易爆物品	压缩气体和液化气体:氢气、甲烷、乙烷、环氧乙烷、二甲醚、丁烷、天然气、乙烯、氯乙烯、丙烯、乙炔(溶于介质的)、一氧化碳、液化石油气、氟利昂、氧气(供病人吸氧的袋装医用氧气除外)、水煤气等
	易燃液体:汽油(包括甲醇汽油、乙醇汽油)、煤油、柴油、苯、酒精、酒精体积百分含量大于70%或标志不清晰的酒类饮品、1-环氧丙烷、2-环氧丙烷、二硫化碳、甲醇、丙酮、乙醚、油漆、稀料、松香油等
	易燃固体:红磷、闪光粉、固体酒精、赛璐珞、发泡剂H、偶氮二异庚腈等
	自燃物品:黄磷、白磷、硝化纤维(含胶片)、油纸及其制品等
	遇湿易燃物品:金属钾、钠、锂、碳化钙(电石)、镁铝粉(发热包主要原料为镁铝粉的火锅、米饭等自热类食品)等
	密封易爆品:干冰(或用其作为冷却剂的物品)
	氧化剂和有机过氧化物:高锰酸钾、氯酸钾、过氧化钠、过氧化钾、过氧化铅、过醋酸、双氧水、氯酸钠、硝酸铵等
毒害品	氰化物、砒霜、硒粉、苯酚、氯、氨、异氰酸甲酯、硫酸二甲酯等高毒化学品以及灭鼠药、杀虫剂、除草剂等剧毒农药等
腐蚀性物品	硫酸、盐酸、硝酸、氢氧化钠、氢氧化钾、有液蓄电池(含氢氧化钾固体、注有酸液或碱液的)、汞(水银)等
放射性物品	指含有放射性核素,并且其活度和比活度均高于国家规定豁免值的物品,详见《放射性物品分类和名录(试行)》
感染性物质	包括可感染人类的高致病性病原微生物菌(毒)种和感染性样本,详见《人间传染的病原微生物名录》中危害程度分类为第一类、第二类的病原微生物
其他危害列车运行安全的物品	可能干扰列车信号的强磁化物
	硫化氢及有强烈刺激性气味或者有恶臭等异味的物品
	容易引起旅客恐慌情绪的物品
	不能判明性质但可能具有危险性的物品
其他	法律、行政法规、规章规定的其他禁止携带、运输的物品
	实弹击发后的弹壳:以及用其制作的工艺品、纪念品
	剪刀类工具:美发剪等最长单边刃长超60毫米的
	观赏鱼(含各类热带鱼、锦鲤等)
	灭火器

枪支、子弹类（含主要零部件）

爆炸物品类

管制器具

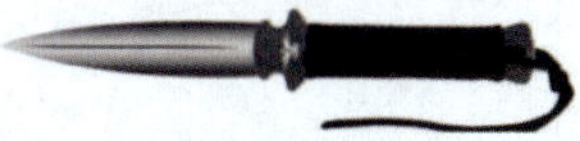

易燃易爆物品

毒害品

腐蚀性物品

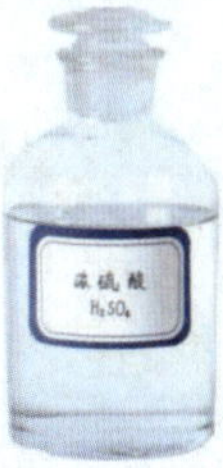

放射性物品

感染性物质

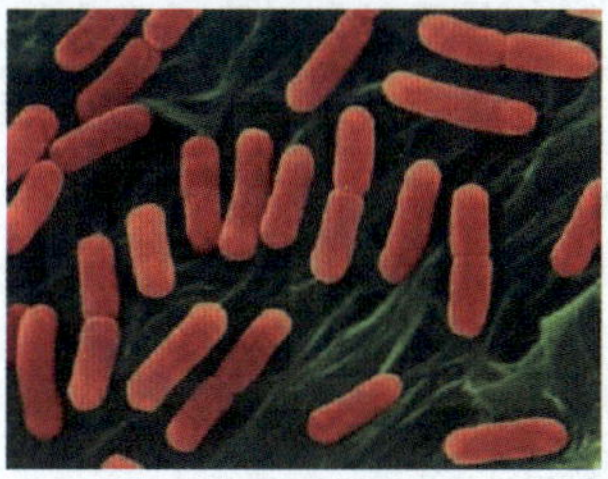

其他危害列车运行安全的物品

图 4-6 国家禁止托运和随身携带物品图示

表 4-7 国家禁止随身携带但可以托运物品图示

品 类	具体物品
锐器	菜刀、水果刀、剪刀、美工刀、雕刻刀、裁纸刀等日用刀具(刀刃长度超过 60 毫米);手术刀、刨刀、铣刀等专业刀具;刀、矛、戟等器械
钝器	棍棒、球棒、桌球杆、曲棍球杆等
工具农具	钻机(风钻、手钻、电钻)、凿、锥、锯、斧头、焊枪、射钉枪、锤、冰镐、耙、铁锹、镢头、锄头、农用叉、镰刀、铡刀、尖齿状工具、农具类锐器等;含有锂电池的电动类工具办理托运应符合托运具体要求
其他	反曲弓、复合弓等非机械弓箭类器材,消防灭火枪,飞镖、弹弓,不超过 50 毫升的防身喷剂等
动物	持有检疫证明、装于专门容器内的小型活动物,铁路运输企业应当向旅客说明运输过程中通风、温度条件。但持工作证明的导盲犬和作为食品且经封闭箱体包装的鱼、虾、蟹、贝、软体类水产动物可以随身携带

锐器	锐器	钝器
		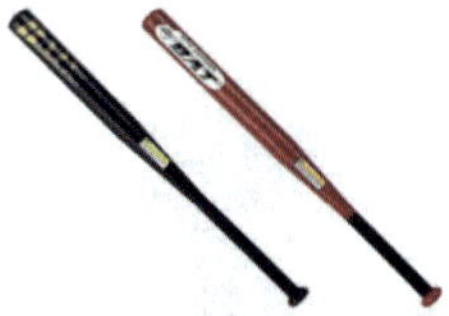
工具农具	其他	动物
	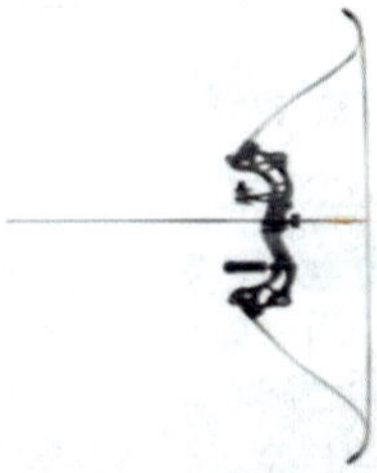	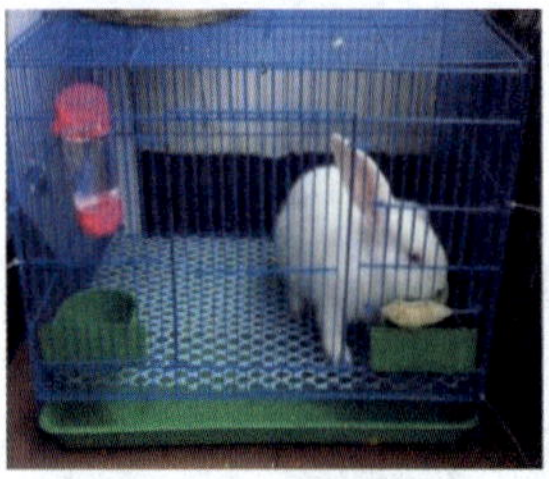

图 4-7　国家禁止随身携带但可以托运物品图示

表 4-8　国家限制随身携带物品

品　　类	具体物品
酒类饮品	包装密封完好、标志清晰且酒精体积百分含量大于或者等于 24%、小于或者等于 70% 的酒类饮品累计不超过 3 000 毫升
含易燃成分的非自喷压力容器日用品	香水、花露水、喷雾、凝胶等含易燃或酒精成分的非自喷压力容器日用品，单体容器容积不超过 100 毫升，每种限带 1 件
指甲油、去光剂	指甲油、去光剂累计不超过 50 毫升
自喷压力容器	冷烫精、染发剂、摩丝、发胶、杀虫剂、空气清新剂、防晒喷雾、补水喷雾等自喷压力容器，单体容器容积不超过 150 毫升，每种限带 1 件，累计不超过 600 毫升
安全火柴、普通打火机	安全火柴不超过 2 小盒，普通打火机不超过 2 个
充电宝、锂电池	标志清晰的充电宝、锂电池，单块额定能量不超过 100 瓦时，含有锂电池的电动轮椅除外。随身携带含有锂电池的电动类工具要符合锂电池额定能量要求
其他	法律、行政法规、规章规定的其他限制携带、运输的物品

(三)违章携带品处理

1. 在乘车站禁止进站上车。

2. 在车内或下车站，对超过免费重量的物品，其超重部分应自上车站至下车站补收行李运费。对不可分拆的整件超重、超大物品、活动物，按该件全部重量补收上车站至下车站行李运费，列车不具备补收条件时可交前方停车站处理。

3. 发现危险品或禁限物品，妨碍公共卫生的物品，损坏或污染车辆的物品时，列车交前方停车站处理，车站按该件物品全部重量加倍补收上车站至下车站行李运费；涉嫌违法犯罪的送交公安部门处理，对有必要就地销毁的危险品或禁限物品应按有关规定处理。

4. 如旅客超重、超大的物品价值低于运费时，可按物品价值的 50%核收运费。

5. 补收运费时，不得超过本次列车的始发站和终到站。不能判明上车站时，自始发站起计算。

二、旅客遗失物品

旅客遗失物品是指在客运车站或旅客列车上发现的旅客遗失的携带品。为切实提高铁路的客运服务质量，更好地服务旅客，要加强对旅客遗失物品的管理。

(一)遗失物品交接

1. 客运车站工作人员(含保洁人员)拾获或接到列车移交的遗失物品，应及时交招领处。列车工作人员(含列车、折返站保洁人员，车辆工作人员)拾获遗失物品，须及时交列车长处理。

2. 库内保洁人员发现列车上的遗失物品，应立即交保洁领班，由保洁领班交保洁值班员。保洁值班员对本班作业中发现的遗失物品，应做好登记，注明物品捡拾车次、车厢、品名、数量、状况，并通知担当客运段安全生产指挥中心。同时，应指定人员原则上随当日出库列车将遗失物品统一交车站招领处，但特殊情况不得晚于库内保洁人员拾获后 7 天。

3. 列车运行中发现的遗失物品，应移交旅客下车站，不能判明旅客下车站时，应移交列车前方站或终到站。移交时填记客运记录，详细登记遗失物品品名、件数、状况等，站车办理签字交接。

4. 列车终到后，列车长应组织列车员、保洁人员按规定巡视车厢，拾获的遗失物品及时移交车站。

5. 列车向车站移交遗失物品(包括鲜活、容易变质和腐败的物品或食品等)时，车站不得以任何理由予以拒接。

6. 移交现金时，列车长应在客运记录上载明币种(不能判明币种的，注明“外币”)、金额和各面值张数。站车在交接现金时，均不得要求移交方填记每张钱币的编号。遇列车需向车站移交大量现金时，列车长应提前联系车站。车站接到通知后，安排车站(或车间)管理人员接车，并办理交接手续。因列车停站时间短，无法全部清点时，车站应先办理交接，再由车站组织人员清点。

(二)遗失物品招领与查找

1. 站车发现旅客遗失物品应积极寻找失主，对有旅客联系方式的遗失物品，及时联系旅客领取。

2. 车站对无人认领的遗失物品，及时在 12306 网站或车站发布招领公告。

3. 客运段安全生产指挥中心接到库内保洁值班员有关捡拾到遗失物品的通知，车站招领处接到库内保洁人员转送的遗失物品，均应及时核对遗失物品查找工单，发现有旅客在查找的，及时与旅客联系，并反馈铁路局集团公司 12306 旅客服务中心(以下简称铁路局集团公司客服中心)。

4. 铁路局集团公司客服中心接到失主查找遗失物品要求后，应详细记录物品遗失的车厢、位置、物品形态等信息，并以遗失物品工单形式通过客服系统流转至相关站段(车站、列车)。如失主所乘列车为当日最后一个乘务交路列车时，铁路局集团公司客服中心在通知客运段(列车)的同时，还应通知列车终到站。

5. 客运站段(车站、列车)收到遗失物品工单后,在30分钟内签收,并根据失主提供的相关信息及时查找。查找时,应适当扩大查找范围。

6. 站车自接到遗失物品工单起6小时内(23:00—次日6:00间,可顺延)将遗失物品查找结果通过系统终端向客服中心反馈,并告知旅客查找结果。车站如查找到遗失物品的,应同时联系旅客领取。

7. 列车长如查找到遗失物品,应在将遗失物品交站后再反馈工单查找结果,交站时应同步告知车站该物品已找到失主,车站接收人员应及时与招领处工作人员做好对接,避免信息脱节。

8. 在反馈工单"未找到"后又找到遗失物品的,由站段联系旅客,并向铁路局集团公司客服中心反馈查找结果。

(三)遗失物品保管

1. 车站应妥善保管遗失物品,遗失物品的保管期限为发布招领公告之日起一年,但低价值遗失物品保管期限为3个月。鲜活易腐物品和食品不负责保管。标有保质期的物品,保管期限参考保质期,最长不超过1年。如在保管期间出现电子产品电池鼓胀、物品腐烂变质异味等存在安全隐患或妨碍公共卫生的情况,经本站站长(车间主任)审核确认后,可视情况提前报废处理。

2. 车站应设置专门的遗失物品存放处所,并安排人员专管,具备条件的可单独设置存放室(库),配置货物架、保管箱柜,有防火、防盗措施。贵重物品应单独加锁保管,有条件的可放置在保险箱内。

3. 原则上应自拾到遗失物品后24小时内放入存放处所,并做好记录,详细登记遗失物品存放及出入库情况,做到账物相符。遗失物品应以适当形式加附物品相关信息标签,定位摆放整齐,便于管理及查找。

4. 拾得的现金,无人认领的应自拾到之日起15日内交本单位财务部门,列其他应付款并开具收据。所拾得的现金为非人民币时,由站段兑换成人民币后处理。银行无法兑换的,由站段存入保险箱内进行保管。

5. 拾得的现金入账后,如失主前来领取,车站应认真核实相关信息,经站段遗失物品处置领导小组审核确认后,出具相关说明交本单位财务部门,将现金归还失主,所退款项冲减其他应付款。按规定保管满一年后仍无人领取,转列营业外收入。失主丢失的非人民币现金,在领取时因汇率因素产生损失的,站段不予负责。

6. 站车单位要做好对遗失物品的登记和保管工作,确因故意或者重大过失致使遗失物品毁损、灭失的,应与旅客协商,予以合理赔偿。

(四)遗失物品认领

1. 遗失物品认领方式包括现场领取、旅客列车转送、寄递。鲜活、有严重异味、妨碍公共卫生或较为贵重的物品不予以转运,由失主或其委托人到车站认领。

2. 失主领取遗失物品时,招领处工作人员应认真核对有效身份信息、时间、地点(车次)、品名、件数(重量)等,确认无误后,予以签字交接。失主委托他人领取遗失物品的,车站应使用具备录音功能的电话与失主确认受委托人基本信息,并告知需携带相关证明材料。领取时应要求受委托人出具委托证明、本人身份证件原件及失主身份证件复印件(照片)。

3. 通过旅客列车转送的,转运至失主乘车站或下车站。失主要求转运至其他地方时,为车站有直达旅客列车的经停站。车站应提前与到站联系，并填写客运记录(附物品清单)，与列车进行交接。

4. 失主要求通过寄递方式转送的，工作人员告知寄递费用由失主承担。办理寄递时，车站应认真核对、交付，并做好寄递相关信息留存。快递发出后，工作人员应及时通知失主。客运站段可委托遗失物品回收处理单位开展寄递服务。

(五)遗失物品处理

1. 遗失物品保管期满仍无人认领的，客运站段统一委托具有相应资质的路内单位变卖回收处理。变卖处理时，由经办人员整理汇总需变卖处理的遗失物品，经站段遗失物品处置领导小组审核同意后，方可变卖处理。遗失物品变卖收入统一交本单位财务部门，由财务部门开具收据，列营业外收入。

2. 遗失物品变卖回收站点原则上为车间级车站，站段根据遗失物品仓储库房(存放点)存放能力、物品进出库情况、保管期限合理确定变卖周期。

3. 车站对旅客身份证等证件类遗失物品，应加强管理，对获取遗失旅客联系电话的，车站联系旅客领取；对无法联系到旅客的，妥善保管。站车处理证件类遗失物品过程中，须遵守《中华人民共和国民法典》《中华人民共和国个人信息保护法》等相关法律法规，严格保密证件类遗失物品个人信息，确保个人信息仅用于帮助旅客找回证件。

4. 对遗失物品中符合《铁路旅客禁止、限制携带和托运物品目录》中规定物品的，按禁限物品相关规定处置。

第五节　行李运输

一、行李的范围

1. 行李是旅客凭车票托运的一定限度的旅行必需品。

2. 行李中不得夹带的物品见表 4-9。

表 4-9　行李中不得夹带的物品

品　类	具体物品
货币	含各币种的纸币和金属辅币
有价票证	银行卡、储值卡等
档案材料	指人事、技术档案，组织关系，户口簿或户籍关系，各种证件、证书、合同、契约等
危险品	铁路运输企业不能判明理化性质的物品按危险品处理
其他	金银珠宝，文物，易碎品、流质物品和骨灰，妨碍公共卫生和安全的物品，国家禁止、限制运输物品

3. 行李每件的最大重量为 50 千克，外部尺寸长、宽、高之和最大不超过 200 厘米，最小不小于 60 厘米。行李一般随旅客所乘列车运送或提前运送。

4. 行动不便旅客在旅行中使用的轮椅可按行李托运。

二、行李的托运与承运

1. 旅客凭有效车票和有效身份证件可在乘车区间行李办理站间托运一次行李，办理时需出示车票报销凭证。

2. 每张车票允许托运行李的重量为 50 千克(行李中有轮椅为 75 千克),超出部分按 2 倍的行李运费计费。

三、行李的运到期限

行李的运到期限以运价里程计算。从承运日起,行李 600 千米以内为 3 日,超过 600 千米时,每增加 600 千米增加 1 日,不足 600 千米也按 1 日计算。

由于不可抗力等非铁路运输企业责任发生的停留时间加算在运到期限内。

四、列车行李运输要求

1. 行李车办公室有遮光帘,有站名牌、货位示意图和隔离带(网)和“押运人员须知”;货仓有“严禁烟火”安全标志,地面有隔水板。

2. 执行行包运输方案,装运行包监装监卸,车门点数,使用规定印章办理站车交接。

3. 行李车货仓保持干净,留有安全通道,保证货物装卸和人员正常通行,货物堆码平稳、牢固、整齐,不堵塞车门,不超载、偏载、超限。贵重品、密件入柜加锁。

4. 及时、正确填写台账资料,及时向前方站做好预报。

5. 行李车内无违章运输物品,无闲杂人员,货仓拉门加明锁。对押运人员查验车票、押运证、身份证,告知注意事项并进行登记。

第六节 投诉建议

旅客投诉是指在铁路旅客运输服务过程中,旅客对铁路运输企业所提供的服务不满意进行反映或提出解决诉求的行为。积极受理并回应旅客投诉建议,是推动铁路客运服务质量不断提高的重要途径。

旅客投诉处理基本原则:首诉负责、统一受理、依法合规、专业管理、客观公正、注重实效;处理合理投诉的基本技巧:先处理情绪,再处理问题。投诉的受理渠道如图 4-8。

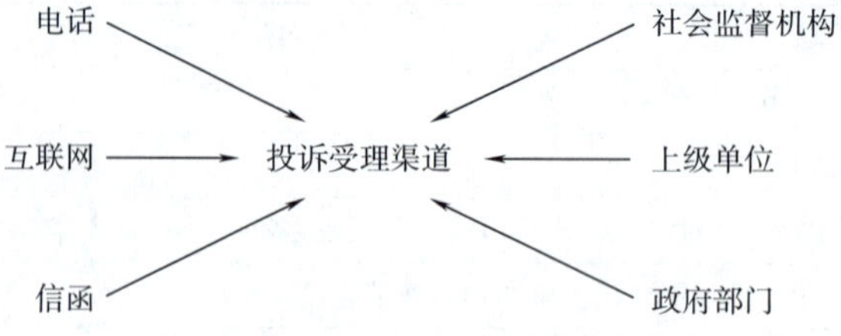

图 4-8 投诉受理渠道

一、投诉受理

客服中心在受理旅客投诉时,应详细了解具体情况,经判定属客运文件相关规定范畴的,应直接向投诉人做好解释说明或提出处理建议。需进行调查的,应按规定受理,并转涉诉单位调查。客服中心受理的所有投诉均通过“工单系统”进行流转。“工单系统”流转的旅客投诉,应包含投诉人姓名、联系方式、车票信息等,投诉问题发生的时间、地点、事由,旅客诉求及投诉对象相关信息，可提供的有关证据等内容。

对旅客来信来访或上级转来的投诉问题，由铁路局集团公司客运部根据投诉问题的具体情况，采取直接调查或通知相关单位调查、处理。

遇以下情况不按投诉受理：

1. 经行政、司法、公安、仲裁机构受理或双方达成协议，无新投诉事由的。

2. 违反法律法规、铁路规章制度，或对铁路规章制度、作业流程不理解、误解的。

3. 因不可抗力、非铁路责任或旅客自身原因造成的。

4. 不属于铁路旅客运输服务范围的。

5. 投诉已办结，无新投诉事由的。

6. 不满足《国铁集团客规》《铁路旅客运输服务质量监督监察办法》《铁路旅客运输服务质量规范》等相关规定所述条件的。

二、投诉处置

1. 投诉流转时间

客服中心在受理旅客投诉后应及时流转，特殊情况可适当延长流转时间，原则上客服中心直接受理的投诉不超过 12 小时，上级部门流转的投诉不超过 24 小时，涉及动车组列车商务座和普速旅客列车高级软卧的旅客投诉不超过 6 小时。

2. 投诉流转要求

(1)涉诉单位涉及多个单位时，旅客投诉应一并流转至相关单位。对可能触及客运安全红线、引起严重及以上服务质量问题，甚至可能引起严重负面影响或群体事件的旅客投诉，应及时报告铁路局集团公司客运部和相关业务主管部门。

(2)客服中心接到非本局集团公司范围内的旅客投诉时，应及时流转至涉诉客服中心。

(3)当旅客投诉时效性要求较高时，客服代表在通过“工单系统”流转后，同时电话通知涉诉单位。

3. 投诉处置时间

涉诉单位应在接到旅客投诉流转后，24 小时内将调查情况反馈客服中心。遇情况复杂，一时难以调查核实清楚的，应及时向客服中心说明，并在 72 小时内反馈调查结果。

4. 投诉处置要求

(1)对涉及旅客人身伤害的旅客投诉，相关站段应按照客伤处理规定和流程进行处理，不列入投诉统计。

(2)被诉单位接到客服中心流转的旅客投诉后，应立即组织调查核实、证据收集，必要时可与旅客进行联系沟通了解情况。对确有责任的，应按规定正确处理。对不属于投诉受理范围的或非铁路责任的旅客投诉，应做好解释说明或提出建议。

(3)对旅客无直接证据证明站车现场工作人员在处理旅客违章时，存在与旅客发生肢体冲突、口角或辱骂旅客情节的，原则上应视为无责投诉。

(4)对较为突出、典型的投诉问题，由铁路局集团公司客运部直接组织调查。对涉及旅客投诉客服中心服务质量问题的，铁路局集团公司客运部和客服中心应及时开展调查，按规定处理。

(5)各单位应指定相关管理人员负责旅客投诉的调查处理，投诉处理人员应了解法律法规知识、熟悉客运业务，投诉处理过程中处理人员应相对固定。与旅客电话沟通时，应尽量使用具有录音功能的电话。站段不得让涉诉班组工作人员直接与旅客进行联系、沟通和处理。

(6)被诉单位应本着尊重事实、客观公正、依规处理的原则进行投诉问题的调查处理。在问题未调查清楚前，不得轻易向旅客表态或承诺。

(7)涉诉单位的调查核实情况，应客观公正，与事实相吻合，不得避重就轻，有所隐瞒。调查核实情况应通过"工单系统"进行反馈，反馈内容主要包含投诉事由、是否属实、调查情况和与旅客的处理结果。

(8)对涉诉单位故意避重就轻，隐瞒事实的，经核实，客运部将严肃追究责任，并根据实际情况予以升级定性处理。

(9)涉诉单位在进行旅客投诉调查处理时，不得要求旅客向12306客服中心申请撤诉。旅客自愿对投诉内容要求撤诉的，不影响铁路局集团公司客运部对投诉问题的调查和定性处理。

5. 投诉已办结情形

(1)被投诉单位与旅客之间达成一致意见，投诉问题得到妥善解决的。

(2)旅客不认可投诉处理结果或对投诉处理不服的，但经铁路局集团公司客运部认定处理结果依法合规的。

(3)经调查核实，不属于投诉受理范围或投诉不成立的。

(4)经调查核实，投诉事实不清或属歪曲事实、诽谤、敲诈勒索、提出不合理要求的。

三、现场报备

1. 站车现场工作人员在处理旅客违章时，要注意自身行为规范，并采用音视频记录仪、视频监控系统等设备记录处置全过程，不具备音视频记录条件时应收集2名旅客以上的证人证言。相关音视频记录、旅客旁证材料应妥善保管。

2. 站车现场工作人员如遇旅客故意刁难、违章拒绝处理等情况时，且预估旅客可能进行恶意投诉的，可将相关情况向本单位生产指挥中心或职能科室报告。单位分管人员对现场工作人员报备的情况审核后，录入"工单系统"上传客服中心，进行投诉报备。

3. 单位报备的内容，应真实无误，内容主要是日期、车次(车站)、旅客姓名、身份证件(种类、号码)、车票信息、简要情况等。

4. 客服代表遇旅客投诉站段已报备的情况时，应根据报备情况，做好对旅客安抚解释工作。如旅客反映情况与报备内容存在较大差异时，客服代表应予以受理，并流转至被诉单位进行调查核实。

5. 经调查核实，现场工作人员所报备的情况与事实存在较大出入或严重不符的，铁路局集团公司客运部将严肃追责。

四、分析处理

1. 涉诉单位应对投诉问题认真组织分析，要结合投诉问题的责任主体、问题性质、严重程度等因素，按规定定责处理。

2. 处理投诉问题应坚持惩处与教育相结合，做到客观公正、依法合规，宽严有度。对投诉问题的考核应以调查事实为依据，不得以客服中心流转的旅客投诉工单作为考核依据。

3. 铁路局集团公司客运部对调查属实的投诉问题，按照相关规定对涉诉单位进行定性定责，并对有责投诉纳入月度客运服务质量综合评价考核。

4. 涉诉单位对职工正常履职中出现工作方式方法不当、业务差错等问题，可根据情节酌情减轻考核。未经调查或经核查属无责、不实投诉的，涉诉单位不得对涉诉职工进行考核。

5. 站段针对典型性、倾向性、惯性投诉问题，要做好汇总分析，并研究制定相应改进措施，提高服务质量。

6. 涉及旅客投诉的相关单位、部门要对旅客的身份信息、联系方式、投诉内容等资料做好保护管理。受理投诉的所有记录及有关资料需保存完整，建档、归档，并保存不少于1年，以备查阅。

7. 职工对旅客投诉处理有意见时，可向客服中心提出实名申诉。

8. 各单位对核实属实受旅客表扬的工作人员；因严格执行铁路规章制度，遭到旅客恶意投诉、人身攻击的工作人员，可建立相关奖励机制，予以鼓励和奖励。

五、现场投诉场景处置

(一)票务问题可能导致的投诉

1. 补收票款

【案例概况】

××月××日，一学生旅客在优惠区段内，购买了××次列车A站至B站的学生优惠票，上车后旅客找到列车员(补票员)为其办理B站至C站的补票手续，列车员办理B站至C站学生优惠票时，发现优惠次数用完了，不能办理学生优惠票，在询问了旅客并征得同意后，为其办理了B站至C站的全价票，后旅客遇到列车长询问补票问题，列车长退还了旅客B站至C站间全价票价与学生优惠票价的差额。

【案例分析】

依据《国铁集团客规》规定，学生优惠票按近径路发售。在减价优惠区间内购买联程车票时，扣减一次优惠乘车次数。

(1)办理学生优惠票越站手续时，列车员直接按重新购票方式办理学生优惠票补票作业，导致发生因优惠次数不足而无法办理学生优惠票的情况。

(2)列车员在补票过程中遇到问题时没有告知列车长，而是询问旅客，在得到旅客同意补全价票后，盲目办理了B站至C站全价票，多收了票款。好在后续列车长得知此情况，及时弥补了旅客的损失，若旅客事后发现问题，一旦致电12306客服投诉，那就是责任投诉。

2. 加收票款

【案例概况】

××月××日，××次列车由B站开出，实名制验票时，硬座车发现一无票人员，自诉从A站上车去往C站，列车员(补票员)告知其要补××元票款，旅客同意，列车补收了A站至C站票款并加收了A站至B站票款，补完票后旅客对票价有疑问，列车员告知旅客加收了票款，旅客对此表示不满，质疑加收原因，质疑列车员未提前告知，列车员汇报列车长进行处理。

【案例分析】

依据《国铁集团客规》规定，有下列行为时，铁路运输企业按规定补票，并加收已乘区间应补票价50%的票款：无票乘车且未主动补票时，补收自乘车站（不能判明时自始发站）起至到站止的车票票款。

旅客上车后未主动补票，直到前方站开车后才被列车员发现其无票乘车，列车按规定补收并加收票款，看似没有错，但列车员只告诉旅客需要补多少钱，并没有告诉其所收票款中包含了加收的部分票款，等补完票后旅客询问才告知，导致旅客的不满。应在收款前告知旅客，如旅客拒绝补票，列车可以编制客运记录交站处理。

3. 儿童乘车

【案例概况】

××月××日，××次列车，始发站开车后，列车员在软卧车验票时发现10车11下的旅客带了一个7周岁的孩子，没有买票需要补一张小孩票。之后列车员告诉旅客儿童优惠票××元，旅客同意补票。旅客事后发现列车给他补的是软座儿童优惠票而不是硬座儿童优惠票，觉得补票人员多补钱了，找到列车长要说法。

【案例分析】

依据《国铁集团客规》规定，儿童优惠票的乘车日期、车次及席别应与同行成年人所持车票相同，到站不得远于成年人车票的到站。成人旅客要求与儿童共用一个卧铺时，可按卧铺对应等级座席儿童优惠票价补售同席儿童票（如硬卧为硬座、软卧为软座、高级软卧为软座、二等卧为二等座、一等卧为一等座等）。

列车员按规定为旅客补软座儿童优惠票是没有问题的，但没有做好解释和唱票工作，导致旅客不满，找列车长要说法。

4. 误乘、误降

【案例概况】

××月××日，K××1次列车，11时10分A站开车后，一旅客找到列车员（补票员）说坐错车了，旅客买的车票K××3次是11时30分的车，问能不能乘坐本次车去到站，票价是一样的。列车员告诉旅客可以把票退掉，在车上重新再买一张。旅客手机上退了票，又在列车上补了车票。事后旅客发现被收取了20%退票费，打12306客服电话要求列车员退还。

【案例分析】

站车遇旅客声明误乘时，如旅客上车站的所购车票车次和所乘车次的实际开车时间在30分钟内的可按误乘处理。两个车次上车站实际开车时间超过30分钟的，按原票乘车无效，重新补票处理。误乘旅客车票未检票时，列车应对其车票补检。

依据《国铁集团客规》规定，发生误乘、误降时，旅客应向站车工作人员提出。如误乘旅客提出乘坐本趟列车直接去原票到站时，所乘列车票价高于原票价时，核收票价差额；所乘列车票价低于原票价时，票价差额部分不予退还。

发现旅客误乘后，列车员只要按规定汇报车长处理就可以了，旅客原票价和所乘列车票价一样，但没有检过票，所以列车上只要补检就可以了。列车员让旅客退票再重新补票，旅客多支付了20%退票费，造成旅客投诉。

(二)工作不足可能导致的投诉

1. 重点旅客

【案例概况】

××月××日，××次列车，××女士反映其身患聋哑的母亲独自乘车出行，到站时列车工作人员没有提醒她下车，结果坐过了站，导致××女士在车站等了好几个小时，才接到其母亲回家。

【案例分析】

根据《铁路旅客运输服务质量规范》规定，对重点旅客做到"三知三有"(知座席、知到站、知困难，有登记、有服务、有交接)，优先办理卧铺、安排座席；为有需求的特殊重点旅客联系到站提供担架、轮椅等辅助器具，及时办理站车交接。

2. 遗失物品

【案例概况】

××月××日，××次列车，到达折返站D站，班组接到旅客遗失物品工单一件，内容是：旅客于C站下车，在11车9号下铺遗失一块儿童手表。列车长派列车员到该车厢铺位上查找，没有找到儿童手表后，列车长在工单系统内回复未找到。在班组终到休息的第二天，再次接到该旅客遗失物品的工单，工单内容：旅客看到手表定位，从D站回到A站，后从A到D站，说明手表还在列车上。后续在下铺边缝内发现儿童手表。

【案例分析】

站段生产指挥中心、车站、列车长收到12306客服中心的遗失物品查找工单后，应在30分钟内完成签收，并组织人员根据旅客提供的相关信息进行查找。查找时，应适当扩大查找范围。

(1)急旅客所急，根据工单系统提示认真查找遗失物品，不能马虎大意，随便应付。

(2)首次寻找未果的，应组织再次查找确认，适当扩大查找范围(重点查找座铺位缝隙及易掉落的部位)。必要时，列车长可通过遗失物品工单下发的联系电话与当事旅客进行再次确认，便于进一步查找。

(3)遗失物品查找和交接过程中，做好视频记录，留存证据。

3. 环境卫生

【案例概况】

××月××日，K××次列车由××站开出，一刚上车旅客发现自己的座位上有垃圾，小桌子上的果皮盘里面也是满满一盘果皮，旅客很生气，大声指责列车员，列车员赶紧向旅客道歉，并立即将垃圾清理干净。但旅客并没有原谅，反而咄咄逼人地继续责难。见状，列车员大声说道："我都这样和你道歉了，你到底想怎么样?"面对这种情景，当事旅客扬言要投诉。周围旅客纷纷上前劝说，直至列车长赶到进行处理。

【案例分析】

依据规定，普速旅客列车到站前卫生清洁，清理果皮盘和垃圾桶，垃圾装袋扎口，定位放置。

依据《铁路旅客运输服务质量规范》规定，使用普通话，表达准确，口齿清晰。服务语言表达规范、准确，使用"请、您好、谢谢、对不起、再见"等服务用语。

列车员未及时进行垃圾清理，导致上车旅客不满，列车员马上道歉，并立即进行了打扫，这名旅客没有接受列车员的道歉，而是对列车员继续责难。面对这样的旅客，列车员没有理性地对待，或立即向列车长汇报，使用了不恰当的话语进一步激怒了旅客，导致旅客要投诉。

4. 服务忌语

【案例概况】

××月××日，××次列车因暴雨导致晚点，一旅客找到列车员询问能不能赶上后续列车？列车员跟旅客说"不清楚，如果赶不上的话你可以改签"。旅客想改签却发现后续列车已经没有余票，又问列车员，列车员说你自己多试几次，也许可以抢到票。旅客一直抢不到票，再次找列车员，列车员答"这个我也没有办法"。旅客说"这是你们晚点造成的，你要给我解决问题"。列车员说"这是天灾，是下暴雨造成的，懂不懂？我们也不想这样。"旅客听了很不高兴，找到列车长投诉该列车员态度不好。

【案例分析】

依据《铁路旅客运输服务质量规范》规定，使用普通话，表达准确，口齿清晰。服务语言表达规范、准确，使用"请、您好、谢谢、对不起、再见"等服务用语。

实行首问首诉负责制。受理旅客咨询、求助、投诉，及时回应，热情处置，有问必答，回答准确；对旅客提出的问题不能解决时，指引到相应岗位，并做好耐心解释。

(1)列车员与旅客对话时使用"我也没有办法""懂不懂"等语句，引起旅客不满。

(2)旅客要求解决问题，列车员不解决也不引导，继续推诿，激化矛盾。

(三)业务差错可能导致的投诉

1. 低级失误导致的问题

【案例概况】

××月××日，旅客乘坐××次列车，在列车上查出该旅客持A站到B站学生优惠票，学生证未办理优惠资质核验，列车员(补票员)为其办理补票手续。旅客下车到B站办理退票时，被告知补票补错了，补成了B站至C站的越站票。

【案例分析】

依据《国铁集团客规》规定，学生每学年乘车前应到车站指定售票窗口或自动售票机办理一次本人居民身份证件与火车票学生优惠卡的优惠资质核验手续。未办理或通过优惠资质核验购买学生优惠票乘车时，列车应先办理补收票价差额手续，开具客运记录。旅客到站后可凭车补车票、学生证和购票时所使用的有效身份证件（列车如开具纸质客运记录，还应携带纸质客运记录），30 日以内到车站售票窗口办理资质核验和退票手续。车站核实学生所购学生优惠票符合有关规定后，为其办理资质核验，扣减火车票学生优惠卡次数，退还车补车票票款，不收退票费。

2. 业务处理导致的问题

【案例概况】

××月××日，旅客致电 12306 客服表示其乘坐 K××1 次列车（A 站到 B 站），并中转接续当日 K××3 次列车（B 站到 C 站），分段买的学生票，已经通过优惠核验。在第二程列车（K××3 次）上被查到学生证的优惠区间更改没有加盖公章，补了全价票与学生优惠票差价。但第一程车（K××1 次）列车上没有查看她的学生证，没有补差价。因 K××1 次未补全差价，导致自己优惠次数无法退回，投诉 K××1 次列车工作人员业务不熟。

【案例分析】

依据《国铁集团客规》规定，车站对进、出站的旅客和人员应当检票，列车对乘车旅客应验票。对应当持证购买的优惠票、优待票，铁路运输企业还需核验旅客相应证件。

火车票学生优惠卡内需载明学生姓名、有效身份证件号码、优惠乘车区间、入学日期、优惠乘车次数等信息。应有而没有火车票学生优惠卡，火车票学生优惠卡所载信息不全、不能识别或者与学生证记载不一致的，不发售学生优惠票。

学生证的减价优惠区间更改时，应重新加盖院校公章，并修改火车票学生优惠卡内相关信息。

（四）处理旅客行为可能导致的投诉

在服务过程中，处理旅客反馈或发生的问题时，也可能会造成旅客投诉。

1. 噪声问题

【案例概况】

××月××日，××次列车，硬卧车厢有旅客向列车员反映，有 2 名四五岁儿童吵闹，影响其他旅客休息。列车员立即前往了解情况，对成人及儿童旅客进行宣传、解释，列车员离开后一会儿童又开始大声讲话。列车员巡视车厢时大声劝阻无效，反而招到成人旅客投诉态度不好。

【案例分析】

儿童好动又好玩，尤其有玩伴的时候更为突出，影响到其他旅客正常休息。应加强儿童乘车安全宣传，向成人及其随行儿童做好宣传解释，对不听劝解的要反复、耐心地宣传，维护好乘车环境，争取周围旅客的谅解。

2. 占用他人铺位导致的问题

【案例概况】

××月××日,××次列车,一名持硬卧上铺的旅客见到下铺空着,便睡到了下铺。列车员发现后立即对该旅客进行劝阻,告诉其该铺位××站会有旅客要上来,请其回到自己的铺位上休息,旅客无动于衷,说等有人上来就会让的。列车员无奈离开了。到了××站,该下铺旅客上车后发现有他人睡在他的铺位上,而且床铺弄得很乱,本来旅客半夜上车很累了,想抓紧休息,看到这个情况很气愤,欲投诉列车员。

【案例分析】

依据《中华人民共和国民法典》规定,旅客应当按照有效客票记载的时间、班次和座位号乘坐。旅客无票乘坐、超程乘坐、越级乘坐或者持失效客票乘坐的,应当补交票款,承运人可以按照规定加收票款;旅客不支付票款的,承运人可以拒绝运输。

依据《国铁集团客规》规定,旅客应当按有效车票载明的日期、时间、车次、车厢号、席位号和席别乘车。

(1)列车员发现旅客占用他人铺位时第一时间进行了劝说,但旅客无动于衷,列车员离开没有做好耐心解释工作。

(2)列车员没有将情况及时汇报列车长处理。

(3)列车员到站前未对还在该下铺休息的旅客进行提醒,没有及时整理铺位。

3. 同档卧铺为异性

【案例概况】

××月××日,××次列车,一软卧旅客王女士见到自己所睡的10车1号包房内,除了自己一位女性,其他三位都是男性。感觉到非常不便,找到列车员想调整位置。但因为当天是周末,卧铺没有空余席位调整,且列车员带着旅客在10号车厢找了一遍,发现房间内都是男女混铺的,只有9号包房是三女一男,但他们是一家人,不愿意换,列车员表示没有办法,王女士一夜没有进去睡觉,坐在边座上休息,下车后致电12306客服要求退差价。

【案例分析】

依据《铁路旅客运输服务质量规范》规定,实行首问首诉负责制。受理旅客咨询、求助、投诉,及时回应,热情处置,有问必答,回答准确;对旅客提出的问题不能解决时,指引到相应岗位,并做好耐心解释。

遇到男女混铺,旅客要求调整席位时,我们应主动为旅客设法解决困难。如果客流不高,列车有能力安排的时候可以为旅客调整席位。如果难以解决,也要尽力而为,让旅客看到我们的诚意和努力。实在无法解决时也应做好解释、安抚,及时向列车长反馈情况。

六、减少投诉的建议

1. 切实增强服务意识

要充分认清当前我们在服务工作中面临的巨大挑战,切实提高乘务人员服务意识,始终把广大旅客的满意度作为工作的出发点，将旅客需求贯穿客运服务全过程，提高现场服务主动性，使旅客真正感受更美好的服务。

2. 强化自身服务技能

加强基础理论知识学习，尤其是基础业务规章、作业标准、服务用语的学习，掌握作业要求，进行现场难点模拟演练，提升岗位服务技能。

3. 加强问题预想预防

始终保持“问题”意识，强化旅客投诉事件的预防，做好日常执标作业，保持较高的质量标准，不违章违纪，不出现服务生、冷、硬现象。对旅客反映的诉求，必须落实首问首诉负责制的要求，不能处理的及时向旅客说明原因，并且由列车长落实回访机制，妥善处理旅客意见和建议，让问题在列车上得到较好解决。

4. 加强视频证据留存

正常执标情况下，旅客恶意投诉，可采集证据，主动向客服中心报备。遇突发情况需周围旅客协助取证的，打开音视频记录仪，快速到达现场，与旅客沟通过程中注意技巧，尽量采取“工作人员问、旅客答”的方式，留存证据。

复习思考题

1. 到站通告服务用语有哪些？
2. 重点旅客分为哪几类？
3. 依法优先的对象有哪些？
4. 旅客携带品的重量和规格的规定是什么？
5. 鲜活、容易变质和腐败的物品或食品及现金类的遗失物品办理站车交接时的规定是什么？
6. 哪些情况可以不按投诉处理？

第五章　专项业务

专项业务是铁路旅客运输工作中专业性较强且具有针对性的业务技能。普速旅客列车乘务人员专项业务包括广播揭示、设备软件、票务管理等模块。

第一节　广播揭示

一、普速旅客列车广播作业

普速旅客列车智能广播系统(以下简称普速智能广播系统)及设备,由铁路局集团公司通信段配备,主要用于客运服务信息的音频播放。

(一)普速智能广播系统概述

普速智能广播系统是指通过采集列车位置信息、感知列车运行状态,智能化处理播音内容,分等级、按秩序向旅客推送常态播音、应急播音的广播系统。

系统能够自动识别列车位置、开停信息、正晚点、自动播报站名信息、自动转换各等级播放内容。

普速智能广播系统组成及布置场所如图 5-1 所示。

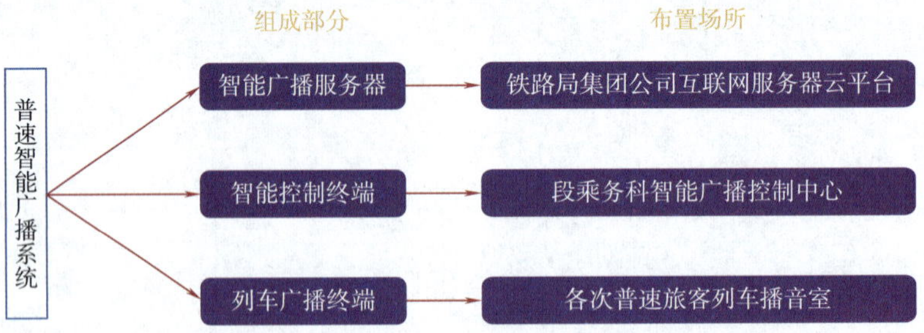

图 5-1　普速智能广播组成及布置场所

普速智能广播系统硬件配置如图 5-2 所示。

列车广播终端的播音方式分为集中播音模式和分散播音模式。其中,集中播音模式为主控模式,在集中模式故障无法使用时,可启用分散模式。如分散模式无法使用时,启用应急播音(口播)。

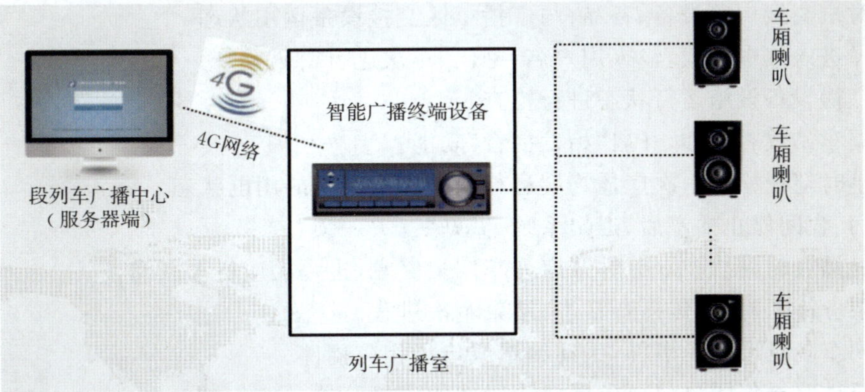

图 5-2 普速智能广播系统硬件配置

(二)日常管理

1. 职责分工

(1)乘务科

客运段设立智能广播控制中心(图 5-3),负责系统的日常业务指导、数据更新与管理、语音录制,实时监控列车设备使用情况等。

(2)办公室网络运维

办公室网络运维负责系统服务器运行与维护、基础数据设置、用户权限划分、物联网卡的办理、IP地址绑定、系统技术保障等。

(3)普速车队

普速车队负责列车广播终端的日常业务。

(4)普速班组

各普速旅客列车班组指定列车广播终端所在车厢的列车员,负责列车广播终端设备的日常使用、保管、交接。

图 5-3 智能广播控制中心

2. 日常作业

(1)智能广播控制中心日常工作

①远程监控各次列车广播终端设备运行状态。

②收集存在的问题,统计分析并协调解决。

③编辑广播作业内容,优化、更新节目。

④为列车广播终端监管人员提供业务指导。

(2)智能广播控制中心调图工作

①采集新增站点经纬度数据。

②编制智能广播作业过程。

③修改并合成系统播音数据。

④指导系统版本升级和数据更新。

(3)列车广播终端监管人员日常工作

①带齐有效证件上岗,定置摆放在播音室。

②与对班交接广播设备、备品；与广播工区交接设备运用状态。

③选择进入集中模式，输入用户名、密码、车次进行密码登录。

④对广播设备设施运行状态进行检查。

⑤根据车站放客通知，开启“始发播音”功能。

⑥每小时巡视检查一次广播终端运行状态和播音室的用电状态。

⑦午间、夜间停止播音后，退出系统，做好“三关一锁”。

⑧恢复播音时，提前10分钟开启列车广播终端，进入相应行车区间。

⑨趟乘务终了时，上传播音日志，结束本次进程。

⑩遇列车晚点或突发事件，手动编辑或口播相应稿件。

⑪按照铁路局集团公司要求播放阶段性的广播稿件。

⑫列车广播终端运行异常时及时向列车长汇报。

(4)列车广播终端监管人员调图工作

遇列车运行图调整时，按照要求更新智能广播控制中心推送到列车广播终端的播音内容和基础数据。

(三)播放管理规范

1. 广播常播内容录音化。使用普通话。经停民族自治地区车站的列车可根据需要增加当地通用的民族语言播音。过港列车可增加粤语播音。直通列车可增加英语播报客运作业信息。

2. 广播语音清晰，音量适宜，用语准确，内容丰富，更新及时，形式多样，健康活泼，不干扰旅客正常休息。

3. 广播播放时间为7:00—12:30、15:00—21:30。列车在7:00以前或21:30之后始发或终到的，或者根据季节、昼夜变化情况，可以提前或顺延30～60分钟，其他时间只能播报应急广播。途经地区与北京时间存在时差时，可适当调整。

4. 广播内容以方便旅行生活为主。始发前，播放旅客引导、行李摆放提示、列车情况介绍以及禁止携带危险品、禁止吸烟等内容。运行中，播放列车设施设备、旅客安全须知、旅行常识、旅行生活知识、治安法制宣传、卫生健康、餐售经营等宣传及前方停站、到站信息预播报等内容，适当插播文艺娱乐、文明礼仪、地方概况、沿线风光、民俗风情、广告等节目。

5. 列车停站信息预、播报及时。执行“一站两报”，即开车后预告下一到站站名和时刻；到站前(不晚于到站前10分钟)再次通报。开车后、到站前硬座车厢列车员双车(边)通报。

6. 优先级分类。广播内容的优先级分类，见表5-1。

表5-1 广播内容优先级分类

优先等级	分　类
1	“一站两报”
2	临时停车
3	应急广播
4	按地理位置播报：例如长江大桥、城市介绍等
5	按规定时间播报：餐饮信息，早、午、晚休播音
6	宣传及娱乐节目
7	始发开车后迎宾曲

（四）应急处置

1. 处置流程

普速智能广播系统应急处置流程，如图5-4所示。

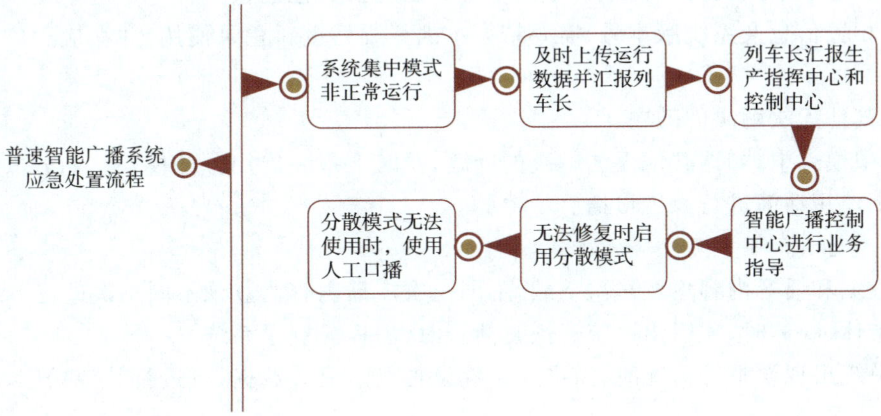

图5-4　普速智能广播系统应急处置流程

2. 常见问题及解决方法

（1）无法登录

查看4G网络是否正常，4G天线和GPS天线是否连接错误，及时反馈了解是否为系统后台问题。如仍无法使用，切换至分散模式。

（2）部分音频无法正常准点播出

点击音频条目播出，并进行信息反馈。

（3）始发登录时，显示音频已播放完毕

前一班组在乘务终到结束时，未点击结束本次行程。点击结束本次行程重新登录即可。

（4）日志无法上传

车站4G信号差，不要在车站上传。如上传失败，请在系统设置里上传运行数据，并进行信息反馈。

（5）广播无法切换至下一区间或者无法播报通告、预告

因为GPS信号丢失，无法判断列车位置，可手动切换区间或点播，查看GPS天线是否正确粘贴到窗户上，拧紧GPS天线与列车广播终端接口，结束行程并重启列车广播终端。

（6）显示无广播播音条目

在数据下载中，重新下载数据，不需下载播音内容。

（7）显示无音频

核实该车次是否已下载广播播音内容。如未下载，需下载播音内容；如已下载，点击结束本次行程，并重启列车广播终端（可多尝试几次）。如仍显示无音频，需重新下载广播播音内容。

（8）登录显示自动上传数据并且页面空白只显示中途退出和结束本次行程

在集中模式和分散模式选择页面上查看4G信号是否为绿色。如为绿色，查看4G天线是否连接正确，并将4G天线放置在距离车窗近的地方，尝试关机重新连接或在4G信号强的区间进行连接。如为红色，查看广播机上方标签纸是否有SIM卡号并进行上报，由技术

人员联系移动或广播工区解决。

(9)清晨播音时,每个区间重复播放

需退出系统重新登录对应区间使用,并上报相关信息及系统版本号。

(10)应急广播出现无法播报且导致系统无法进行其他播报

上报相关信息及系统版本号,需要结束本次行程后重新登录使用,并在应急广播时使用口播。

(11)其他无法解决的问题

在集中模式中,如遇其他无法解决的问题,及时上报并启用分散模式。如分散模式仍无法使用,则使用话筒进行人工口播。

3. 注意事项

(1)数据和播音内容均按车次下载,不同车次广播内容需登录不同车次进行下载。

(2)午休、晚休时,需退出系统。恢复播音时,需提前登录系统。

(3)系统出现误报等情况时,需进入系统设置点击上传数据,再进行其他操作,同时进行记录上报。

(4)中途晚点不需进行任何操作。

(5)临时停车需手动点播。

(6)GPS 天线需粘贴在车窗上。

(7)中途退出点击左边的退出系统。趟工作结束,上传日志后,点击结束本次行程。

(8)列车广播终端交接后,在集中模式下查看版本号或者在集中模式系统设置中查看,如不是最新版本,需更新系统。

(9)甩挂车、上线下线拆装列车广播终端时,应及时与通信段广播工区联系。

(10)按规定填写广播台账资料。

(五)常用广播内容

常用广播内容及广播要求,见表 5-2。

表 5-2 常用广播内容及广播要求

序号	常用广播内容	广播要求
1	始发开车前广播	开车前 15 分钟
2	始发文明宣传	开车前 6 分钟
3	开车前提示	开车前 5 分钟
4	欢迎词	开车后 1 分钟
5	时刻表介绍	欢迎词后播放
6	设备设施介绍	时刻表介绍后播放
7	工作人员服务范围	设备设施后播放
8	乘车安全宣传	介绍工作人员服务范围后播放
9	预告××站	开车后 1 分钟
10	通告××站	到站前 10 分钟

续上表

序号	常用广播内容	广播要求
11	清晨播音	6时55分
12	午休播音	午休前5分钟
13	午休后播音	午休后播放
14	夜间播音	夜间关灯前5分钟
15	车容卫生	卫生宣传(运行中可适当加播)
16	终到站卫生宣传	终到前30分钟
17	安全宣传	终到前20分钟
18	终到前提示	终到前10分钟
19	终到告别词	到站前3分钟
20	上海站无障碍引导	上海站前一站开出后、上海站到站前10分钟
21	轻音儿童安全宣传	列车始发(折返)开车后,省会城市大站开出后,夜间、午间关闭广播前,清晨、午后开机后播放

安全宣传:列车始发(折返)开车后,省会城市大站开出后,夜间、午间关闭广播前,清晨、午后开机后播放。

(六)其　　他

1. 晚点致歉(铁路原因)、晚点通告(自然灾害):根据实际情况进行播放。

2. 禁烟宣传、全列禁烟:运行区间超一小时,可加播一次。

3. 安全宣传(防烫伤、高站台、防挤防摔)。

4. 防火宣传。

5. 火灾疏散。

6. 临时停车。

二、标识标牌

(一)粘贴标准

1. 客运标识应粘贴平整无气泡,列车运行过程中,保持清晰、整洁、安装牢固,表面无孔洞和影响使用的缺陷。

2. 凡车底存有车辆标识(铭牌),且满足“粘贴牢固无松动、字迹清晰可识读、功能一致无差别”的,如“禁止吸烟、禁止倚靠、卫生纸”等,无须再次粘贴相应的客运标识,但相应数量的客运标识应随车携带,防止列车换挂产生粘贴需求。

3. 凡车底无车辆标识(铭牌),且规定的粘贴位置不具备粘贴条件的,如“禁止吸烟、请勿丢弃废弃物”等,可在对应位置附近醒目位置粘贴,全列车厢粘贴位置应保持基本统一。

(二)常见标识

1. 列车办公席三合一

规格:300毫米×200毫米。

位置及数量:列车办公席所在车厢,1张。

粘贴标准:粘贴壁板比照原列车办公席,设置于列车办公席处间壁,标识左边沿距离间壁外沿 100 毫米,标识下沿距离地板面 1.6 米,遇遮挡时适当调整,列车办公席三合一标识如图 5-5 所示。

图 5-5　列车办公席三合一标识

2. 吸烟处

规格:35 毫米×120 毫米。

位置及数量:两端通过台烟灰盒正上方,各 1 张。

粘贴标准:烟灰盒正上方,间距 100 毫米,移动式烟灰缸比照粘贴,吸烟处标识如图 5-6 所示。

图 5-6　吸烟处标识

3. 危险勿动

(1)紧急制动阀

规格:314 毫米×142 毫米。

位置及数量:紧急制动手柄处,各 1 张。

粘贴标准:紧急制动手柄开口处居中,紧急制动阀标识如图 5-7 所示。

图 5-7　紧急制动阀标识

(2)手制动机

规格:40 毫米×55 毫米。

位置及数量:制动手柄处,各 1 张。

粘贴标准:制动手柄中心;内嵌式手制动机粘贴在制动手柄上部,手制动机标识如图 5-8 所示。

4. 禁止倚靠

规格:87 毫米×70 毫米。

位置及数量：塞拉门扣手正上方，各1张。

粘贴标准：塞拉门扣手正上方，标识下沿紧靠扣手上沿，禁止倚靠标识如图5-9所示。

图 5-8 手制动机标识

图 5-9 禁止倚靠标识

5. 请勿开窗

规格：35毫米×120毫米。

位置及数量：活动车窗正上方，各1张。

粘贴标准：请勿开窗（于左侧）与请勿向窗外扔东西（于右侧）水平对齐，间距10毫米；整体位于活动车窗正上方，标识下沿紧靠窗框上沿，横向居中位置，请勿开窗标识如图5-10所示。

图 5-10 请勿开窗标识

6. 请勿向窗外扔东西

规格：35毫米×120毫米。

位置及数量：活动车窗正上方，各1张。

粘贴标准：请勿开窗（于左侧）与请勿向窗外扔东西（于右侧）水平对齐，间距10毫米；整体位于活动车窗正上方，标识下沿紧靠窗框上沿，横向居中位置，请勿向窗外扔东西标识如图5-11所示。

图 5-11 请勿向窗外扔东西标识

7. 禁止吸烟

规格：35毫米×120毫米。

位置及数量：客室侧两端间壁，各 1 张。

粘贴标准：

(1)座车：客室侧内端间壁，高度与车型车号定员标识等高(或标识下沿距离顶板 30 毫米)，标识与内顺车号位置左右对称粘贴或右侧边沿距客室侧右门框上延长线 50 毫米。

(2)卧车：走廊门上部挡板(客室侧)横向居中，标识下沿距离挡板下沿 10 毫米，禁止吸烟标识如图 5-12 所示。

图 5-12　禁止吸烟标识

8. 外顺车号

规格：150 毫米×140 毫米。

位置及数量：车体外两侧边门上部，各 1 张。

粘贴标准：

(1)25G、25K、25B 型：标识下沿与黄色饰带等高。

(2)25T 型：车侧门门前侧紧靠胶条粘贴，标识上沿与车门平齐，外顺车号标识如图 5-13 所示。

图 5-13　外顺车号标识

9. 旅客止步

规格：100 毫米×300 毫米。

位置及数量：列车首尾载客车厢内端门，各 1 张。

粘贴标准：首尾载客车厢内端门上横向居中，标识上沿距离门框 50 毫米；若首尾载客车厢内端门为两扇式蝴蝶门，标识粘贴于右扇门相应位置，旅客止步标识如图 5-14 所示。

图 5-14　旅客止步标识

10. 禁止通行

规格:100 毫米×300 毫米。

位置及数量:列车首节车辆前部、尾节车辆后部外端门,各 1 张。

粘贴标准:首尾车厢外端门上横向居中,标识上沿距离门玻璃框 30 毫米;若首尾车厢外端门为两扇式蝴蝶门,标识粘贴于右扇门相应位置,禁止通行标识如图 5-15 所示。

图 5-15　禁止通行标识

11. 禁止烟火

规格:200 毫米×500 毫米。

位置及数量:行李车货仓两端板壁上方,各 1 张。

粘贴标准:行李车货仓两端圆弧端板横向居中,办公间一侧标识下沿以折页门框上沿为准;端门一侧标识下沿以圆弧端板下沿为准,禁止烟火标识如图 5-16 所示。

图 5-16　禁止烟火标识

12. 非工作人员禁止入内

规格:100 毫米×380 毫米。

位置及数量:餐车后厨门,1 张。

粘贴标准:餐车后厨门横向居中,标识下沿紧靠门框,非工作人员禁止入内标识如图 5-17 所示。

图 5-17　非工作人员禁止入内标识

13. 贵重物品注意保管

规格:87 毫米×70 毫米。

位置及数量：洗脸室置物架上方，各 1 张。

粘贴标准：由于请勿将杂物扔进容器标识暂未统一制作，贵重物品注意保管标识粘贴于洗脸室置物架上方 50 毫米，位于与置物架横向中心线右侧 10 毫米；若洗脸室无置物架，则不粘贴，贵重物品注意保管标识如图 5-18 所示。

图 5-18　贵重物品注意保管标识

14. 请勿丢弃废弃物

规格：87 毫米×70 毫米。

位置及数量：客室侧两端间壁，各 1 张。

粘贴标准：

(1)座车：客室侧内端间壁，与禁止吸烟标识等高，标识左侧边沿距客室侧内右门框 50 毫米。

(2)卧车：客室侧内端间壁，与禁止吸烟标识等高，标识左侧与禁止吸烟间距 50 毫米，请勿丢弃废弃物标识如图 5-19 所示。

图 5-19　请勿丢弃废弃物标识

15. 卫生纸

规格：60 毫米×60 毫米。

位置及数量：卫生纸盒正上方，各 1 张。

粘贴标准：卫生纸盒正上方，横向居中，下边沿间距 50 毫米；若无卫生纸盒，则不粘贴，卫生纸标识如图 5-20 所示。

图 5-20　卫生纸标识

(三)两框内容

1. 设置位置

(1)“铁路旅客乘车安全须知”“铁路旅客旅行须知”设置在车厢两框内。

(2)“铁路旅客禁止、限制携带和托运物品目录的公告”设置在列车办公席所在车厢。

(3)“通勤列车乘车须知”设置在担当的通勤列车。

2. 设置标准

(1)列车两框必须统一标准、统一规格、统一式样、统一安装。列车两框统一由车辆部门负责制作安装。镜框揭示揭挂内容由铁路局集团公司客运部门负责担当车底的请领、安装、更新及日常补充。

(2)除列车办公席所在车厢外，一般载客车厢设置顺序为：车厢两框齐全时，应依次安放“铁路旅客乘车安全须知”“铁路旅客旅行须知”；车厢配备一框时，仅安放“铁路旅客乘车安全须知”。

(3)列车办公席所在车厢设置顺序为：车厢两框齐全时，应依次安放“铁路旅客禁止、限制携带和托运物品目录的公告”“铁路旅客旅行须知”；车厢配备一框时，仅安放“铁路进站乘车禁止和限制携带物品的公告”。

第二节　设备软件

乘务人员配备对讲机、音视频记录仪、交互机等设备软件，方便乘务工作中的信息传递、作业联控、作业记录等。

一、电子设备

(一)对讲机使用、管理相关内容

1. 对讲机使用管理

(1)对讲机的配备。乘务人员配备的对讲机包括耳麦、电池、对讲机等，对讲机配备见表5-3。

表5-3　对讲机配备

配备情况	普速旅客列车
耳麦	每台对讲机配置一副耳麦
电池	每台对讲机配置两块电池
对讲机	各车厢岗位配置1台列车员对讲机，列车长配置1台专用对讲机

(2)对讲机功能。记录客运作业关键事项的交接、呼叫等，真实还原现场情况，便于事后分析，列车长对讲机应具备录音功能。

(3)对讲机设备维护和使用年限。各单位准备一定的客运对讲机备用率(机)，确保不影响正常客运作业需要。客运对讲机作用不良时，应及时交配发部门联系维修。对讲机原则上三年更新，使用状态良好、满足作业需要的可延长使用。

2. 客运对讲机频道(率)

客运对讲机频道(率)，见表5-4。

表5-4　客运对讲机频道(率)

频道	频率(兆赫)	使用人员	守候频道(率)
1	457.700	普速旅客列车司机 车辆乘务员	普速旅客列车司机 车辆乘务员
2	457.950	列车员(长) 乘警(长)	列车员(长) 乘警(长)
3	457.725	车站客运人员	车站客运人员
4	467.200	动车组司机 随车机械师	动车组司机 随车机械师
5	无线列调系统f4同频单工频率	司机 站台客运员 列车长	—

站车间有关工作人员需通话时，由主叫方转换对讲机频道至被叫方守候频道建立通信，通话结束后，主叫方及时调回原守候频道。

备用(应急)通信方式，在装备450兆赫频段无线调度通信系统的区段，列车长在使用规定的频率与列车司机二次呼叫无应答时，允许使用该区段（站）无线列调系统 f4 同频单工频率呼叫列车司机。

3．对讲机使用规范

普速旅客列车乘务人员配备的对讲机使用要求见表 5-5。

表 5-5 对讲机使用要求

使用项目	使用要求
用语标准	①对讲机用于运输生产作业联系，通话使用时，应规范用语、言简意赅，避免长时间占用。 ②通话过程中，杜绝讲与作业无关的语言。 ③值乘重点任务时，对讲机的使用要按照上级领导的指令执行，严格遵守通信保密制度
频道（率）规定	列车员无特殊情况，不得擅自使用司机、车辆乘务员频道（率）通话
佩戴要求	①对讲机应放置右侧腰部位置。 ②使用耳麦的对讲机，耳机连接线需布放在衬衣内，耳机统一挂在右耳上，调于适当的音量位置

（二）音视频记录仪使用相关内容

1．配置要求及使用年限

（1）配备要求

普速旅客列车乘务人员音视频记录仪配备情况见表 5-6。

表 5-6 音视频记录仪配备要求

项　目	配置要求
配备数量	原则上每个班组配备 2 台，如有行李业务增配 1 台
使用人员	列车长、补票员、行李员
日常管理人员	列车长

（2）使用年限

音视频记录仪使用年限原则上为 3 年。

2．使用规范

（1）使用要求

①音视频记录仪主要在巡视检查、站车交接、应急处置、处理投诉、旅客意外伤害处理取证、旅客旁证采集、行包异常情况记录等情景开启使用。

②接班时应对音视频记录仪时间进行校正，保证与北京时间同步。电量应保证充足，班前应充电至饱和状态。

③禁止使用音视频记录仪拍摄与工作无关的事情，在使用过程中应注意方法和技巧，避免因使用音视频记录仪不当引发旅客投诉。涉及音视频取证时要注意文明用语、告知义务等。

④音视频记录仪的佩戴位置原则上为左胸部或左肩部等有利于取得最佳拍摄效果的适当位置。

⑤使用音视频记录仪时应穿着制服，作业中全过程牢固佩戴，保持音视频记录仪处于待机状态（开机关屏模式），需使用时，应快速启动录像，客观真实、完整全面地记录整个事件过程。

⑥音视频记录仪应统一编号管理，纳入岗位交接。交接班时应认真检查设备状态，确保设备状态良好。

(2)摄录要求

班组在值乘过程中须开启音视频记录仪进行全程记录时有以下具体要求：

①列车长在接车及乘务途中巡视作业时，包括：接车验证、始发巡视、终到（折返）检查、大站开出巡视以及对特种车辆的定时巡视（如餐车等）。

②涉及站车具体性业务交接事项时，包括旅客交接（重点、上访、无票、客伤）、物品交接（遗失品、危险品）以及其他事项交接等。

③处置突发性事件时，包括重大疫情、食物中毒、空调失效、设备故障和列车晚点等非正常情况下的应急处置等。

④处理旅客投诉时，包括现场处置旅客投诉、纠纷事项或者预估可能引起旅客投诉事件时。

⑤旅客失信行为处置取证时。

⑥旅客急病或发生客伤处置时。

⑦进行特殊重点服务内容时。

⑧车队及以上管理部门要求临时性拍摄时或者列车长认为有必要拍摄时。

(3)数据采集及检查

①记录仪数据采集、传输设备及系统软件配置在各车队，数据采集时应严格执行安全管理制度，指定专用电脑，禁止与非专用电脑进行数据连接；禁止任何无关人员转录、复制、外传、删除音视频记录仪摄录的音视频资料；禁止将记录仪接入与互联网相联的计算机。保存时应注明日期、事由等关键事项。

②音视频记录仪采集的各类数据应分期限保存，音视频数据保存期限及部门见表5-7。

表5-7　音视频数据保存期限及部门

数据	保存期限	保存部门
涉及接车验证、始发巡视、终到（折返）检查、大站开出巡视等正常作业流程录制的	单位自定	车队保存
涉及站车安全、站车交接分歧、旅客投诉的	不少于180天	车队保存
涉及旅客伤害或关系旅客和工作人员权益的、涉及旅客失信行为的	不少于5年	车队保存后 并同步保存至乘务科
涉及疑难复杂事件，可能引发涉法信访案件等	永久	车队保存后 并同步保存至乘务科

③班组每趟终到退乘后至次趟出乘前，由列车长将音视频记录仪交回车队进行数据采集，保证数据完整和值乘的正常使用。车队应指定专人对音视频数据及时采集并按保存期限保存。

④敏感信息、涉诉信息及其他重要数据不得擅自对外提供，当事人（单位）、新闻媒体或者其他铁路以外单位要求调阅、复制记录信息的，依法应予以提供时，由对方单位出具书面材料，履行批准程序，报客运段主要领导同意。

⑤乘务科负责每月对各车队视频记录仪使用情况的抽检、抽查。

⑥对未按规定使用音视频记录仪、存储数据等情况的，应严格追究相关责任人责任，并纳入安全新机制考核。

(4)作业保障

各单位应根据实际配备一定比例的备用设备,供应急替换使用。对乘务时间较长,电池续航能力不能满足岗位摄录要求的,客运乘务单位应增配备用音视频记录仪或备用电池。各单位应将音视频记录仪纳入设备设施用、管、修管理,细化完善专业维保机制,遇设备故障时及时联系维保。各单位应设置音视频记录仪充电专用箱(柜),满足音视频记录仪集中充电的需求。行车公寓应提供必要的充电条件。

3. 技术标准

(1)音视频记录仪体积、重量应方便客运人员随身佩戴,方便乘务人员操作。

(2)音视频记录仪须满足夜视拍摄功能。视频分辨率达到720P/24FPS以上。

(3)一次录制的视频内容不可采用分段式存储;视频内容应具备日期、时间水印。

(4)设备存储应具备技术安全保护,存储应使用内置存储,只限定观看,不得通过人工操作设备进行内容删除,应使用专用软件进行数据拷贝。储存容量不小于64 GB,采取循环录制。

(5)电池续航能力原则上满足连续摄像时间8小时以上,连续待机时间24小时以上的要求。

(6)新采购的音视频记录仪应符合上述技术要求,售后服务应满足3年免费整机(含配件)保修服务。

4. 监督分析

客运段乘务科、车队建立音视频记录的分析制度,形成“事前防范、事中控制、事后评价”的闭环式管理。

二、移动软件

(一)系统概述

列车移动软件主要是指站车交互系统,该系统是铁路车地客运移动作业服务平台,可以在移动场景下为旅客提供多样化服务,为现场客运服务和客运管理工作提供信息系统支撑。

通过站车交互系统,地面售票情况可以及时报送到指定列车,车上乘务人员可精确掌握每个席位的使用情况、乘降区段,为旅客提供车上验票、车上联网补票、开具电子客运记录等服务,使客运组织和管理准确、有序,提高了服务水平。列车上可以利用地面信息做好旅客服务工作,同时也可以向地面系统及时汇报列车上的客运信息,实现了车地信息一体化。

站车交互系统由交互机和地面设备组成。交互机是配备双模无线通信手持终端,可以在GSM及GSM-R网络间切换;地面设备由在国铁集团和铁科院设置的客票信息发布服务器、与GSM和GSM-R网络互联的信息交互平台GPRS接口服务器、路由器及防火墙等设备组成,客票信息发布服务器与既有客票信息系统互联。

为确保客票等信息系统的安全,GPRS接口服务器通过路由器,采用专线方式与中国移动的GPRS连接,与GSM-R的GPRS连接;GPRS接口服务器通过客票安全系统及防火墙与信息发布服务器连接;信息发布服务器连接国铁集团客票中心数据库。

交互机通过公用无线网(非公众网)经由信息交互平台,向客票信息发布服务器发送查询请求信息,客票信息发布服务器收到查询请求信息后,从客票系统获取该次列车席位等相关信息并反馈到交互机。

1. 交互机利用既有站车交互铁路 GSM-R 卡或移动物联网 SIM 卡，利用铁路 GSM-R 和中国移动 2G/3G/4G 的专用 APN 通道。

2. 交互机应调用站车交互服务平台的终端接入 SDK，实现终端统一安全接入和专用协议通信。移动应用与站车 SDK 通过签名方式实现安全调用。

3. 站车交互平台中部署专用的服务器，实现数据的转发和协议转换，并通过安全分区进行隔离，保障安全和高可用性。

4. 站车无线交互接入区至外部服务网新增一对安全隔离网闸，实现到内部服务网的安全数据交互。

(二)硬件配置

1. 交互机

通用手机、一体机和补票机。支持 GSM/GSM-R 无线网络，支持 GPRS 数据通信；运行于 Android 4.0 及以上版本操作系统；显示屏为触摸屏，尺寸为 4.3 英寸以上；运行内存为 1 GB 以上；可扩展存储空间为 4 GB 以上；配备 500 万及以上像素摄像头等组件。

2. 配件设备

蓝牙识读器：通过蓝牙连接交互机，实现读取证件号码，查询旅客乘车信息的功能。

(三)系统应用

1. 使用规范

(1)使用流程

站车交互系统使用流程，见表 5-8。

表 5-8　站车交互系统使用流程

<table>
<tr><td rowspan="4">站车交互系统</td><td>开车前</td><td>始发前 15 分钟</td><td>启动系统，选择始发日期、始发车次，筛选所属铁路局集团公司、客运段，填写当班车长(列车员)姓名、电话号码登录下载本次列车基础信息。折返始发站切换车次</td></tr>
<tr><td rowspan="2">运行中</td><td rowspan="2">开车前 5 分钟</td><td>接收信息后，可进行列车查验车票、去向登记、乘车人数统计、电子票信息、挂失补、行程冲突、实名查询、余票查询、乘车证查询、在线补签、联网补票、遗失物品信息等工作</td></tr>
<tr><td>未接收到信息，列车乘务人员应启动交互机设备上的数据下载程序，进行手动下载，再处理信息</td></tr>
<tr><td>终到后</td><td colspan="2">列车长在席位统计中保存本趟密度表(保存期限为一年)，保存后进行退乘作业</td></tr>
</table>

(2)GSM/4G 及 GSM-R 卡使用要求

移动 GSM/4G 卡由客运段组织人员办理领卡业务；GSM-R 卡由客运段乘务科到铁路局集团公司电务部办理领卡业务。对于新购的 GSM/4G 卡和 GSM-R 卡，应在铁路局集团公司客票系统中注册登记后方可生效。移动系统配备专用 GSM/4G 和 GSM-R 卡由客运段乘务科负责保管和发放。

GSM/4G 卡资费由客运段专业管理部门负责与相关单位办理结算。如发现 GSM/4G 卡话费超出客运段约定标准的，相关单位应及时通知客运段乘务科查明原因。

2. 使用年限

使用年限原则上 3 年。

3. 系统设置

(1)APN 设置

系统设置→APN 设置→新建 APN→名称(CMIOTTDBKYZC)→APN(CMIOTTD-BKYZC)→保存。

(2)服务器地址选择

系统设置→服务器地址→GSM 一中心/GSM 二中心。

(3)版本选择

系统设置→版本切换→PSR 版本电子票夹。

第三节 票务管理

票务管理是乘务作业中一项重要工作,是列车工作人员必须掌握的一项业务技能。学好票务相关知识,对于提高铁路经营效益有非常重要的意义。

一、旅客票价

(一)普速旅客列车票价

旅客票价包括客票票价和附加票票价两部分。

客票票价:分为硬座、软座客票票价。

附加票票价:分为加快、卧铺、空调票票价。

附加票是客票的补充部分,可以与客票合并发售。

车票票价为旅客购票时的执行票价。铁路运输企业调整票价时,已售出的车票不再补收或退还票价差额。

(二)优惠、优待票价

1. 儿童优惠票

除需要乘坐旅客列车通勤上学的学生和铁路运输企业同意在旅途中监护的儿童外,未满 14 周岁的儿童应当随同成年人旅客旅行。

(1)随同成年人乘车的儿童,年满 6 周岁且未满 14 周岁的应当购买儿童优惠票,年满 14 周岁,应当购买全价票。每一名持票成年人旅客可免费携带一名未满 6 周岁且不单独占用席位的儿童乘车,超过一名时,超过人数应当购买儿童优惠票。儿童年龄按乘车日期计算。

(2)旅客携带免费乘车儿童时,应当在购票时向铁路运输企业提前申明,购票申明时使用的免费乘车儿童有效身份证件为其乘车凭证。

(3)免费乘车的儿童单独使用席位时应购买儿童优惠票。

(4)儿童优惠票的乘车日期、车次及席别应与同行成年人所持车票相同,到站不得远于成年人车票的到站。

(5)成人旅客要求与儿童共用一个卧铺时,可按卧铺对应等级座席儿童优惠票价补售同席儿童票。

(6)儿童优惠票票价计算。普速旅客列车儿童优惠票可享受客票、加快票和空调票的优惠,儿童优惠票票价按相应客票和附加票票价的 50%计算。

2. 学生优惠票

(1)在全日制高等学校(含国务院教育行政部门、省级人民政府审批设置的实施高等学历教育的民办学校),承担研究生教育任务的科学研究机构,军事院校,普通中、小学和中等职业学校(含有实施学历教育资格的公办及民办中等专业学校、职业高中、技工学校),国务院或国家宗教事务局批准的正式宗教院校就读的学生、研究生,家庭居住地和学校所在地不在同一城市时,凭附有标注减价优惠区间和火车票学生优惠卡的学生证(中、小学生凭加盖学校公章的书面证明),优惠区间应加盖院校公章,每学年(10 月 1 日至次年 9 月 30 日)可购买家庭居住地至院校(实习地点)所在地之间四次单程的学生优惠票。新生凭录取通知书、毕业生凭盖有院校公章的学校书面证明当年可购买一次学生优惠票。学生优惠票限于使用普通旅客列车硬座、硬卧和动车组列车二等座。学生每学年乘车前应通过 12306 网站或到车站指定售票窗口、自动售票机办理一次学生优惠资质核验手续。通过车站指定售票窗口或自动售票机办理学生优惠资质核验手续时,应出具本人有效身份证件和学生证(附有火车票学生优惠卡),没有火车票学生优惠卡,火车票学生优惠卡所载信息不全、不能识别或者与学生证记载不一致的,无法通过学生优惠资质核验。

(2)未办理或未通过优惠资质核验购买学生优惠票乘车时,列车应先办理补收票价差额手续,开具客运记录。旅客到站后可凭车补车票、学生证和购票时所使用的有效身份证件(列车如开具纸质客运记录,还应携带纸质客运记录),30 日以内到车站售票窗口办理资质核验和退票手续。车站核实学生所购学生优惠票符合有关规定后,为其办理资质核验,扣减火车票学生优惠卡次数,退还车补车票票款,不收退票费。华侨学生和港澳台学生可购买学校所在地车站至口岸城市车站间的学生优惠票。铁路运输企业另有规定的除外。学生证的减价优惠区间更改时,应重新加盖院校公章,并修改火车票学生优惠卡内相关信息。学生优惠票根据减价优惠区间按相对近径路或合理径路发售。在减价优惠区间内购买联程车票时,扣减一次优惠乘车次数。超过减价优惠区间的,不发售学生优惠票。优惠乘车次数按学年使用有效,当学年不能使用下一学年的次数,当学年未使用的不能留作下学年使用。

(3)学生优惠票可享受硬座客票、加快票和空调票的优惠,学生优惠票票价按相应客票和附加票票价的 50%计算。

3. 优待票

持中华人民共和国残疾军人证、中华人民共和国伤残人民警察证、国家综合性消防救援队伍残疾人员证的人员凭证可以购买优待票。可享受客票和附加票的优惠,票价按相应客票和附加票票价的 50%计算。

(三)旅客票价计算单位

国家铁路的旅客票价,以 5 角为计算单位,不足 5 角的尾数按 2.5 角以下舍去、2.5 角及以上进为 5 角处理。行李运价及客运杂费的尾数保留至角。浮动票价按票种处理尾数。

(四)铁路客运运价里程

1. 计算依据

旅客和行李的票、运价里程,以《铁路客运运价里程表》为计算依据。发到站间跨及两条及其以上线路时,应按规定的接算站接算;通过轮渡时,应将规定的轮渡里程加入运价里程内计算。

2. 接算站

(1)接算站是指将发、到站间跨及两条以上不同的线路连接起来,使里程加总计算票价和运价,所规定的接算衔接点。

(2)在《全国铁路客运运价里程接算站示意图》中,接算站用红圈表示。在《铁路客运运价里程表》中,接算站用黑体字印刷,站名下部印有1毫米宽的黑色横线,并在该站的第13栏印有"接××线"字样,如图5-21所示。

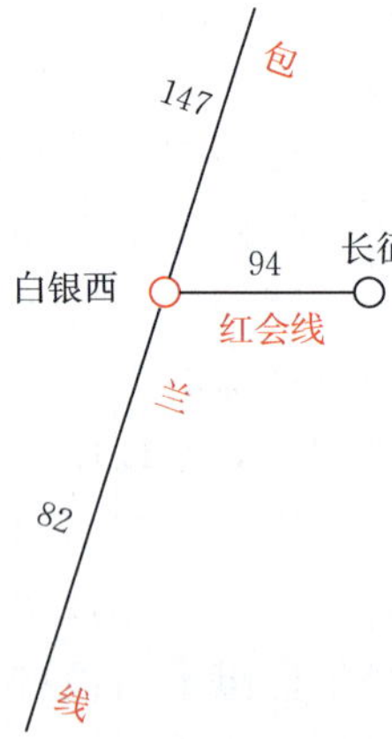

图5-21 接算站示意图示例

3.《铁路客运运价里程表》使用

(1)查找发、到站的方法

①能确切知道发、到站在哪条线路上时,可从"线名排序索引表"或"线名音序索引表"中查出车站所属线路在"里程表"中的页数,即可查出相关车站。

②不能确切知道发、到站具体在哪条线路上时,可从"站名首字笔画索引表"中查找出车站在"站名索引表"中的页数,然后按"站名索引表"查出车站在里程表中的页数,即可查出相关车站。

(2)计算运价里程

在《铁路客运运价里程表》中查出发、到站后,要根据发、到站是否在同一条线路上来采用不同的方法计算运价里程。

①发、到站在同一条线路上时,用自本线起点站或终点站至发站和到站的里程相减,即可计算出发站至到站的运价里程。

②发到站在相连接的两条线路时分别计算出发站和到站至该两条线的接算站间的运价里程相加,即可算出发站至到站的运价里程。

③发到站在不相连接的两条线路,逐段计算出各线的运价里程,然后相加,即可算出发站至到站的运价里程。

二、实名制管理

车票实名制是指车票实名购买和实名查验的一项制度。

车票实名购买是指购票人凭乘车人的有效身份证件购买车票,铁路运输企业凭乘车人的有效身份证件销售车票,并记录旅客身份信息和购票信息的行为。

车票实名查验是指铁路运输企业对实行车票实名购买的车票记载的身份信息与乘车人及其有效身份证件进行一致性核对,并记录旅客乘车信息的行为。

(一)实名制有效身份证件种类

允许购票乘车的有效身份证件种类:中华人民共和国居民身份证(含中华人民共和国临时居民身份证),居民户口簿,中华人民共和国护照,中华人民共和国出入境通行证,中华人民共和国旅行证,新生儿出生医学证明,军官证、警官证、文职干部证、义务兵证、士官证、军士证、警士证、文职人员证,海员证,以及公安机关出具的临时乘车身份证明,中华人民共和国港澳居民居住证,中华人民共和国台湾居民居住证,港澳居民来往内地通行证,往来港澳通行证,大陆居民往来台湾通行证,台湾居民来往大陆通行证,外国人永久居留身份证,外国人护照,外国人出入境证,公安机关出具的外国人签证证件受理回执、护照报失证明,各国驻华使领馆签发的临时性国际旅行证件(应当附具公安机关签发的有效签证或者停留证件)。

新生儿出生医学证明仅用于免费儿童申领,不作为购买儿童优惠票的有效身份证件。

(二)售票规则

1. 一张有效身份证件同一乘车日期同一车次只能购买一张实名制车票(旅客持同一身份证件可购买同一车次分段接续车票)。

2. 使用残疾人旅客专用票额的,须持中华人民共和国残疾人证且载明视力、肢体或智力三类残疾,残疾等级为一级或二级的;或持中华人民共和国残疾军人证、中华人民共和国伤残人民警察证,国家综合性消防救援队伍残疾人员证,且载明残疾等级为一到六级的。

(三)验证检票

1. 乘车旅客须持与车票所载身份信息相符的本人有效身份证件,办理实名制验证和进出站检票手续。

2. 旅客进站乘车时,车站客运工作人员对旅客及所持车票和车票所载的有效身份证件进行查验。票、证、人不一致或无法出示有效身份证件的旅客,不得进站乘车。无法出示有效身份证件的旅客,应到车站铁路公安制证口或该有效身份证件的发证机构办理身份证明后,方可进站乘车。

3. 乘车人购票后在列车中途站上车时,经车站确认票、证、人一致后,允许检票乘车。

4. 铁路职工办理乘车证签证业务后,可持办理乘车证时预留的本人身份证件通过自动闸机或人工通道验证检票乘车。

5. 列车验票时,同时核对旅客、所持的有效身份证件原件及车票信息。票、证、人不一致的,按无票处理。

三、车票查验

旅客乘车时,应配合列车工作人员核验铁路电子客票和实名制查验。对于乘坐卧铺的旅客,列车工作人员应通过交互机为旅客办理卧铺使用登记和到站提醒业务。

(一)查验规定

《国铁集团客规》规定,铁路运输企业按照国家有关规定对旅客所持车票和有效身份证件进行车票实名制查验。车站对进、出站的旅客和人员应当检票,列车对乘车旅客应验票。对应当持证购买的优惠票、优待票,铁路运输企业还须查验旅客相应优惠、优待证件。

(二)铁路乘车证

1. 铁路乘车证种类

(1)硬席全年定期乘车证为浅蓝色,横版,如图 5-22 所示。使用该证件可免于签证,可中途下车,可乘坐动车组列车卧铺和二等座席。

(2)软席全年定期乘车证为浅粉色,横版,如图 5-23 所示。使用该证件可免于签证,可中途下车,可乘坐动车组列车卧铺和一等座席。

(3)硬席临时定期乘车证为浅蓝色,竖版,如图 5-24 所示。使用该证件须在乘车前办理签证,可中途下车。一次出差到一条线的几个站,可填到最远站;一次出差到几条线又不顺路者,可按线填最远到站,但不能超过三个到站。

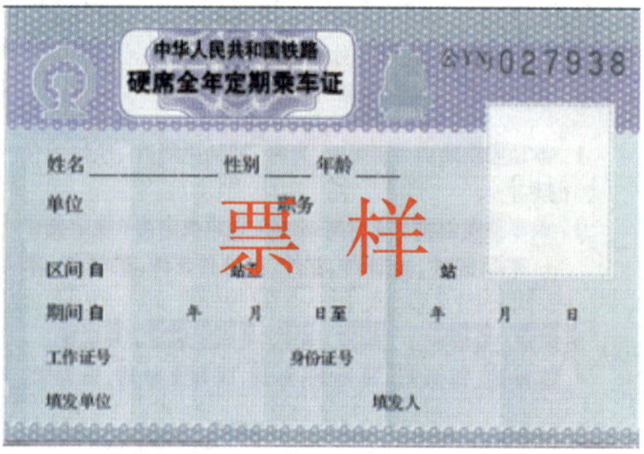

图 5-22　硬席全年定期乘车证

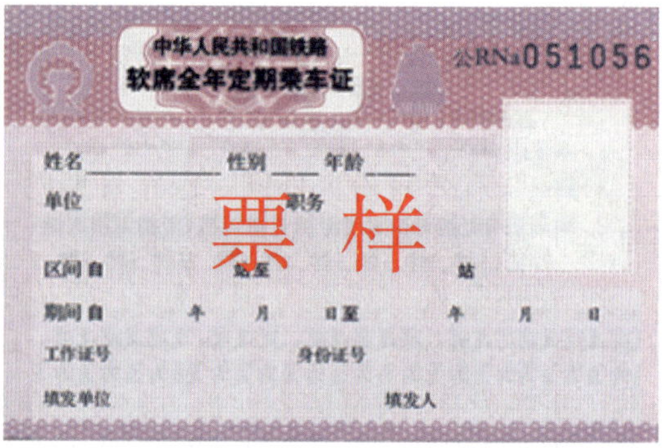

图 5-23　软席全年定期乘车证

(4)硬席乘车证为浅蓝色,竖版,如图 5-25 所示。使用该证件须在乘车前办理签证,单程或往返一次有效,除转乘外,中途下车无效。

(5)软席乘车证为浅粉色,竖版,如图 5-26 所示。使用该证件须在乘车前办理签证,单程或往返一次有效,除转乘外,中途下车无效。

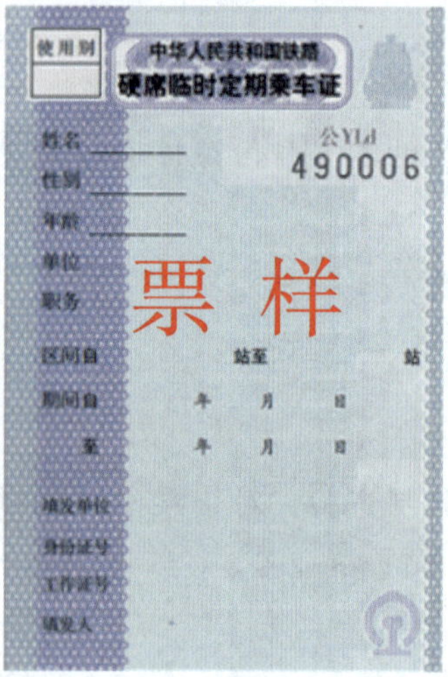

图 5-24　硬席临时定期乘车证

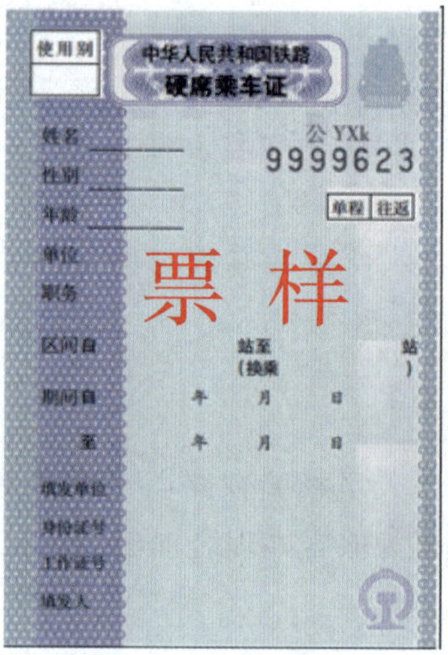

图 5-25　硬席乘车证

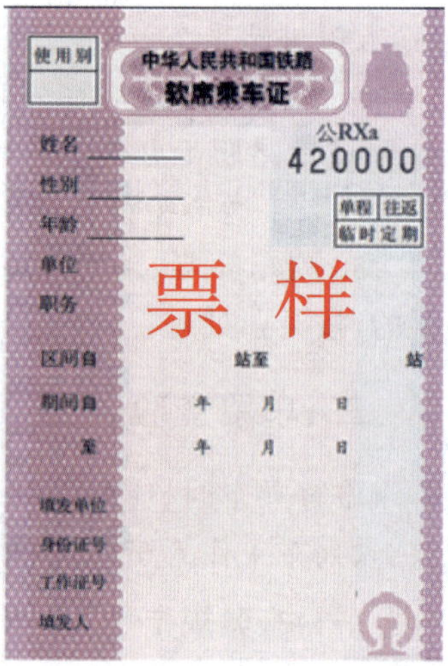

图 5-26　软席乘车证

(6)探亲乘车证为浅黄色,竖版,如图 5-27 所示。使用该证件须在乘车前办理签证,准乘除国际、旅游列车以外的各种旅客列车。除换乘外,中途下车无效。

(7)就医乘车证为浅黄色,竖版,如图 5-28 所示。使用该乘车证准乘快车和普通旅客列车,除换乘外,中途下车无效。定期就医乘车证一年填发一次,有效期间为一个历年,可免于签证。

(8)通勤(通学、定期)乘车证为浅黄色,横版,如图 5-29 所示。使用该证件可免于签证,除换乘外,中途下车无效。持用定期通勤、通勤乘车证准乘各种旅客列车(国际列车除外);定期通勤乘车证一个月只限使用一次。

(9)便乘证为浅蓝色,竖版,如图 5-30 所示。使用该证件可免于签证,按指定日期、车次一次乘车有效。在正式或临时营业铁路上准乘各种旅客列车(国际列车除外)。

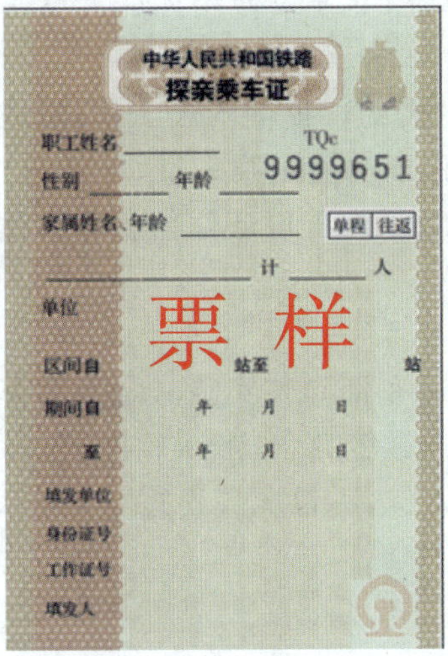

图 5-27 探亲乘车证

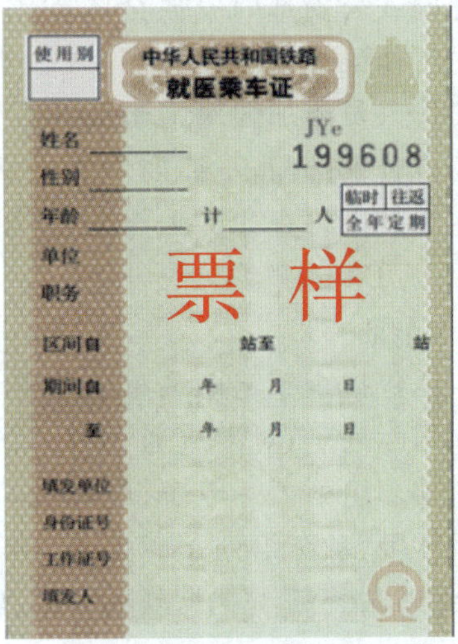

图 5-28 就医乘车证

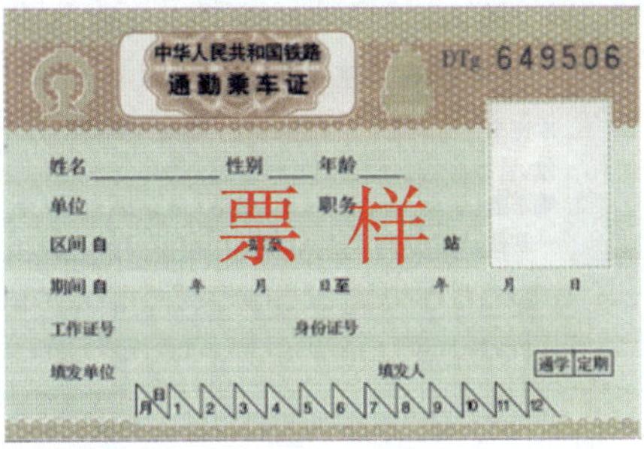

图 5-29 通勤(通学、定期)乘车证

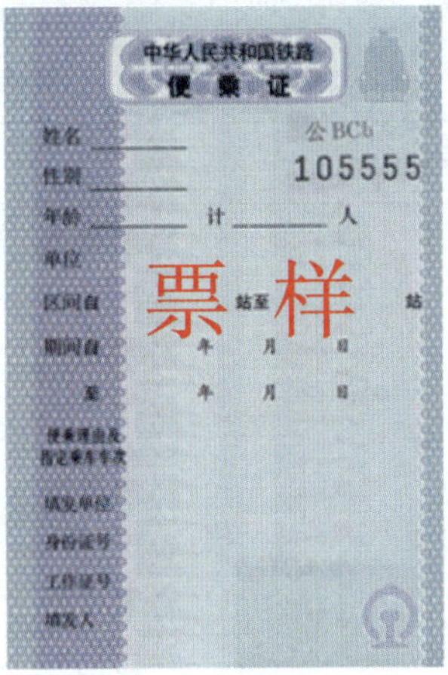

图 5-30 便乘证

2. 铁路乘车证乘坐动车组列车相关规定

(1)乘车证限乘车证上所填写的持用人在有效期间和区间使用。

(2)铁路职工(含国铁控股合资铁路公司职工)可以持铁路乘车证乘坐动车组列车。其中,持软席全年定期乘车证、软席乘车证的人员可以乘坐动车组列车卧铺和一等座席,持硬席乘车证(含全年定期、临时定期乘车证)的人员可以乘坐动车组列车卧铺和二等座席。

(3)持硬席乘车证人员乘坐动车组列车一等座席,应按照"应收－已收"的原则补收价差,具体票价差＝一等座执行票价－二等座执行票价。执行票价指同车同日同区全价票的票面票价。

3. 其他乘车证

(1)全国铁路通用乘车证

①全国铁路通用乘车证为有价凭证,其费用已由国铁集团与使用单位统一结清。持证可乘坐除国际列车、联运车厢以外普速旅客列车所有座席,卧铺以及动车组列车二等座。

②全国铁路通用乘车证为不记名式,由国铁集团统一制发,加盖国铁集团印章。目前仅

向国家安全部门或公安部门发放全国铁路通用乘车证，并要求使用该证人员必须同时出示使用者本人的工作证方为有效。

③站车工作人员要加强对乘车证的查验，如持证者无法提供本人工作证，或工作证不是国家安全部门或公安部门，一律要查扣持证者的工作证和通用乘车证，并按规定进行补票。相关单位要在 3 日内将查扣的工作证、通用乘车证、持证者身份证件信息和具体情况说明上交铁路局集团公司客运部。

(2)外宾乘车证

外宾乘车证包括全年定期乘车证外宾全年定期乘车证和外宾临时定期乘车证。持外宾乘车证准乘除国际列车、对港直通车以外的其他各种旅客列车；准乘软席，包括普速旅客列车软座、软卧，动车组列车一等座、卧铺及以下等级席位，不包含普速旅客列车高级软卧、动车组列车高级软卧、动车组列车商务座、动车组列车特等座。

(3)用于到外站装卸作业及抢险的调度命令(图 5-31)。

调度命令

年　月　日　时　分

第____号

受令处所		调度员姓名	
内容			

（规格110毫米×160毫米）　　受令车站____________车站值班员

图 5-31　调度命令式样

(三)旅客列车登乘证

1. 登乘证种类分为工作和通勤两种，有效期均为一个历年，年度中临时增加办理的登乘证有效期均至当年年底。

因工作需要经常在所管辖区域内(不超过铁路局集团公司管辖范围)铁路沿线往返乘车的，可以申请办理工作登乘证。

具备申办登乘证资格的劳务人员家庭居住所在地在铁路局集团公司管辖范围内，且与工作地不在同一地需要通勤往返乘车的，可申请办理通勤登乘证。

2. 使用规定

(1)持证人使用时须同时出示本人身份证。

(2)不办理签证，只限登乘本局担当的旅客列车，只可乘坐普速旅客列车硬座或动车组列车二等座。

(3)有效期均为一个历年,本年度发证日至12月31日,可延期使用至次年1月15日。

3. 持通勤登乘证登乘旅客列车时,除合理的中转换乘外,一律不得中途下车。

(四)其　　他

1. 侦查证

军队保卫人员依法执行军队保卫任务时,出示侦查证,可以进出车站站台、列车及有关场所,可以优先购票和乘车。遇有紧急情况来不及购票时,可凭侦查证先上车后补票。

2. 铁路行政执法证

铁路行政执法证可以直接使用,不用配备相应铁路乘车证。

3. 客运监察证

客运监察证封皮为皮质、红色,长方形对开式样,规格为107毫米×77毫米。

4. 安全监察证

行车安全监察证由铁路局集团公司统一印制。铁路局集团公司行车安全监察机构负责人和监察人员的监察证由铁路局集团公司签发。

5. 铁路运输收入稽查证

铁路运输收入稽查证、稽查臂章和稽查印章是运输收入稽查人员执行任务的凭证和标志。铁路运输收入稽查证由国铁集团统一制作。

6. 乘车证监察证

乘车证监察证封皮为塑料,黑色封面,印有银色字体的"中国国家铁路集团有限公司"和"乘车证监察"字样。

(五)查验设备应用

1. 电子票夹

电子票夹设置界面(图5-32)设置了负责车厢,车厢置灰且可点击进入车厢可视化界面。

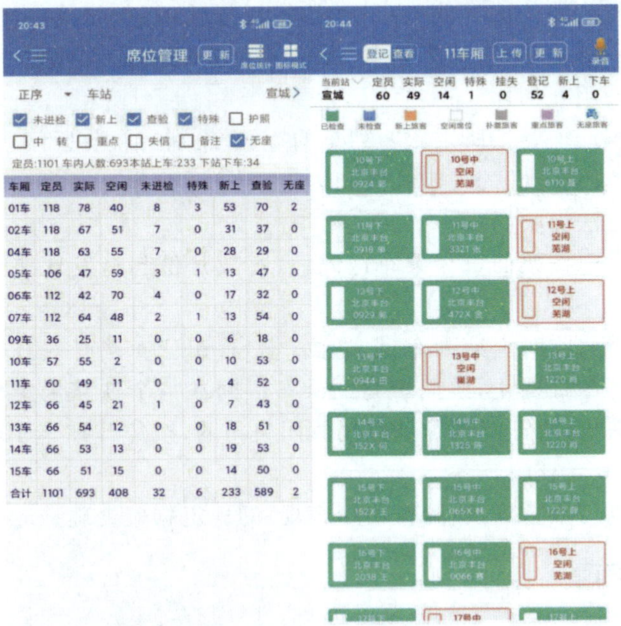

图5-32　电子票夹设置界面

2. 车厢可视化界面

根据旅客不同的状态显示不同的背景颜色，已检查、未检查、新上旅客、空闲席位、补票旅客、重点旅客、无座旅客。点击标题栏中“上传”按钮，提交本车厢登记信息。点击标题栏中“更新”按钮，下载所有车厢席位登记信息。点击标题栏中的菜单键，弹出侧滑菜单。

(六)违章处置

1. 不符合乘车条件处置

(1)有下列行为时，铁路运输企业按规定补票，并加收已乘区间应补票价50%的票款：

①无票乘车且未主动补票时，补收自乘车站(不能判明时自始发站)起至到站止的车票票款。持失效车票乘车或在车票到站后不下车继续乘车的，按无票处理。

②持用变造、伪造或涂改的乘车凭证乘车时，除按无票处理外并送交公安部门处理。票、证、人不一致的，按无票处理。

③票、证、人不一致的，按无票处理。

④持用低票价席别车票乘坐高票价席别时，补收所乘区间的票价差额。

⑤旅客持优惠票、优待票，没有规定的减价凭证或不符合减价条件时，按照全价票价补收票价差额。

(2)有下列情况时应当补收票款：

①应购买儿童优惠票而未买票的儿童，补收儿童优惠票票款。

②应购买全价票而购买儿童优惠票乘车的未成年人，应补收儿童优惠票票价与全价票价的差额。

③主动补票或者经站、车同意上车补票的。

2. 违章使用乘车证

(1)违章使用乘车证，如在票面上加添、涂改、转借、超过有效期限或有效区间乘车，未持规定的有关证明、证件或持伪造证明、证件的均按无票处理，查扣其乘车证及有关证件。对持用伪造乘车证者，一经发现，应立即查扣，并移交公安机关依法处理。超出规定条件使用乘车证者，也按违章使用处理。

(2)违章使用乘车证均要按所乘旅客列车的等级、席别、铺别、区间(单程或往返)及票面填写人数按照《国铁集团客规》的规定补收和加收票款，下列乘车证还应按票面记载的席别、区间，按照下列计算方法加收罚款：

①定期通勤乘车证，按票面填写乘车区间，自有效月份起至发现违章月份止，按每月一次往返的里程计算。

②全年定期乘车证，临时定期乘车证、通勤(学)乘车证。从有效日期(过期的从有效期终了的次日)至发现违章日期止，票面填写的乘车区间在一个铁路局集团公司以内的，按每日乘车50公里计算票价；乘车间区跨铁路局集团公司的，按每日乘车100公里计算票价，计算后低于50元的按50元核收。

③发现其他违章行为的，均按《国铁集团客规》的规定相应处理。

四、运输收入管理

运输收入是指运输企业在办理客货运输业务和辅助作业中向旅客、托运人、收货人核收的运输全程票款、运费和杂费等运输费用的总称，其资金形态统称为运输收入进款。

(一)运输收入分类及客运收入定义

运输收入分为客运收入、货运收入、铁路建设基金和代收款。客运收入是指运输企业在办理旅客运输业务和辅助作业中，使用铁路客货运输票据按规定向旅客核收的票款、运费、杂费。

(二)票据管理

1. 客货票据范围

铁路办理客货运输使用的各种车票、行李票、货物运单、客货运杂费收据和定额收据以及电子票据等统称为铁路客货运输票据，客货票据分为以印刷或打印形式体现的铁路纸质票据或以电子数据信息形式体现的铁路电子票据。

2. 客货票据保管期限

客货票据及收入账表保管期限，见表5-9。

表5-9　客货票据及收入账表保管期限

序号	种类	保管期限
1	POS机凭条，计算机票碳带	1年
2	代用票，客运运价杂费收据，空白退票报销凭证，头、尾引票，人身保险定额专用发票，行李票，军运后付货票，运费杂费收据，车站退票，改签票	3年
3	客货票据账，客货票据印刷验收差错记录，客货票据缺号证明书，客货票据收发月报，列车长领用票据月报，票据请领单，调拨单，缴销单，销毁单，清查单，收发票据登记簿，使用完毕票据报表出入库登记簿，运输收入资料调阅登记簿，路产出租、使用账簿，堵漏保收登记簿，货物运单，车站退票、改签、废票报告，原退定义附表，停晚表，审批单及其附件，各类票据整理报告，车站退款证明书，补、退款通知书，售票窗口日结账表，票据进款交接单，票据进款交接班登记簿，多、少缴款凭证，预付款存入、抵用凭证，运输进款欠补款报告，(　)明细账，(　)总账，稽查记录	5年
4	银行对账单(单独装订)，国际联运运单、国际联运国内段运单	10年
5	银行原始凭证，车站银行流转额表，运输进款收文报告，运输进款动态报告，银行对账单(不单独装订)，运输进款银行日记账	30年

3. 客货票据使用与管理

(1)客货票据的印制和使用应当遵守以号控票、以票控款原则，按照客货票据编码规则和票符票号顺序连续性，不得间断或缺失。任何单位和个人不得篡改电子票号。

(2)票据管理应做到：手续完备、责任分明；顺序使用、管理规范；账账(单)相符、账实相符；满足使用、确保安全。

(三)运输费用收缴款管理

1. 运输费用核收方式

运输费用核收方式包括现付、到付、后付、预付。

2. 迟交运输费用

迟交运输费用：旅客、托运人或收货人未按规定时间交付运输费用或交付的转账支票空头，以及属于托运人、收货人责任发生的银行退票，或发生预付款抵用欠款的，或运输收入进款未按规定时间存缴的都应当按迟交运输费用处理。

迟交票款、运费、杂费时从应收该项费用之次日起至付款日止，每迟交一日，按迟交总额的1%核收运输费用迟交金。

(四)运输收入进款管理

1. 基本要求

运输企业应当健全运输收入进款管理制度实施账款分管制度，客货营业单位应当配备专职进款会计人员，负责运输收入进款的交接、保管、存缴及账表编报工作。专职进款会计人员不得直接对外办理客货运输及收付款业务。

2. 运输收入进款结账管理

(1)运输收入进款遵守先交款后结账原则，按日进行结账，结账时间除特殊规定外，统一规定为18:00，客运营业单位的售票结账时间可为交接班时间12306网站售票结账时间为24:00，旅客列车结账时间为本次乘务工作终了，当月运输收入进款应当在当月列账。

(2)现金交接应当面清点，不准以支票套取现金，结账时出现多出款应当在当日列账上缴，严禁保留账外现金，短少款由责任者当时赔偿，不准以运输收入进款或找零款顶数滚欠，每次值乘终了列车长办理交款手续后，再办理未使用票据的交接或保存手续。

(五)运输收入事故分类与等级

1. 运输收入事故的种类分为现金事故、票据事故和坏账损失。

(1)现金事故：现金丢失、被盗、被抢劫。

(2)票据事故：纸质铁路客货票据在印制、保管、发放、寄送、运输和使用过程中所发生的(含使用过的发送、到达客货票据和印刷过程中的半成品)丢失、灭失、被盗、短少，以及未连续使用或缺失客货电子票据号码篡改、丢失铁路电子票据数据信息。

(3)坏账损失：因失职造成的无法收回的运输收入。

2. 运输收入事故的等级分为一般事故、大事故和重大事故。

(1)一般事故：损失金额不足100万元。

(2)大事故：损失金额100万元及其以上不足1 000万元。

(3)重大事故：损失金额1 000万元及其以上。

(六)事故金额的计算

1. 现金、银行票据和坏账损失按实际损失计算。

2. 区段票每张按剪断线最高额计算。

3. 印有固定金额的纸质票据按票面金额计算。

4. 未印金额的纸质票据按每组(张)1 000元计算。

5. 使用过的客货票据和到达票据的事故金额按实际损失计算，不能确定的按上述相应票据计算。

6. 上述以电子数据信息形式体现的铁路电子票据事故的金额按上述相应票据计算。

五、票务基础

(一)改　签

定义：旅客变更乘车日期、时间、车次、席位、席别和到站时需办理的签证手续。

旅客可办理一次改签，在铁路运输企业有运输能力的前提下，按下列规定办理：

1. 开车前48小时以上，可免费改签预售期内的列车。

2. 开车前不足48小时，可免费改签车票载明的乘车日期以前的列车。

3. 开车前不足48小时，可改签车票载明的乘车日期之后预售期内列车，核收改签费。

4. 开车后，在当日24时之前，可免费改签当日其他列车。

5. 开车后，在当日24时之前，可改签车票载明的乘车日期之后预售期内列车，核收改签费。

6. 办理变更到站的改签时，应在开车前48小时以上，原车票已托运行李的，还应办理行李变更或取消业务。

7. 改签费按如下梯次标准核收：距票面乘车站开车前48小时以上改签时，或开车前不足48小时改签票面乘车日期及以前的列车时，以及开车后在当日24时之前改签当日其他列车时，均不收改签费；开车前24小时以上、不足48小时，改签票面乘车日期之后的列车时，按改签前后低票价车票票面价格的5%计；开车前不足24小时，改签票面乘车日之后的列车时，按改签前后低票价车票票面价格的15%计；开车后在当日24时之前，改签次日及以后列车时，按改签前后低票价车票票面价格的40%计。

8. 旅客办理改签时，改签后的车票票价高于原票价时，核收票价差额；改签后的车票票价低于原票价时，退还票价差额，核收票价差额的退票费。

9. 旅客在列车上办理席位变更时，变更后的票价高于原票价时，核收票价差额；变更后的票价低于原票价时，票价差额部分不予退还。

10. 旅客要求越过车票到站继续乘车时，须在原车票到站前提出，在有运输能力的情况下列车可予以办理，核收越站区间的票款；无运输能力时，列车有权拒绝旅客补票和继续乘车。

11. 办理车票改签产生票价差额需退还或补收时，票价差额按"应收－已收"原则计算，其中："应收"指旅客改签后新车票的票面价格，"已收"指改签前原车票的票面价格。

(二)退　票

1. 正常情况退票

旅客要求退票时，须在车票载明的日期、车次开车时间前办理。已办理行李托运的车票退票时，应先办理取消行李托运业务。退票核收退票费，应退票款按购票时的支付方式退还。

退票费核收标准：距车票乘车站开车前8天以上的不收退票费；开车前48小时以上、不足8天的，按车票票面价格5%计；开车前24小时以上、不足48小时的，按车票票面价格10%计；开车前不足24小时的，按车票票面价格20%计。"以上"均含本数。

距票面乘车站开车前不足8天的车票，改签至开车前8天以上的列车，又在距开车前8天以上退票的，核收5%的退票费。

改签后的车票乘车日期在春运期间的，退票费按开车前不足24小时标准核收。

上述计算的尾数以5角为单位，尾数小于2.5角的舍去、2.5角以上且小于7.5角的计为5角、7.5角以上的进为1元。退票费最低按2元计收，当车票票面价格不足2元时按票面价格计收。

下列情况不办理退票：

(1)车票发站开车后。

(2)开车后改签的车票。

(3)加收的票款。

(4)车补车票(因未通过或未办理学生资质核验和丢失购票时使用的有效身份证件,而办理的补票除外)。

2. 12306网站退票、改签

旅客使用电子支付方式通过车站售票窗口、自动售票机、铁路代售点和12306网站购买的铁路电子客票改签、退票手续。

在12306网站注册且成功完成人脸身份核验的旅客,可通过12306网站办理其他人使用电子支付方式通过车站售票窗口、自动售票机、铁路代售点和12306网站为其购买的电子客票改签、退票手续。

旅客使用12306网站购票证件,通过现金方式购买或已开具报销凭证的车票,可通过12306网站先行办理退票,自网上办理退票成功之日起180日以内,凭乘车人有效身份证件到车站指定窗口办理退款手续。

3. 特殊情况退票

(1)旅客因病退票:旅客旅行途中因伤、病不能继续旅行时,经站、车核实,可在下车后30日以内到下车站办理退票,退还已收票价与已乘区间票价差额,核收退票费;同行人同样办理。

(2)因铁路运输企业责任或自然害等其他不能正常运输情形导致旅客退票时按下列规定办理,不收退票费:

①在车票发站,退还全部票款。

②在中途站,退还未乘区间票款。

③在到站,退还车票未使用部分票款。

④列车因空调设备故障在运行过程中不能修复时,应退还未使用区间的空调费用。

4. 停运退票

因列车停运导致旅客退票时,旅客可自列车停运信息公布时起至车票乘车日期后30日以内办理退票手续,不收退票费。停运列车停运信息公布前购买的联程车票,可在联程车票开车前一并办理退票,不收退票费。旅客分别办理联程车票退票的,按照正常情况办理退票。

5. 办理晚点列车退票

因列车晚点导致未乘车旅客退票时,应在车票发站列车实际开车前办理,退还全部票款,不收退票费。晚点列车晚点信息公布前已购联程车票,可一并办理退票,不收退票费。列车晚点旅客要求中途下车时,未乘区间的票价不予退还。

旅客分别办理联程车票退票的,按照正常情况办理退票。

因乘坐列车途中晚点导致无法正常使用联程车票时,按下列规定办理:

(1)旅客自行在12306网站办理联程车票退票后,要求退还退票费的,以及联程车票开车后无法退票时,可引导旅客拨打12306办理。

(2)旅客在前段列车的下车站或后段列车的上车站的售票窗口办理后段接续列车车票退票手续时,车站核实后按规定办理退票,不收退票费(限上海局集团公司)。

①同站接续换乘的,前段列车实际到达时间与后段列车实际开车时间的间隔应30分钟内;同城接续换乘的,前段列车实际到达时间与后段列车实际开车时间的间隔应在2个小时内。

②旅客前后段列车的换乘站是旅客所持后段列车车票的中途站时，退还接续换乘站至票面到站的票价。

6. 网上折返退差功能

系统根据购票发站和出站检票记录判定已乘区间，如出站检票记录显示为购票发站的，作退票处理；如出站检票记录显示为非购票发站的，系统将当日未乘区间车票票款的执行票价，作退差处理。如车票无出站检票记录，系统默认列车折返站为旅客终止旅行车站。线上办理电子客票折返退差（退票）免收手续费，办理时间为旅客乘车当日（含）起30日内。

7. 区段停运

旅客列车在运行区间内部分区段停运，车票发站或到站在停运区段内且已乘车时，旅客下车后可通过12306网站或前往任意车站人工窗口办理未乘区间票价差额退还手续，不收取退票费，未乘区间按列车实际终到站至车票到站计算。旅客在实际终到站前提前下车，未乘区间票价不予退还。

（三）误乘、误降

发生误乘、误降时，旅客应向站车工作人员提出。列车长应编制客运记录交前方停车站；车站对本站发现或列车移交的误乘、误降旅客，应指定最近列车免费送回至车票到站或原票乘车站，对出站后提出的不予受理。如误乘旅客提出乘坐本趟列车直接去原票到站时，所乘列车票价高于原票价时，核收票价差额；所乘列车票价低于原票价时，票价差额部分不予退还。

旅客拒绝铁路运输企业安排时，根据实际乘车区间补收相应票款，未使用部分票款不予退还。

在免费送回区间，旅客不得中途下车。如中途下车，对往返乘车的免费区间，按返程所乘列车等级分别核收往返区间的票款。免费送回区间，旅客应按照铁路运输企业指定的席别乘坐，旅客如提出乘坐高票价席别时，应重新支付高票价席别票款。

1. 站车遇旅客声明误乘时，如旅客上车站的车票车次和所乘车次的实际开车时间在30分钟内的（含早开或晚开），即按误乘处理。两个车次上车站实际开车时间超过30分钟的，按原票乘车无效，重新补票处理。

2. 旅客误降下车后，在出站前向车站主动声明的，车站应按误降办理。旅客出站后不予办理。

3. 站车对于误乘、误降的旅客，应优先安排将旅客免费送回原票到站；车站无前往原票到站的直达列车时，可采取短径路换乘方式；车站当日已无列车送回时，可安排次日较早列车送回。

4. 站车免费送回误乘、误降旅客时，动车组列车应指定二等座车厢、普速旅客列车应指定硬座车厢。免费送回途中，旅客提出乘坐高票价席别时，按所乘列车最近提出站至下车站，重新核收高票价席别票款。

5. 误乘、误降旅客携带无票儿童乘车时，按随行成人车票乘车区间补收儿童优惠票。

六、常旅客服务

为深入推进铁路供给侧结构性改革，满足铁路客运市场需求，提升购票体验，铁路系统增加常旅客会员服务业务（“常旅客服务”名词解释，见表5-10），即年满12周岁的自然人本人申请并通过铁路常旅客身份认证后，可凭乘车积分、活动积分兑换铁路企业指定列车车票、提供的其他服务或产品。

表 5-10 “常旅客服务”名词解释

序号	名词	名词解释
1	常旅客会员	本人申请并通过铁路常旅客身份认证的自然人(以下简称会员)
2	乘车积分	购买参与积分累计列车的车票并实际乘车到站后获得的积分
3	活动积分	会员通过参与铁路组织的主题活动所获得的积分
4	升级积分	用于衡量会员等级的积分，其来源于乘车积分和铁路单独公布的其他可用于衡量会员等级的积分
5	受让人	会员设置的可共同享受积分兑换车票或服务的自然人

旅客可在 12306 网站或车站会员服务窗口申请成为会员，可使用的有效身份证件为：中华人民共和国居民身份证、港澳居民来往内地通行证、台湾居民来往大陆通行证、外国居民为按规定可使用的护照。

1. 积分累积

积分累计方式如图 5-33 所示。

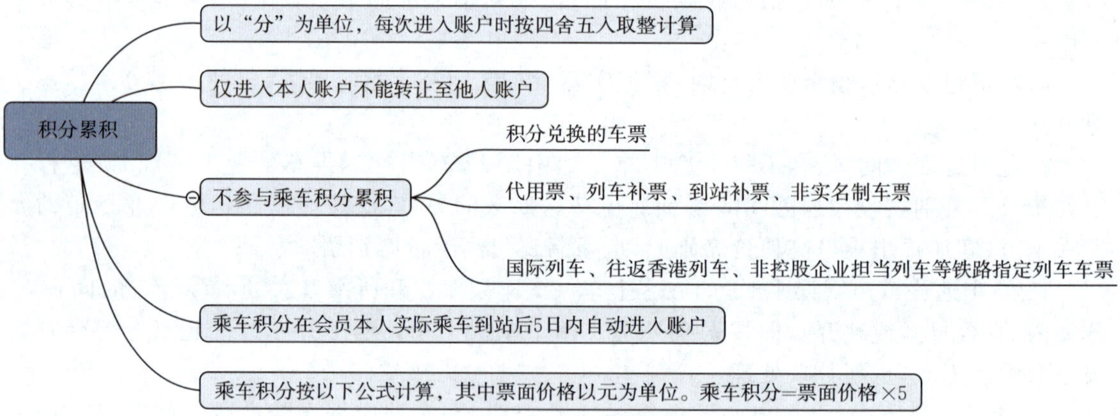

图 5-33 积分累积方式

2. 积分兑换

会员账户积分首次达到 10 000 分时，方具备兑换资格，兑换时，按照“先进入积分先消费”的原则消耗积分。

会员可通过网站、车站会员服务窗口为本人或指定的受让人兑换车票。在车站会员服务窗口兑换车票时，需持会员本人身份证件原件，为受让人兑换车票时还需提供受让人身份证件原件或复印件。

3. 积分车票变更规则

积分兑换的车票可办理一次改签业务，改签范围仍为允许积分兑换的车票，并有相应的积分。改签新票票价高于原票票价时需使用积分支付差额，新票票价低于原票票价时差额不退。核收相应积分的改签费。

积分兑换的车票不办理变更到站和退票业务，但遇不可抗力或铁路企业原因造成兑换车票不能使用时,可办理车票退票手续,退票后兑换所用积分全部返回会员账户,并重新计算有效期。

4. 会员等级

会员等级如图 5-34 所示。

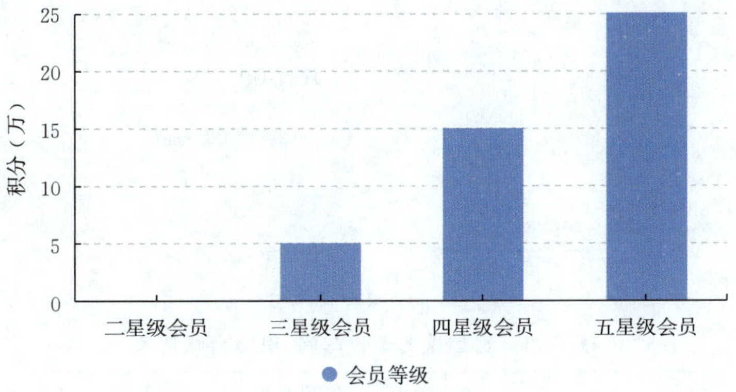

图 5-34 会员等级

保级评定标准与升级评定标准相同,不能保持原等级的,降级至相应等级会员。保级评定后仍为三星级、四星级、五星级会员的,相应等级会员资格在评定次日生效,有效期为连续 12 个月。

5. 受让人的设置

会员可通过网站、自动售票机、车站会员服务窗口设置受让人,受让人最多为 8 名,在添加成功 60 天(含当日)后生效。

会员在车站会员服务窗口设置受让人时,需持会员身份证件原件,添加受让人时还需提供受让人身份证件原件或复印件。

会员在自动售票机设置受让人时,必须持会员和受让人的身份证件原件,且设备能够自动识读。

第四节 台账资料

为进一步加强客运基础管理,切实减轻基层工作负担,科室、车间和班组台账按照“必须、实用、精简”原则,由国铁集团、铁路局集团公司依据规章制度和生产、管理需要设置,各单位不得随意设置。

一、台账资料概述

客运系统车间、班组台账是指需日常填记且需要保存一定时限的业务表报、交接凭证、作业记录或记录管理过程、提供查阅分析的账簿。主要包括基础管理类、客运生产类的相关台账。

车间、班组资料是指本部门组织机构、人员、设施设备等基础情况,规章文电、管理制度、规定、措施、作业指导书、岗位职责等业务资料以及重点目标管理单位的重点部位平面图等其他档案资料。

台账资料的形式包括纸质、电子和信息平台。班组台账实施编号管理,编号包含层级号、类别号、序列号，层级号中，国铁集团规定设置的客运车间、班组台账层级号“GTKY”；类别号中，基础管理类“gl”、客运生产类“sc”；序列号01～99在本类别中顺序排列。台账资料编号格式如图5-35，客运乘务单位车间、班组台账清单见表5-11。

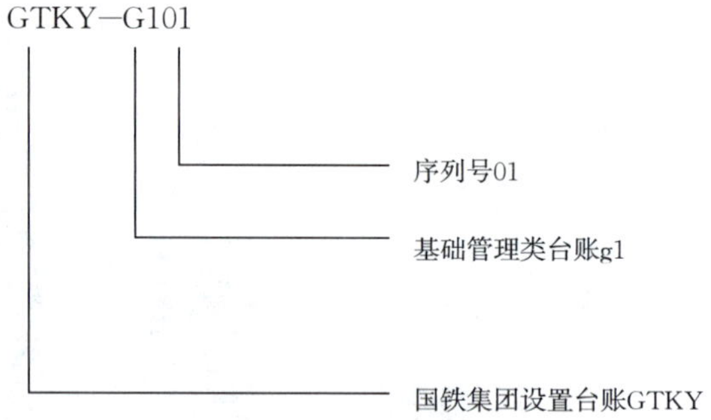

图5-35 台账资料编号格式

表5-11 客运乘务单位车间、班组台账清单

台账分类		台账名称	序列号	车队台账		班组台账			设置形式	有效期	管理部门
类别	编号			普速	动车	普速	动车	存放位置			
基础管理	g1	内部管理考核（名称可自定）	××	√	√				形式自定	长期	客运部
		委外业务管理考核（名称可自定）	××	√	√				形式自定	长期	客运部
		车队会议记录（名称可自定）	××	√	√				形式自定	长期	客运部
		车队应急演练记录（名称可自定）	××	√	√				形式自定	长期	—
		车队培训记录（名称可自定）	××	√	√				形式自定	长期	—
		班组学习/会议记录（名称可自定）	××			√	√	车上	形式自定	长期	—
客运生产	sc	旅客列车消防安全台账	××			√		车上	形式自定	长期	—
		动车组消防安全台账	××				√	车上	形式自定	长期	—
		防火巡查记录	××			√		车上	形式自定	长期	—
		餐车油垢清扫记录	××			√		车上	形式自定	长期	—
		“三乘检查”记录	××			√		车上	形式自定	长期	客运部
		特殊重点旅客交接薄	××			√		车上	纸质	长期	客运部
		客运管理信息系统	××	√	√	√	√	车上	全路信息平台	长期	客运部
		电子票夹	××			√	√	车上	全路信息平台	长期	客运部
		客运记录	××			√	√	车上	纸质/全路信息平台	长期	客运部
		铁路传真电报	××			√	√	车上	纸质/全路信息平台	长期	客运部
		备品损坏记录（客统36）	××			√		车上	形式自定	长期	客运部
		列车行包乘务工作记录	××			√		车上	形式自定	长期	客运部
		行李车乘务工作记录	××			√		车上	形式自定	长期	客运部
		红十字药品药械使用登记	××			√	√	车上	形式自定	长期	劳卫部 客运部

铁路局集团公司及站段自行设置的台账，编号由铁路局集团公司客运部确定。

台账应明确有效期，临时性台账有效期原则上 3 个月以内，最长的不超过 6 个月。到期后由客运站段按规定自行撤除，有效期为长期的，由归口管理部门每年组织一次专项清查。对确无必要的，应按规定及时清理撤除。目前铁路局集团公司积极运用信息技术手段，推进台账资料电子化、信息化、网络化建设，逐步实现台账资料无纸化。

二、台账资料配备

台账资料配备执行以下标准：

1. 列车上设置的台账资料柜不得占用旅客空间，不得影响安全。

2. 除存放位置为"车上"的班组纸质台账外，各铁路局集团公司、站段不得在旅客列车上增设其他纸质台账；鼓励利用交互机设置电子化台账资料。

3. 台账资料填写规范、清晰、准确、修改及时，按照时效保管完整。

三、台账资料填记

(一)客运记录

客运记录指在旅客或行李运输过程中因特殊情况，铁路运输企业与旅客之间需记载某种事项或车站与列车之间办理业务交接的纸质或电子凭证。

编制客运记录时，应注意以下几点：

1. 据实填写，事项齐全。

编写的客运记录应内容准确、具体、详细、齐全、完整。如实反映情况，不得虚构、假想、臆测。如涉及数量、钱款的数字要用中文大写，如壹、贰、叁、肆、伍、陆、柒、捌、玖、拾、佰、仟、万、圆、整、角、零。

2. 语言简练，书写清楚。

记录语言要简明扼要条理清楚，说明问题。字体要清楚，不潦草，不写自造简化字。

3. 客运记录应有顺序编号，加盖编制人名章。

客运记录一般一式两份，一份交接收人，另一份由接收人签字后自己留存。对留存页应装订成册，妥善保管，以备存查。

4. 客运记录的保管期限为 1 年。

(二)铁路传真电报

铁路传真电报为铁路内部业务使用，是铁路系统内公文的重要组成部分。列车运行中发生临时紧急情况，本次列车不能解决，需请求立即支援或汇报时，均可拍发铁路传真电报。

铁路传真电报按急缓程度一般分为四类：普通电报、列车电报、急报、特急电报。

普速旅客列车拍发的电报属于列车电报，除主送、抄送有关单位外，一般应抄送本段以及铁路局集团公司主管部门，电文不宜过长，要字迹清楚、语言精练、简明扼要、通俗易懂，最后加盖列车长名章拍发。

1. 列车拍发铁路电报的范围

当旅客列车遇有下列情况时，列车长应拍发铁路电报。

(1)列车需要临时吸污处理时。

(2)列车超员,通知有关部门和前方停车站采取限制客流措施时。

(3)列车行包满载,通知前方有关停车营业站停止装运行包时。

(4)遇有特殊情况,列车途中发生餐料不足,通知前方客运段补充餐料时。

(5)餐车电冰箱发生故障,通知前方客运段或车站协助加冰时。

(6)列车在中途站因车辆发生故障甩车或空调车发生故障不能修复,通知前方各停车站时。

(7)列车广播设备中途发生故障,通知前方广播工区派员前来处理时。

(8)专运等列车在中途站临时需要补充物料,通知前方列车段或客运段补充时。

(9)列车运行中因发生意外伤害,招致旅客重伤或死亡,应向有关部门拍发事故速报时。

(10)发生或发现一级行包损失时,按规定向有关部门拍发速报。

(11)站车之间办理行李交接时,接受方未按规定签收,但双方对装卸的件数、包装等情况产生异议,向当事站拍发铁路电报声明时。

(12)列车内发生运输收入现金、客票票据丢失、被盗和短少等事故,向铁路局集团公司收入部门和公安部门报案,通知有关单位协助查扣时。

(13)列车发生爆炸、火灾及重大刑事案件等突发事件,须向上级部门报告处理时。

(14)列车上发生旅客食物中毒,向所属局集团公司或前方铁路疾控所报告时。

(15)遇其他紧急情况,需要迅速报告时。

2. 铁路电报的拟稿要求

铁路电报应明确主送、抄送单位。

(1)主送单位

铁路电报的主送单位应为电文所列事项的具体受理单位或主办单位(不论单位大小,主要受理单位排列最前位),列车长必须清楚担当沿线铁路局集团公司、车务段的管辖区段。如北京局集团公司与郑州局集团公司分界站是安阳,安阳站属郑州局集团公司。又如,武汉局集团公司与广州局集团公司的分界在蒲圻站,蒲圻站属武汉局集团公司。

(2)抄送单位

铁路电报的抄送单位应为电文所列事项须知晓、协助办理、督促、备案、仲裁的上级部门和涉及的有关单位(一般先上级后下级依次排列,担当段排列最后)。

(3)拍发铁路电报的注意事项

拍发铁路电报时需要注意的事项包括如下几项。

①拍发铁路电报必须使用铁路电报纸或在指定的系统使用终端设备上拍发。客运管理信息系统已实现了客运电报拍发、签收、查询、汇总、分析等功能。

②编拟铁路电报稿应使用规定的文字、符号、记号(汉字及标点符号,汉语拼音字母,阿拉伯数字,规定有电报符号的记号和能用标准电码本译成四码的记号和字母),收电单位明确,电文通顺,文字力求简练,标点符号完整,字体清晰,并在原稿上填写拟稿人姓名和电话号码。

③电报稿左上角应有收、抄报单位,右下角有发报单位本部门电报编号、日期,并应加盖公章、名章或签字。

④列车拍发铁路电报一般交有电报所的车站代发。

⑤拍发铁路电报应盖章、签字留存。

⑥铁路电报反映情况要真实。

(三)其他台账资料

其他台账资料如“客货票据领发单”(财收-12-1),“列车长领用票据月报”(财收-15-2),“车内补票移交报告”(财收-17),“车补进款交接单”(财收-22-2),这4项报表均由列车长负责,以纸质或电子台账的形式进行填记。

第五节 失信管理

特定严重失信人是指由国家多部门联合发布的《关于在一定期限内适当限制特定严重失信人乘坐火车推动社会信用体系建设的意见》中规定的限制乘坐火车人员,自2018年5月1日起实施。铁路有权依规对严重失信人进行认定及处置。

一、对发生下列严重失信行为的旅客限制乘坐铁路旅客列车

1. 扰乱铁路站车运输秩序且危及铁路安全、造成严重社会不良影响的。
2. 在动车组列车上吸烟或者在其他列车的禁烟区域吸烟的。
3. 倒卖车票、制贩假票的。
4. 冒用优惠(待)身份证件、使用伪造或无效优惠(待)身份证件购票乘车的。
5. 持伪造、过期等无效车票或冒用挂失补车票乘车的。
6. 无票乘车、越站(席)乘车且拒不补票的。
7. 依据相关法律法规应予以行政处罚的。

二、严重失信行为以公安机关处罚或铁路站车单位认定为准

发生本节第一项规定的第1、2、3、7种情形即认定为失信行为。自公示期满无有效异议之日起180天内限制其购买车票。

发生本节第一项规定的第4、5、6种情形即认定为失信行为。其中,发生第4、5种情形即使旅客按规定补票也认定为失信行为,发生第6种情形旅客在结束本次旅行前最终按规定补票则不认定为失信行为。旅客未补票的,自公示期满无有效异议之日起至失信人补齐所欠票款前限制其购买车票;失信人补齐第一次所欠票款后(自补票次日算起)一年内,三次发生上述第4、5、6种情形的,失信人补齐所欠票款后90天(含90天)内限制其购买车票。

失信人的限制购票期限期满次日起自动解除对其的购票限制。

三、站车现场采集严重失信行为的证据

失信人本人书面证明或音视频记录或2名以上旅客证人证言。

1. 站车工作人员应使用客运记录详细记录失信人的以下信息:姓名、有效身份证件类型及号码、住址、联系方式、乘车日期、车次、区间、失信行为、处理情况等信息,并由站车工作人员和失信人本人签字。旅客拒绝签字时应当注明。失信旅客身份信息记录要做到记载完整、字迹端正、清晰可辨。

2. 站车工作人员应采用音视频记录仪、视频监控系统记录处置全过程。不具备音视频记录条件时应收集2名旅客以上的证人证言。

3. 站车工作人员在处置时，应通过口头或书面方式明确告知旅客处置依据和纳入铁路旅客信用信息管理，采取限制购票措施。

4. 站车工作人员遇成人旅客携带不符合乘车条件的儿童共同旅行，且拒不补票时，应将该成人旅客作为失信人，做好失信行为证据的采集工作。

5. 各客运站段要建立失信人失信行为相关证据的保管制度，做好对失信人失信行为证据的管理，对电子格式文件和视频应使用单独的存储介质保管，并做好备份，不得随意存放在工作电脑中，防止失信人身份信息、相关证据外泄或遗失。相关证据应保存 5 年。铁路旅客信用信息记录期限，自失信行为发生之日起一般为 5 年；超过 5 年的，应当予以删除。国家对相关期限另有规定的，从其规定。

6. 各客运站段要做好作业岗位音视频记录仪、视频监控系统等设备配备工作，规范岗位作业人员的日常使用，加强日常维护工作，确保各类设施设备作用良好。

7. 国铁集团每月第一个工作日在 12306 网站、“信用中国”网站发布失信人的完整信息，信息自发布之日起 7 个工作日为公示期。

公示期内，被公示人可通过铁路 12306 客户服务电话提出异议。被公示人未提出异议或者提出异议经审查未予支持的，公示期满后，开始按照公示名单执行惩戒措施。

【案例概况】

××月××日 K××次列车××站到站前，9 号车厢 94 号座位旅客张某，男，37 岁，车票号××，持××站至××站车票。在 9 号车厢对周围旅客进行辱骂，并对旅客有肢体行为。9 号车厢列车员将情况报告列车长，列车长赶赴现场发现该旅客有醉酒现象，对其进行规劝后，该旅客情绪有所缓解，列车长将其安抚至座位坐下。约十分钟后，又有旅客找到列车长，反映该醉酒旅客对周围的旅客进行骚扰，列车长对张某进行规劝。列车到达 A 站前，张某出现自残行为、攻击性行为，列车劝阻无果，遂编制客运记录，将旅客交至 A 站处理。A 站先后来了两名公安才将其控制并带下车。列车音视频记录及旁证材料完整。

【案例分析】

该案例失信旅客触及失信条款第 1 条“扰乱铁路站车运输秩序且危及铁路安全、造成严重社会不良影响的。”同时取证时，要充分收集包含视频、旁证等材料，无乘警时，应提前联系前方站派出所进行处置。处置完毕后录入征信系统。

第六节 其他业务

一、普速旅客列车给水

（一）给水原则

1. 始发应保证辆辆满水。

2. 原则上每运行 5～6 小时应满水一次，每运行 3～4 小时应补水一次。夜间运行[23:00—(次日)4:00]的旅客列车可根据实际需要，酌情延长给水间隔时间。

3. 在给水站停时 8 分钟及以上的应全列辆辆满水；停时 6～8 分钟的应全列辆辆补水；

停时4～5分钟的，座、卧车隔2辆补水2辆，餐车应补水；停时3分钟及以下的，不安排给水作业。在给水车厢总数不变的前提下，非空调列车应优先安排装备茶炉设施的车厢给水。

4. 早点或晚点的旅客列车在途中给水站作业按实际停留时间执行。

5. 行李车(XL)、邮政车(UZ)、空调发电车(KD)等非载客车辆途中不上水。

6. 临时旅客列车、旅游列车按上述标准执行。

7. 通勤列车按如下原则办理。

(1)阜阳、合肥、蚌埠、南京、芜湖、上海、杭州负责本站通勤列车给水作业，通勤列车每天只作一次给水作业。具体给水车次由各站自定。

(2)冬季当气温低于零度时，通勤列车取消给水作业。

(3)冬季通勤列车每天入库或存放前应排空车辆水箱及供水管路中的存水，防止发生冻管。

8. 除徐州客技站、徐州动车所外，原则上其他客技站、动车库内不进行客车给水作业。

9. 库外停留的普速旅客列车，终到给水站应安排为餐车、座车、卧车各1辆进行给水作业，做到满水标准，以用于车内保洁用水。

(二)给水规定

1. 列车到达给水作业站以前，列车员应锁闭非集便厕所，非空调列车向旅客做好宣传，严禁向站台、股道抛扔垃圾，乱倒污水，以保证股道作业人员的安全。

2. 到达给水作业站前1～2分钟，相关给水车厢列车员应通过水压表、水位计、液位仪核实水箱水量。

3. 开车后1～2分钟内，列车员应通过水压表、水位计、液位仪再次核实水箱水量，并通过交互机的客管系统App将给水站的给水情况录入客管系统中。

4. 列车开车后的水箱水量大于到站前的水箱水量，即确认为该车厢已给水，否则确认为该车厢未给水。

5. 列车长根据各车厢给水情况，进行汇总，并确认给水情况录入客管系统中。

(三)应急补水

1. 旅客列车在到达给水作业站前个别车厢发生无水时，列车长应提前通知给水作业站，说明车厢号，给水作业站应做好重点补水工作。

2. 旅客列车因严重晚点或大客流导致车内严重缺水，需请求途中应急补水时，列车长应及时向列车运行铁路局集团公司客调报告。客调接到报告后，应及时汇报调度所值班主任(副)，并根据给水作业站分布情况，确定列车应急途中补水站，并通知车站指挥中心做好列车应急补水工作。

3. 因线路中断等原因，导致旅客列车长时间滞留车站时，车站应根据列车需要，尽力为旅客列车做好补水、送水工作。

4. 给水作业站因临时设备故障或停水，无法为列车给水时，车站应提前报铁路局集团公司客运处，并及时拍发电报，主送影响列车担当客运段、列车运行前方给水站、站车所属局集团公司客运处，抄送国铁集团客运部客管处；列车填记时应按照方案填写应给水数和实际给水数。

5. 因设备故障、停水等原因，车站虽拍发电报，但仍将影响车站客车给水质量统计；车站如擅自不拍发电报,导致旅客列车用水受到影响的,国铁集团将予以通报批评。

6. 遇列车停运折返不经停给水站时,应给水数修改为“0”,实际给水数填记为“0”;遇车站未给水等原因需要在实际给水填“0”时,备注应按实际填记,并在客管系统中备注原因。

7. 因站场施工影响,较长时间无法进行客车给水作业时,由铁路局集团公司客运处上报国铁集团,调整客车给水实施方案。

8. 列车应做好节约用水、爱护设备等宣传。运行途中列车列车员加强巡视,发现浪费用水、损坏设备等行为及时劝阻。

9. 列车员应做好防堵、防冻、解冻工作,不得随意关闭总阀,影响客车给水和正常使用。

10. 各列车担当单位和给水作业站给水联系电话应保证24小时有人接听,如发生变化,应及时上报铁路局集团公司客运处,并在客运管理信息系统中通讯录管理模块及时修改联系电话。

二、普速旅客列车应急排污

1. 列车运行途中,当集便装置超容量后导致座车或卧车的厕所超过半数不能正常使用时,列车长、检车长商定后分别向列车运行所在局集团公司客调、辆调报告,提出临时吸污请求。

2. 调度部门在接到列车报告后,应积极协调,就近安排在具备条件的车站,采用地面固定或移动吸污方式进行吸污作业。如无法就近安排地面固定或移动吸污作业的,应安排在有砟轨道的车站停车实施集便装置应急排放作业。

3. 调度下达集便装置应急排放作业调令,列车到站后,由车站将集便装置应急排放作业相关调度命令转交司机(列车调度员已向司机直接发布时除外)、车辆乘务员和列车长。

4. 列车接到集便装置应急排放作业调度命令后,车辆乘务员按规定设置防护后下车进行应急排放作业。对集便装置具有直排功能的客车采取直接开启直排功能进行应急排放;集便装置不具有直排功能的客车按照“真空集便器装置污物箱应急排放操作说明”进行应急排放。

5. 车辆乘务员处理完毕后应及时通知司机、列车长,司机报告车站值班员或列车调度员,车站值班员或列车调度员在得到处理完毕的报告后方可组织发车。在普速铁路,由车站按规定办理发车;在高速铁路,司机确认行车凭证正确,发车条件完备后,直接起动列车。

6. 集便装置应急排放作业完毕后,所在车站应及时通知工务部门清理污物。

7. 列车厕所集便装置进行排放作业时应锁闭厕所,停止使用。客车恢复正常运行前,厕所集便装置各管、阀、按钮等应恢复正常状态,运行途中具备使用条件厕所的应开启使用,乘务人员加强宣传和打扫,保持环境卫生。

三、普速旅客列车直供电

1. 直供电旅客列车原则上要在始发前1小时完成本务机车连挂并供电,遇有到发线能力紧张等情况,一般不应晚于始发前40分钟。直供电机车在南京、合肥、杭州、杭州东、连云港东应不晚于始发前60分钟连挂车底,在上海、上海南应不晚于始发前40分钟连挂车底。

2. 担当直供电列车的列车长应通过交互机的客管系统App将供电情况输入系统。

3. 系统操作方法

直供电记录分为始发直供电和途中供电异常，始发直供电需要地面端做好直供电计划，手机端进入直供电首页会拉取到全交路的直供电计划，途中供电异常非必填，当发生异常情况可进行填写。

(1)直供电记录首页

①进入首页会拉取直供电计划，当该计划已提交，车次(日期)颜色为绿色，当该计划未提交车次(日期)颜色为黑色，本地保存未提交数据为红色，点击记录可进行直供电详情页面。

②界面下方为途中供电异常，当填报后会在首页进行显示，点击记录可进行途中供电异常详情页面。

③更新数据，刷新始发直供电计划和途中供电异常数据。

④途中供电异常，点击选择本车次换挂站，然后跳转到途中供电异常详情页面，如图 5-36 所示。

(2)始发直供电

进入始发直供电详情页面，如图 5-37 所示，如果该计划已提交过，会网络请求拉取提交的记录，如果未提交不会进行网络请求，展示默认数据。

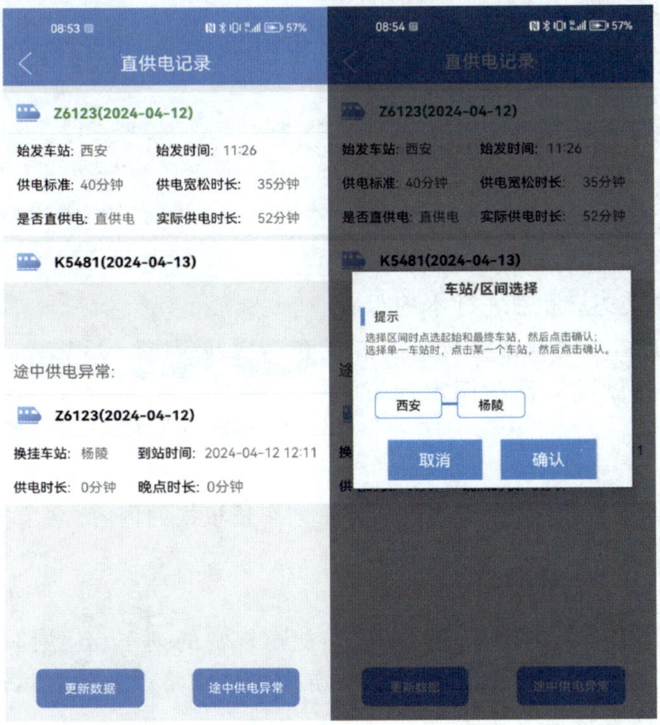

图 5-36　途中供电异常详情页面

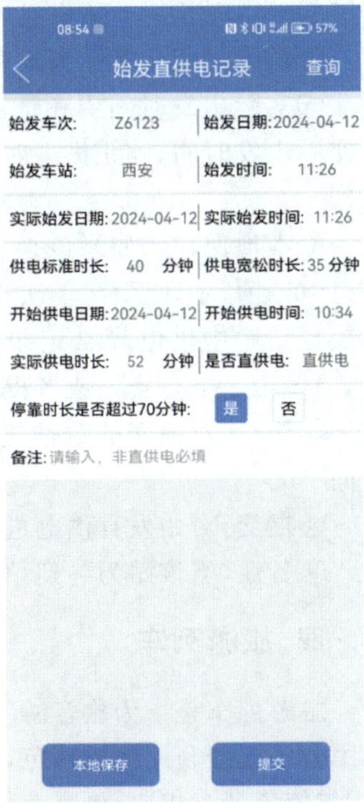

图 5-37　始发直供电详情页面

始发直供电可以重复提交，提交规则为图定始发日期＋1，当超过这个时间将不能进行提交修改。填报规则如下：

①实际供电时长＝实际始发时间－开始供电时间。

②开始供电日期要早于实际始发时间且供电时间不能大于 120 分钟，如超过 120 分钟字体将变为红色，且不能提交。

③当选择非直供电，供电时长强制变为0，备注必填。

④当选择停靠时间小于70分钟，备注必填。

⑤备注填报字数不能少于10。

⑥本地保存，如果该始发直供电计划没有提交过，可进行本地保存，下次进入可查看保存到的数据，如果该计划已经提交过，无法进行本地保存，当该计划进行查询或者提交成功后，本地数据将被删除。

⑦提交，对始发直供电进行提交。

(3)途中供电异常

进入途中供电异常详情页面，如图5-38所示，如果该计划已提交过，会网络请求拉取提交的记录，如果未提交不会进行网络请求，展示默认数据。

途中供电异常可以重复提交，提交规则为图定到站时间+5，当超过这个时间将不能进行提交修改。填报规则：

①晚点时长＝实际到站时间-图定到站时间。

②提前停止供电时间＝实际到站时间－停止供电日期。

③停电时长＝开始供电时间－停止供电时间。

④供电时长＝实际出发时间－开始供电时间。

⑤实际出发时间要晚于实际到站时间，开始供电时间早于实际出发时间，停止供电时间要早于供电时间和实际出发时间。

⑥本地保存。如果该换挂站途中供电异常记录没有提交过，可进行本地保存，下次进入可查看保存到的数据，如果该换挂站途中供电异常记录已经提交过，无法进行本地保存，当该记录进行查询或者提交成功后，本地数据将被删除。

⑦删除，对提交的数据进行删除，删除规则为图定到站时间+5。

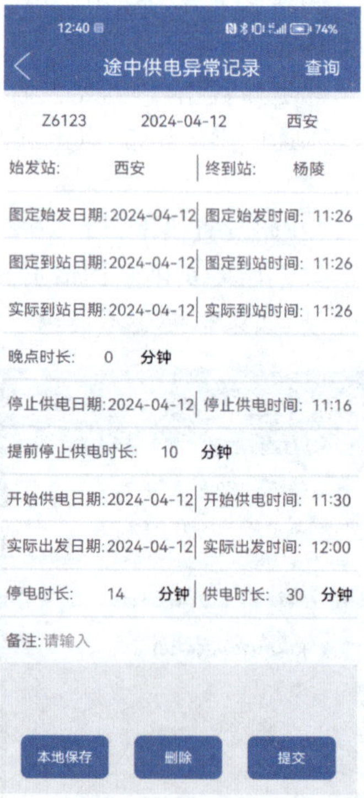

图5-38　途中供电异常详情页面

⑧提交，对始发直供电进行提交。

⑨备注，当该站为终到站，备注默认填报“该站为终到站，”+列车长填报的内容。

四、旅游列车

旅游列车是指为旅客游览旅游胜地开发的用于输送游客与旅游观赏的列车，各铁路局集团公司充分利用地域特色，打造铁路旅游列车自主品牌。旅游列车是铁路重要的客运产品，与传统列车相比，更具有舒适性、多样性以及文化性。

（一）开行原则及要求

1. 直通旅游列车运行线由国铁集团公布，管内旅游列车运行线由铁路局集团公司公布。开行直通旅游列车按国铁集团公布的直通旅游列车运行线，不开行图外直通旅游列车。原则上不开行图外管内旅游列车。

2. 旅游列车运行时分标准和技术站作业标准应不低于普快旅客列车标准。遇特殊情况，铁路局集团公司调度所可适当调整局管内图定普通旅客列车时刻。

3. 编组、车底停留等限制，上水、加油条件，施工影响限制旅游列车办理规定等方面，按国铁集团及铁路局集团公司相关文电办理。

4. 相关运输站段要按旅游列车开行调度命令做好人员、备品及车辆的准备工作，确保旅游专列顺利开行。

(二)票价计算

1. 旅游列车票价按相应的设备条件(非空调或新型空调)、普快和定员核收。

2. 使用25B型客车开行旅游专列时，票价执行非空调列车票价。

3. 计算旅游列车票价，定员是按列车不同席别、座别、铺别标记定员总数(车辆标记定员不足32人的按32人计算)的90%分别计算，小数进整处理。硬卧成组后，剩余一张按中铺计算，剩余两张按上下铺计算。软卧成组(上下铺)后，剩余一张按上铺计算。

4. 使用宿营车内铺位时，按实际使用铺位计算票价。

5. 使用豪华车辆(每辆车定员不足20人)的另核收服务费。

6. 旅游列车实际运行技术标准高于普快时，加快票价等级按实际运行技术标准等级执行。

7. 使用25B型客车开行旅游列车时，每年夏季(6月1日—9月30日)、冬季[12月1日—(次年)2月20日]应使用空调，其他日期如使用空调由开行调度命令明确。使用空调时，核收空调费。

8. 普速旅客列车开行旅游列车除享受标记定员90%优惠外，不再同时享受其他任何形式的票价优惠。

(三)票据使用管理

1. 旅游列车运输费用由始发站使用一张代用票一次收清，其他站、车不再另外收取相关运输费用。

2. 团体旅客证仅为乘坐本趟旅游列车的凭证，不能凭团体旅客证办理改签、变径或退票手续。

3. 旅客中途下车中止旅行的，团体旅客证失效。恢复旅行时，应当另行购票。但因铁路责任造成的除外。

(四)乘务管理

1. 旅游列车应在始发开车前进行上水作业，做好辆辆满水。客运段在接到旅游列车开行命令后，应根据旅游列车运行实际，确定途中给水需求，并主动与相关给水站进行联系，明确给水事项。特殊情况，发生列车缺水时，列车长应向运行所在局集团公司客调请求，临时补水。

2. 运行途中，旅游列车应根据国铁集团公布的垃圾投放站站名表，做好列车垃圾投放工作。

3. 旅游列车不得超员运输，但随同成年人旅行的免费儿童除外。

4. 不得使用各类铁路乘车证乘坐旅游列车，铁路各级检查人员凭有效证件上车检查指导的除外。

5. 旅游列车应按《铁路旅客运输服务质量规范》的要求，配齐配足相关服务备品，其中，贴身卧具应按标记定员的1.3倍进行配备，途中按照旅客需求进行更换。

6. 旅游列车在出乘前，车队按规定组织出乘会，由列车长组织学习本趟乘务有关停靠站、业务命令和重点事项，并检查客运乘务人员的人容着装，开展安全预想培训。退乘前，要分析小结当趟值乘情况。

7. 加强旅游列车库内整备作业，出库的卫生、备品等应达标国铁集团《铁路旅客运输服务质量规范》中列车的要求。运行途中应定时清扫车厢，做好厕所卫生清洁工作。终到前，必须全面清除车厢垃圾，做好"三不带"要求。

8. 始发开车后(含中途站有旅客上车的)，列车长应组织各车厢列车员清查旅客人数，对超出人数，应要求上铁国旅随团人员办理补票手续。

9. 旅游列车的广播应主要宣传安全乘车常识、介绍旅游列车沿线的旅游地和旅游产品，上铁国旅应提供相关广播资料。

10. 列车乘务人员要针对旅游列车老年和儿童旅客多的情况，加强对旅客的安全提示和重点服务。

11. 旅游列车在中途站、折返站或在经批准的临时停站办理停车作业时，列车长应与车站客运值班员办理相关业务交接手续。

12. 旅游列车在折返站或停留站停留时，不得让旅客或旅行社工作人员在车底上留宿。

(五)餐饮管理

1. 旅游列车的餐车应申领食品经营许可证；餐车从业人员应持有效健康证明。严把旅游列车食品、餐料的进货关，选择有食品安全认证资质的食品供应商，统一进货渠道，严格执行食品采购索证索票制度。

2. 旅游列车餐车每餐最大加工热链盒饭不超过300份。如果每餐供应超过规定份数的，应要求采取双挂餐车措施，杜绝餐车超能力供应。

3. 旅游列车的盒饭供应应以常温链为主，备有清真餐。特殊需求时，应净菜配送上车，分类冷藏，即时加工供应，保证食品安全。

4. 规范中途站、折返站食品、餐料补充采购制度。采购应选择有资质、卫生证照和票据齐全的大规模农贸市场或超市进行采购，也可根据结合本段旅客列车运行情况和旅游列车开行规律，选择较固定的供应商。

5. 对全列包餐的，应以半成品、成品供应或加挂双节餐车等方式，保证餐饮供应，避免餐车超能力加工。

6. 列车要严把餐食加工、销售和储藏关，餐料加工前必须洗净，蔬菜还需浸泡半小时以上，食品要烧熟煮透，不徒手接触食品。

7. 对中途站、折返站无法保证供电的，提前准备冰排，或与当地制冰企业建立销售供应协议，保证冰排数量、质量满足使用要求。

8. 对全列包餐的旅游列车，或有包餐供应需求的旅客团体，餐车要实行加工食品留样制度，由餐车人员采集食品样本，密封冷藏，保存48小时后，方可处理。

9. 要严格控制剩余餐食，每餐结束要按照规定对剩余餐食进行集中处理，不得再行出售。

10. 列车客运乘务人员对于自带食物、饮料的旅客，应重点关注。禁止加工旅客自带的食品及原料。

11. 旅游列车要注意饮水安全，对折返库停时间在夏季超过24小时、其他季节超过

48小时的，折返前排空水箱、重新加注新鲜水，防止列车饮水污染事故。

(六)应急管理

1. 旅客旅行途中因伤、病需中途下车时，列车长应当编制客运记录，载明系旅游列车旅客并记录代用票票号，交列车前方停车站。随团工作人员应当派员陪同处理。列车长可视旅客伤病情况，向运行所在局集团公司客调请求临时停车移交旅客。

2. 加强对旅游列车突发情况的预想，重点突出旅客食物中毒、意外伤害、突发疾病、空调故障和列车晚点等突发情况的现场应对处理，确保旅游列车运行平稳。

3. 因水害、线路中断等原因导致旅游列车绕道运输时，列车长应及时将情况向上铁国旅随团领队说明。列车客运乘务人员和上铁国旅随团工作人员应共同做好对旅客的安抚和解释工作，确保全列旅客平稳。

4. 其他发生的突发事件应急处置，按照普速旅客列车应急处置预案执行。

(七)注意事项

1. 旅游列车的旅客年龄结构大，人身安全务必要引起重视，加强巡视和宣传，车门乘降做好扶携，有效杜绝客伤的发生。

2. 途中除有旅客上下的车站，其他各站在未接到列车长指令前，严禁打开车门让旅客下车，遇垃圾投放站，打开车门后第一时间锁闭，投放垃圾后上车立即锁闭车门，杜绝旅客私自下车。

3. 由于旅游列车到达目的地后，车底停留时间较长，乘务人员要提醒旅客下车时将充电宝、打火机等在高温时易发生爆燃的物品带下车。同时对于易腐败变质等不能存放的食品，提醒旅客带下车，防止食品变质发生食物中毒。

4. 乘务人员异地待勤严格落实请销假制度，严禁私自外出，同时要注意自身安全。

【案例概况】

××年××月××日，××局集团公司××客运段Y××次三名列车员终到后请假外出，在××公路大桥下一名列车员在拍照时不慎跌入××江，造成人员溺亡。

【案例分析】

旅游列车在出乘前，车队按规定组织出乘会，由列车长组织学习本趟乘务有关停靠站、业务命令和重点事项，开展安全预想培训。退乘前，要分析小结当趟值乘情况。乘务人员异地待勤严格落实请销假制度，严禁私自外出，注意自身安全。

复习思考题

1. 普速旅客列车常用广播内容及播报要求有哪些?
2. 站车间有关工作人员使用客运对讲机频道(率)是多少?
3. 旅客购买儿童优惠票、学生优惠票应符合哪些条件?
4. 发生哪些严重失信行为的旅客会被限制乘坐铁路旅客列车?
5. 普速旅客列车因严重晚点或大客流导致车内严重缺水时，应如何处置?

第六章　餐售经营

为规范普速旅客列车餐售经营行为，为旅客提供更加全面优质的服务，有效提高经济效益，本章从餐车环境、规范经营、食品安全、餐饮服务四个方面阐释了餐售经营行为。

第一节　餐车环境

一、设备设施

1. 电气化厨房设有电磁炉、电炸炉、电茶炉、微波炉、电冰箱、蒸饭箱、抽油烟机等电器设备，使用中有人监管，用后清洁，餐车离人断电。非空调列车厨房有燃煤灶台、燃煤茶炉、蒸饭箱及电冰箱。

2. 配有灭火器和灭火毯等消防器材。灭火器检修不过期，压力符合规定，施封完好。灭火毯定位存放，保持干燥。

3. 配有紧急破窗锤，标注“消防专用”标识，安放牢固，便于取用。

4. 紧急断电按钮护盖施封良好，按钮开关、指示灯作用良好。

5. 厨房地面配备沥水设施，保持干净无油垢。

6. 冰箱内配有隔水板、冰排及温度计，作用良好。

7. 厨房前门悬挂印有“非工作人员禁止入内”字样的挡帘，后厨门粘贴“非工作人员禁止入内”标识。

二、服务备品

1. 有售货(饭)车、热水瓶、一次性水杯，售饭车(图 6-1)有饭车套。

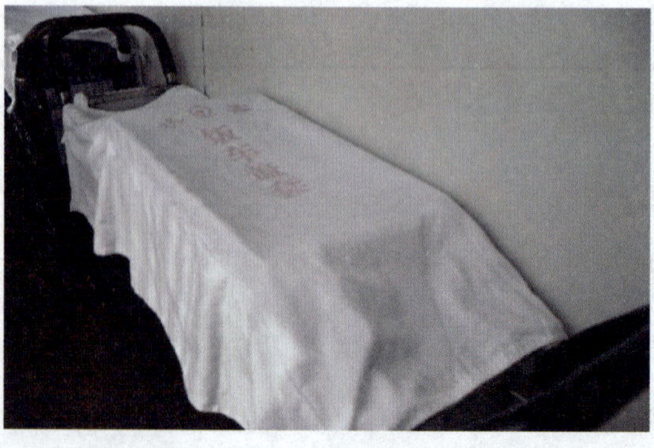

图 6-1　售饭车

2. 使用遮光帘和纱帘。

3. 台面有台布，座椅有套。餐、茶具等器皿规格统一，花色一致，齐全无破损。备有调味品容器、牙签盅、餐巾纸和清真炊、餐具、托盘、席位牌。

4. 食品加工用具有刀、板、墩、盆、桶等，有生熟（或成品、半成品）标记，并按标记使用。

5. 电气化厨房使用电磁炉专用锅。

6. 冰箱使用垫布、盖布，并分别按生熟标记、存放。

7. 厨房有垃圾箱，有防蝇、防尘、灭鼠措施。

8. 有符合要求的洗消设备和消毒药品，炊、餐、茶具清洁、消毒合格。

三、定置管理

1. 餐车厨房张贴物品定位图并按照定位图摆放，橱柜、容器、用具标识型号一致、位置统一，安装牢固，齐全醒目。

（1）立式冰箱即为原料冰箱，由上至下分别为植物性、动物性、水产品性原料。所有原料应独立包装，并粘贴有注明生产日期和保质期等内容的标签，不得混放，并按要求使用垫盖布。

（2）卧式冰箱即半成品冰箱，可存放加工过的半成品和剩余餐料。所有餐料应单独使用容器存放，并粘贴有注明生产日期和保质期的标签，不得混装，并按要求使用垫盖布。

（3）上部吊柜按照“一次性餐具橱”“灭火毯”“容器橱”“烹调用具橱”“粮油品橱”“干货干料橱”等标识摆放。

（4）下部橱柜按照“蔬菜柜”“调料橱”“容器柜”“保洁柜”“垃圾桶”“水池”“消毒池”“清水池”等标识摆放或使用。

（5）汤桶可放置在立式冰箱和蔬菜柜之间，汤勺、铲等可放在桶内，并有防尘措施。刀、菜墩应有生熟标识，按要求使用刀、墩套，可放置在容器柜内。

（6）铁锅放置在炉灶上方不锈钢置物架上，摆放平稳牢固，防止掉落。

（7）餐车刀具和锅铲等可移动铁器定人管理，定位隐蔽存放，不得出内台工作区域范围，使用完毕后及时归位。

2. 餐厅布置（图 6-2）做到整洁美观，窗明几净，地面清洁，定型统一。

图 6-2　餐厅布置

（1）售货（饭）车美观整洁，四周有防撞胶带（条），制动装置作用良好，有经营单位审定的价目表。非经营期间，售货（饭）车定位制动存放。

(2)窗帘、纱帘悬挂整齐,定型统一,美观大方,无脱扣。

(3)餐桌台面定位摆放席位牌、菜单等。

(4)吧台备有调味品容器、牙签盅、餐巾纸。

(5)清扫工具等备品定位放置,不影响旅客使用空间。

(6)餐厅吧台橱柜内可放置茶杯、碟、勺、一次性纸杯、餐盒等物品。不放置私人物品。

(7)陈列柜布置与环境相协调,美观大方,安放牢固,不影响安全。

3. 储藏室内整洁无杂物,物品定位摆放,严禁摆放私人物品。

(1)存放食品时不得与不洁物共放。

(2)存放大米的下部必须放置与地面隔离的格栅。

(3)储藏室内置物架定位分类存放储藏柜、保险柜、清真餐、炊具、一次性餐具橱和备用服务备品等。餐车台账资料应放置在储藏柜内。

(4)储藏室离人加锁。

第二节 规范经营

一、经营项目

1. 普速旅客列车餐车可以开展热食类食品制售,预包装食品销售,并可以根据旅客需求和经营实际开展多种形式的经营项目,做到经营证照齐全有效,经营项目、收费价格公开,供应品种多样,有不同价位的预包装饮用水、盒饭等旅行饮食品。

2. 餐车要根据不同层次旅客的要求开展多种形式的餐车经营服务,做到高中低档相结合,营养搭配科学,满足旅客需求。

3. 按照不同列车线路特点,分线路制定出符合大众口味和需求的盒饭(图 6-3)、套餐(图 6-4)、炒菜菜谱(图 6-5),落实大众菜谱制作普惠化、精细化要求,全力打造富含区域和线路特色的代表菜。

图 6-3 盒饭

图 6-4　套餐

图 6-5　炒菜

4. 销售的商品质价相符，明码标价，并提供发票（图 6-6）。

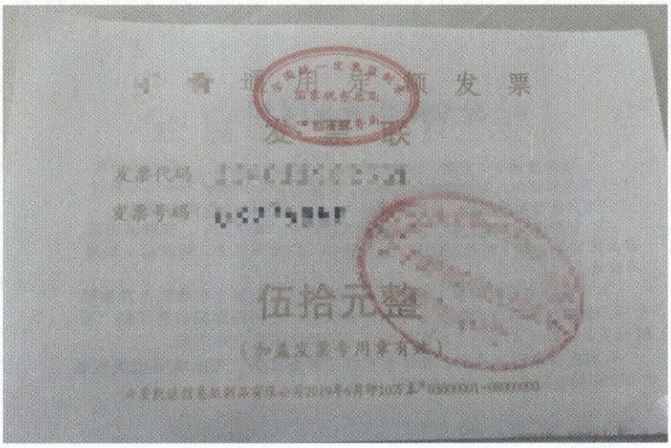

图 6-6　发票

5. 尊重外籍旅客和少数民族的饮食习惯。

6. 在部分站车，通过 12306 网站开展互联网订餐配送和自主餐饮品种的订餐业务。

二、经营行为

1. 普速旅客列车餐车经营行为规范，文明售货，不捆绑销售商品。执行明码标价、旅客自愿、价质相符原则。

2. 销售人员不在车内高声叫卖、危险演示，销售过程中主动避让旅客。夜间运行时，不得进入卧车销售，座车可根据情况适当延长或提前销售时间，但不得超过 1 小时。

3. 不出售无生产单位、生产日期、保质期和过期、变质，以及口香糖等严重影响列车环境卫生的食品。

4. 旅游列车餐车不供应早餐，午餐、晚餐采用热链与常温链盒饭相结合的方式，定向供应预约登记旅客。不得制售冷荤等易腐高危食品，不得向旅客销售生食蔬果。

三、禁止性经营行为

1. 严禁餐车擅自提前或延长规定业务经营时间。
2. 严禁餐车内出现占座霸座、连顿包餐现象。
3. 严禁只收费、不服务。
4. 严禁纠缠旅客或搭售食品。
5. 严禁在餐车供应凉菜、卤菜等易变质食品。
6. 严禁徒手接触食品。
7. 严禁出售假冒伪劣食品。
8. 严禁频繁穿梭叫卖。
9. 严禁在列车夜间运行时进入车厢销售餐食(座车可适当提前、延长 1 小时)。
10. 严禁无价目公示进行食品、商品销售。
11. 严禁乱涨价乱收费，严禁走私贩运倒卖商品。
12. 严禁餐车工作人员私自在乘务途中违规上餐料及在非补料点上餐料。
13. 严禁餐车工作人员出乘前、乘务中、折返站饮酒或陪旅客就餐。
14. 严禁滞缴、截留、私分经营款。

第三节 食品安全

一、用语含义

食品：指各种供人食用或者饮用的成品和原料，以及按照传统既是食品又是药品的物品，但是不包括以治疗为目的的物品。

原料：指供烹饪加工制作食品所用的一切可食用的物质和材料。

食品安全：指食品无毒、无害，符合应当有的营养要求，对人体健康不造成任何急性、亚急性或者慢性危害。

预包装食品：指预先定量包装或者制作在包装材料和容器中的食品。

用于食品的洗涤剂、消毒剂：指直接用于洗涤或者消毒食品、餐饮具以及直接接触食品的工具、设备或者食品包装材料和容器的物质。

保质期：指预包装食品在标签指明的贮存条件下保持品质的期限。

半成品：指食品原料经初步或部分加工后，尚需进一步加工制作的食品或原料。

成品：指经过加工制成的或待出售的可直接食用的食品。

凉菜(又称冷菜、冷荤、熟食、卤味等)：指对经过烹制成熟或者腌渍入味后的食品进行简单制作并装盘，一般无需加热即可食用的菜肴。

中心温度:指块状或有容器存放的液态食品或食品原料的中心部位的温度。

冷藏:指为保鲜和防腐的需要,将食品或原料置于冰点以上较低温度条件下贮存的过程,冷藏温度的范围应在 0 ℃～10 ℃之间。

冷冻:指将食品或原料置于冰点温度以下,以保持冰冻状态的贮存过程,冷冻温度的范围应在－20 ℃～－1 ℃之间。

交叉污染:指通过生的食品、食品加工者、食品加工环境或工具把生物的、化学的污染物转移到食品的过程。

工作人员:本书指从事食品采购、保存、加工、供餐服务及相关管理工作的人员。

二、食品采购

1. 采购餐料必须安全、新鲜,应索取发票等购货凭据,并做好采购记录,便于溯源;向食品生产单位、批发市场等批量采购食品的,还应索取许可证、检验(检疫)合格证明等。

2. 普速旅客列车餐车组必须在客运段指定点上料,不得自行进料加工。途中需补餐料时,必须在客运段指定的途中补料点(单位)上餐料。必须符合相关安全质量标准,严禁上散装的熟制品和半成品、贝类小海鲜等卫生质量无保障、易变质的食品。

3. 列车因严重晚点等特殊情况急需在非定点补充餐料时,应及时向客运段、队相关部门汇报并征得同意。采购餐料时应尽量选择经营规范、资质完善并具备"营业执照""餐饮服务许可证"或"食品流通许可证"等证照的超市和商场,并索取正规发票及明细小票等凭证备查。

三、途中补料采购

为确保普速旅客列车途中用料供给,根据国家产品质量和食品安全相关制度规定,餐料采购应符合相关文件要求。餐车途中补料采购是指,普速旅客列车在运行途中,因客流变化、预估领料不足或突发情况等因素,需适量补充餐料的采购行为。

1. 原则上餐车途中补料采购在经客运段审核的途中补料点供应商处采购。途中补料点必须向客运段提供"税务登记证""机构代码证""营业执照""餐饮服务许可证"或"食品流通许可证"、法人代表身份证等相关证件的证明材料,其证件齐全、真实有效并经实地查验鉴定供货合同后,方能为列车提供途中补料作业。

补料点供应商在采购、验收、储藏、加工等过程必须严格遵守《中华人民共和国食品安全法》,保证所上食品安全卫生、质量保证、数量充足。车队或旅服餐饮专职人员及其他管理干部要加强对途中补料点检查督促,定期对补料点的资质进行复核,不定期的对补料点的食品卫生状况进行明察暗访。

2. 餐车途中需补餐料时,须索取送货单,详细核对检验送货日期、品名、数量、金额、质量、分装食品标贴等项目,确认供应商的送货单有签字确认情况。补料采购品种中的肉类、冷冻禽类产品,还须索取批次检疫证明复印件。送货单一式三份,由列车长、餐车长、厨师、炊事员四人对所上餐料确认无误后,分别在送货单上签字确认,杜绝把关不严、账物不符等现象的发生。

3. 餐车途中补料采购的餐料须符合相关食品安全质量标准,预包装餐料须用食品袋包装,并贴有生产(分装)日期、储存条件、保质期、配送单位名称、联系电话等标贴;定型包装食品袋须有厂名、厂址、联系电话、批号、生产日期、储存条件等标识；严禁采购小海鲜、卤制品、醉制品、凉制品等高危食品。

4. 途中补料采购，应严格遵守相关的财务制度，在客运段指定的途中补料点补料时发生的款项由客运段财务部门统一结算，车班和补料点供应商之间不得发生现金交易。

5. 列车因自然灾害、列车严重晚点等突发情况急需在非定点补充餐料时，应及时向车队负责人汇报，经客运段分管领导审批后（同时报旅服车间备案），方可实施采购。采购餐料时应尽量选择经营规范、资质完善并具备“营业执照”“餐饮服务许可证”或“食品流通许可证”等证照的超市、商场、大型农贸市场，索取正规发票等相关凭证。收货时应详细核对日期、品名、数量、金额、质量、生产（加工）日期、储存条件、保质期限等情况。车班退乘后，列车长须书面汇报途中的补料情况（注明品名、数量、金额，并由餐车长、厨师签字确认），随同购物发票交车队，由车队负责人、客运段分管领导在发票上签字后，交财务科办理支付手续。列车因突发情况急需补充餐料时，应由列车长、餐车长、厨师组成临时采购小组进行采购，加强验收把关，确保补充餐料质量和安全。

四、配送运输

要防止食品在运输过程中受到污染。食品容器应当保持清洁卫生。包装袋不破不漏，食品不外漏。要上干下湿、上轻下重的原则安放牢固。食品不得和备品、杂物、私人餐料混放。

五、验收交接

1. 入库前应进行验收，出入库时应做好记录。必须对照验收标准，认真检验产品数量、质量、生产日期、保质期限等情况，验收合格后方可入库上车。

2. 餐车组要严格把好餐料仓库领料关、中途补料关、终到交接关。

六、食品贮存

1. 贮存食品的场所、设备应当保持清洁，无霉斑、鼠迹、苍蝇、蟑螂，不得存放有毒、有害物品（如杀鼠剂、杀虫剂、洗涤剂、消毒剂等）及个人生活用品。

2. 食品应当分类、分架存放，距离墙壁、地面均在 10 厘米以上，并定期检查，使用应遵循先进先出的原则，变质和过期食品应及时清除。

3. 食品冷藏、冷冻贮藏的温度应分别符合冷藏和冷冻的温度范围要求。

（1）食品冷藏、冷冻贮藏应做到原料、半成品、成品严格分开，不得在同一冰室内存放。冷藏、冷冻柜（库）应有明显区分标识，宜设外显式温度（指示）计，并定期校验，以便于对冷藏、冷冻柜（库）内部温度的监测（图 6-7）。

（2）食品在冷藏、冷冻柜（库）内贮藏时，应做到植物性食品、动物性食品和水产品分类摆放。应按上层存放肉类食品，下层存放水产食品，上干下湿的原则；餐车冰箱并有生熟垫布。

（3）食品在冷藏、冷冻柜（库）内贮藏时，为确保食品中心温度达到冷藏或冷冻的温度要求，不得将食品堆积、挤压存放。

（4）用于贮藏食品的冷藏、冷冻柜（库），应定期除霜、清洁和维修，以确保冷藏、冷冻温度达到要求并保持卫生。

图 6-7　内台冰箱

七、加工切配

1. 加工前应认真检查待加工食品，发现有腐败变质迹象或者其他感官性状异常的，不得加工和使用。

2. 各种食品原料在使用前应洗净，动物性食品、植物性食品应分开清洗，禽蛋在使用前应对外壳进行清洗，必要时消毒处理。

3. 易腐食品应尽量缩短在常温下的存放时间，加工后应及时使用或冷藏。

4. 切配好的半成品应避免污染，与原料分开存放，并应根据性质分类存放。

5. 切配好的食品应按照加工操作规程，在规定时间内使用。

6. 已盛装食品的容器不得直接置于地上，以防止食品污染。

7. 生熟食品的加工工具及容器应分开使用并有明显标识。原料加工工具如图 6-8 所示，半成品加工工具如图 6-9 所示。

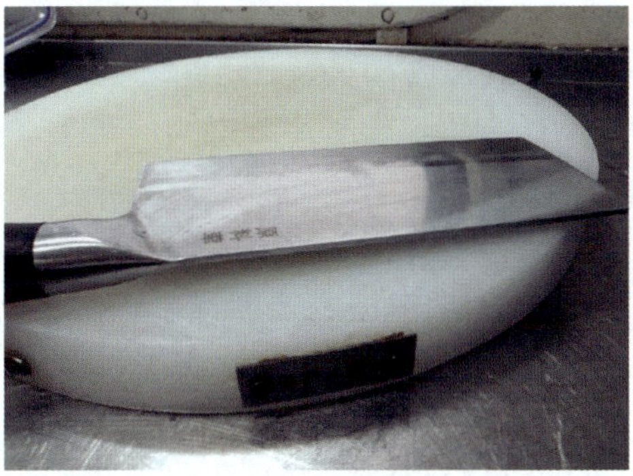

图 6-8　原料加工工具

图 6-9　半成品加工工具

八、烹调加工

1. 烹调前应认真检查待加工食品，发现有腐败变质或者其他感官性状异常的，不得进行烹调加工。

2. 不得将回收后的食品(包括辅料)经烹调加工后再次供应。

3. 需要熟制加工的食品应当烧熟煮透,其加工时食品中心温度应不低于 70 ℃。

4. 加工后的成品应与半成品(图 6-10)、原料(图 6-11)分开存放。

图 6-10 半成品存放

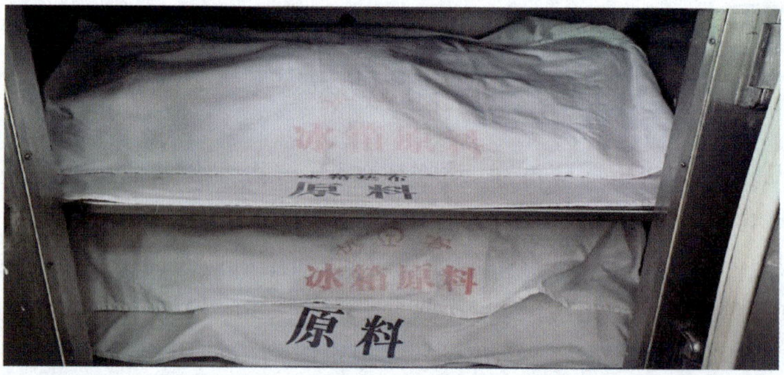

图 6-11 原料存放

5. 需要冷藏的熟制品,应尽快冷却后再冷藏。

九、备餐及供餐

1. 工作人员应认真检查待供应食品,发现有感官性状异常的,不得供应。

2. 熟制品裸露存放时,需有防尘、防蝇设施。

3. 操作时要避免食品受到污染。操作人员戴一次性手套。

4. 菜肴分派、造型整理的用具应经消毒。

5. 用于菜肴装饰的原料使用前应洗净消毒,不得反复使用。

6. 在烹饪后至食用前需要较长时间(超过 2 小时)存放的食品,应当在高于 60 ℃或低于 10 ℃的条件下存放。剩余食品必须冷藏,冷藏时间不得超过 24 小时。

7. 销售无包装食品时,要有防尘防蝇设施,不准徒手接触食品。

十、食品再加热

1. 无适当保存条件(温度低于 60 ℃、高于 10 ℃条件下放置 2 小时以上的),存放时间超过 2 小时的熟食品,需再次利用的必须经高温彻底加热。加热前应确认食品未变质。

2. 冷冻熟食品应彻底解冻后经充分加热方可食用。

3. 加热时中心温度应高于 70 ℃，未经充分加热的食品不得食用。

十一、餐饮具要求

1. 餐饮具使用后应及时洗净消毒，贮存在专用餐具柜内备用，餐具柜应有明显标记。

2. 接触直接入口食品的餐饮具使用前应洗净并消毒。

3. 餐饮具入柜需垫、盖消毒布，餐饮具保洁柜应当定期清洗，保持洁净。

4. 使用安全消毒洗涤剂，消毒水按规定比例配制，应定时测量有效消毒浓度(含氯量应保持在每升水中有 200～300 毫克)。

5. 已消毒和未消毒的餐饮具应分开存放，保洁柜内不得存放其他物品。

6. 一次性餐盒、木筷需在客运段定点单位进货，木筷必须每双独立包装，并有厂家、许可证号码和已消毒字样；不得重复使用一次性餐饮茶具。

十二、留样要求

1. 专运、旅游列车(旅客每餐供应盒饭 100 份以上)及重要接待活动供应的食品成品应留样。

2. 留样食品应按品种分别盛放于清洗消毒后的密闭专用容器内，在冷藏条件下存放 48 小时以上，每个品种留样量不少于 100 克(图 6-12)。

图 6-12 留样盒

十三、旅游列车

为进一步加强旅游列车餐车食品安全管理，吸取既往深刻教训，有效控制食品安全薄弱环节，切实提高旅游列车客运服务质量，对旅游列车餐车食品安全管理做如下规范。

1. 餐车供应种类

(1)旅游列车餐车不供应早餐；午餐、晚餐采用热链与常温链盒饭相结合的方式，定向供应预约登记旅客。

(2)旅游列车餐车不得制售冷荤等易腐高危食品；旅游列车不得向旅客销售生食蔬果。

2. 餐料采购进货

(1)旅游列车餐料采购以半成品等“净菜”为主。始发前，应上足餐料；途中需补充餐料时，应在各客运段指定的餐料点补料。

(2)各客运段应结合本单位和其他客运段既有的餐料供应点情况,明确旅游列车的餐料补充点。遇新增线路或途中临时补餐料的,应选择符合资质要求的正规市场或超市进行补料,并向铁路卫生监督所报备。

(3)各客运段应做好餐料采购的索票索证工作,确保供应的餐料可追溯性。

3. 餐食加工要求

(1)旅游列车餐车每餐最大加工热链盒饭不超过 300 份。如每餐供应超过规定份数的,应要求采取双挂餐车措施,杜绝餐车超能力供应。

(2)旅游列车餐车的热链盒饭应烧熟煮透,确保餐食中心温度不低于 70℃。热链盒饭从加工完毕至旅客食用的时间不得超过 2 小时。

(3)餐车工作人员在加工餐食前,应对相关餐料进行检查,发现有腐败变质或者其他感官性状异常的,一律采取废弃处理,不得进行烹饪加工。

(4)餐车在出售常温链盒饭前,工作人员应加强检视,做到“一看二闻三卖”:看食品有无结块、霉变、包装胀袋漏气、标签、生产日期过期等,闻食品是否有异味。对感官性状异常的一律不得销售。

4. 餐车设备保障

(1)车辆部门要保证旅游列车餐车冰箱的设备状态,确保冰箱制冷效果达标。

(2)各客运段要根据季节特点、开行方向等,对餐车冰箱准备足够冰排,以确保旅游列车在短时间停电情况下的冰箱温度可控。

(3)每年 6～10 月份,旅游列车在折返站、中途停靠站长时间停留时,应采取针对性餐车供电措施,确保餐车冰箱温度符合食品卫生安全相关要求。

(4)旅游列车餐车的相关电器、设备设施要保持正常状态,重点保证电磁灶、蒸饭箱等设备的正常使用。

5. 餐车卫生要求

(1)餐车一次性餐饮具保管、使用应由专人负责,严格确保在有效期内使用。大包装打开后应存放在餐具柜内,杜绝二次污染。不得重复使用一次性餐饮具。

(2)餐车每餐供应结束后,要做好后厨基础卫生保洁和餐饮具等清洗、消毒工作,要严格按消毒剂标识的方法、浓度进行配制,确保清洗和消毒质量。

6. 信息沟通

(1)旅游列车开行命令下达后(原则上为两个工作日内),由客运段乘务科牵头,召集旅游公司、客运段旅服车间和担当车队召开对接协调会。旅游公司要提报旅游团队人数、用餐需求、用餐标准、付款方式等信息。

(2)各客运段应根据旅游公司的用餐需求,确定供餐方案,并做好相关准备工作。供餐方案应反馈旅游公司,并报铁路卫生监督所备案。

(3)各客运段应在旅游列车开行前一天,将供餐方案、担当车队、添乘人员和菜单上报铁路局集团公司客运部。

(4)旅游公司在制定旅游列车开行计划前,须与相关车辆(机辆)段协调,提前确定列车途中加油、检修方案,以确保旅客列车全程供电和运行安全。

7. 应急工作

(1)旅游列车餐车要执行热链盒饭留样制度,由餐车工作人员采集每餐次的食品样本

(每个品种留样量不少于100克),留样食品应按品种分别盛放于清洗消毒后的密闭专用容器内,并标记样品名称、留样量、留样时间、留样人员等;在冷藏条件下存放48小时后,方可处理。

(2)各客运段要完善相关旅游列车应急处置办法,发生疑似食品安全问题时,要按相关规定及时上报信息,立即停止销售并封存可疑食品及原料,封存被污染的食品工具及用具,使用密闭清洁容器收集存放患者的呕吐物和排泄物等,为后续调查处理提供支持。同时,采取初步救治措施,稳定旅客情绪,防范次生舆情事件。

8. 其他工作

(1)严格执行就餐旅客登记制度,餐车工作人员在用餐前对就餐旅客进行登记。同时,列车客运乘务人员要加强对旅客自带食物、饮料的旅客,应重点关注。

(2)客运段要安排相关管理人员对每趟旅游列车进行添乘,对有热链供餐计划的旅游列车,客运段旅服车间应派员添乘。

(3)所在局集团公司铁路卫生监督所和各疾控中心要加强对旅游列车餐车食品安全的监督检查,指导各客运段加强对旅游列车餐车食品安全管理,确保旅游列车餐车供应质量。

第四节　餐饮服务

一、人容素质

1. 餐车人员的仪容仪表应符合客运服务规范规定,着装干净、整洁。餐车经营性供餐时,餐车经营无关工作人员不在餐车逗留、闲谈和占用座位。

2. 餐车工作人员作业时着工作服,戴工作帽(女性带三角巾)和围裙。餐车厨师、炊事员应穿统一配发的劳保鞋。

3. 餐车各岗位作业前必须洗手,作业中穿戴齐整;做到勤洗澡、理发、洗衣。个人用品应集中存放在指定处所,不得带进后厨,不得放入餐车储藏室,不得与餐车备品、餐料混放。严禁在餐车内吸烟、洗漱、洗澡、洗衣和梳妆打扮。

4. 头发干净整齐、颜色自然,不理奇异发型、不剃光头。男性两侧鬓角不得超过耳垂底部,后部不长于衬衣领,不遮盖眉毛、耳朵,不烫发,不留胡须;女性发不过肩,刘海长不遮眉,短发不短于7厘米。

5. 面部、双手保持清洁,身体外露部位无文身。指甲修剪整齐,长度不超过指尖2毫米,不染彩色指甲。女性淡妆上岗,保持妆容美观,不浓妆艳抹。

6. 从事餐饮服务的人员身体健康,五官端正,持有效健康证明和卫生知识培训合格证明。

二、旅客服务

1. 根据线路特色推出定制化服务,为旅客提供餐车用餐、包房送餐等服务,为重点旅客、行动不便旅客送餐到座位,让旅客舒适用餐,激发在途就餐的需求和获得感。

2. 表情自然,态度和蔼,用语文明,举止得体,庄重大方。坐立、行走姿态端正,步伐适中,轻重适宜。在旅客多的地方,先示意后通行;与旅客走对面时,要主动侧身面向旅客让行，不与旅客抢行。夜间作业、行走、交谈、开关门要轻。进包房先敲门，离开时，应倒退出包房。

3. 不高声喧哗、嬉笑打闹、勾肩搭背，定时定点用乘务餐，其他时段不在旅客面前吃食物、吸烟、剔牙齿和出现其他不文明、不礼貌的动作，不对旅客评头论足，接班前和工作中不食用异味食品。餐车对旅客供餐时，不在餐车逗留、闲谈、占用座席、陪客人就餐。

4. 旅客问讯时，面向旅客站立，目视旅客，有问必答，回答准确，解释耐心。遇有失误时，向旅客表示歉意。对旅客的配合与支持，表示感谢。

5. 接待外宾、华侨、港澳台同胞、少数民族旅客用餐，要尊重其饮食习惯，提供用餐方便。

三、服务用语

1. 客运服务人员与旅客沟通交流严格执行“全面服务，重点照顾”的基本原则，做到“无需求无干扰，有需求有服务”，既要保证基本服务质量，又要不断提升重点旅客服务和专项服务品质。规范运用文明用语，做到“请”字当先“谢”字在后，消灭粗鲁语言、消灭“无声”服务，以和蔼的态度、标准的语言拉近与旅客的距离。

2. 使用普通话，表达准确，口齿清晰。服务语言表达规范、准确，使用“请、您好、谢谢、对不起、再见”等服务用语。对旅客、货主称呼恰当，统称为“旅客们”“各位旅客”“旅客朋友”，单独称为“先生、女士、小朋友、同志”等。

3. 场景运用

【场景 1】遇旅客餐车就餐。

餐车人员：先生/女士，欢迎光临。请问您有什么需要？

旅客：这里可以点菜吗？

餐车人员：可以的，这边请。

餐车人员：（旅客坐下后）这是我们的菜单，您先看一下（酌情介绍特色菜）。

旅客：我要××。

餐车人员：好的，您点了××、××，一共消费××元，请问您怎么支付？现金、微信、支付宝都行。

旅客：现金吧，给你。

餐车人员：好的。收您××元，找您××元。现在给您做，大约需要等××分钟。

餐车人员：您的××，请慢用。

餐车人员：我们××供应时间是××。欢迎再次光临。

【场景 2】餐车人员下车厢售卖餐食。

餐车人员：（轻柔地）早餐/午餐/晚餐有需要的吗？

旅客：有什么吃的。

餐车人员：您好，我们列车特色早餐/午餐/晚餐有……，一份××元。

旅客：来一份吧。

餐车人员：好的，一共××元，请问您怎么支付？

旅客：现金吧。

餐车人员：这是您的早餐/午餐/晚餐，这是找零，请您收好。

【场景 3】售货人员下车厢售卖商品。

售货人员:(轻柔地)××、××、××……有需要的吗?

旅客:等一下,瓜子有吗?

售货人员:有的,瓜子有××元和××元的,请问您需要哪一种?

旅客:那就××元的吧。

售货人员:好的,瓜子售价××元,收您××元,找您××元,谢谢惠顾。

【场景 4】遇重点旅客需要送餐下车厢时。

餐车人员:先生/女士,欢迎光临。请问您有什么需要?

旅客:这里可以点菜送餐吗?我父亲刚手术很多东西不能吃,能不能麻烦你们帮我单独做一份餐食?

餐车人员:可以的,有什么需要忌口的吗?

旅客:清淡一点的面条就行了,要软一点,不要加葱蒜。

餐车人员:好的,请稍等,我们大约十五分钟给您送去。请问您几号车厢?几号铺位?

旅客:我在 17 号车厢 22 号下铺。

餐车人员:好的,一份鸡蛋面,××钱,请问怎么支付,现金、支付宝、微信?

旅客:微信吧。

餐车人员:好的,一会好了我给您送去,请您在铺位等候。

【场景 5】遇旅客在餐车吸烟需制止时。

餐车人员:先生/女士,您好,餐车是禁烟车厢,如果您需要吸烟请您到车厢两头的连接处,那里备有烟灰缸。

旅客:哦,餐车不能吸烟呀?

餐车人员:是的,谢谢您的配合。

第七章　应急处置

本章主要明确了岗位应急处置作业要求，介绍了动车组以外的旅客列车（以下简称旅客列车）非正常情况应急处置程序，以增强现场应急处置的科学性、实效性和可操作性，提高现场防范和处置各类突发事件的能力，最大限度地减少突发事件及其对铁路运输安全、旅客生命财产安全造成的损失，依法、迅速、科学、有序地处置旅客列车突发事件。

第一节　旅客列车发生火灾爆炸应急处置

一、旅客列车发生火灾爆炸应急处置要求

（一）旅客列车发生火灾爆炸

1. 旅客列车发生火灾或爆炸时应严格遵循“立即停车、疏散旅客、迅速扑救、切断火源、设置防护、报告救援、抢救伤员、保护现场、协助查访”的原则，做好相关应急处置工作。

旅客列车发生火灾爆炸应急处置流程，如图 7-1 所示。

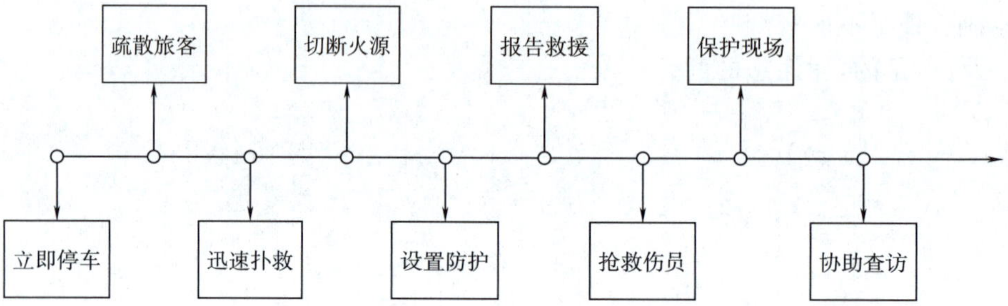

图 7-1　旅客列车发生火灾爆炸应急处置流程

2. 立即停车。列车运行途中发生火灾威胁行车和旅客人身安全时，应立即停车（停车地点应尽量避开特大桥梁、长大隧道等）。电气化区段还应立即通知牵引供电部门停电。

3. 疏散旅客。列车发生火灾时，乘务人员应迅速向列车长报告，组织起火车厢旅客向邻近车厢或地面安全地带疏散，采取措施稳定旅客情绪，同时要防止发生旅客跳车、踩踏等意外事件。

4. 迅速扑救。列车长接到火灾报告后，应立即组织指挥志愿消防队，携带灭火器赶到起火车厢，确认火情，迅速扑救。

5. 切断火源。停车后，列车需要分隔时，司机、车辆乘务员应迅速将起火车辆与列车分离，切断火源，防止蔓延。

6. 设置防护。对甩下的车辆，在车站由车站工作人员负责采取防溜措施，在区间由司机、车辆乘务员负责采取防护措施。

7. 报告救援。列车长和司机等人员应立即向上级机关和列车调度员报告事故情况，请求救援。

8. 抢救伤员。在疏散旅客、迅速扑救火灾的同时，如有被火围困或受伤人员应立即抢救。

9. 保护现场。在扑救火灾的同时，铁路工作人员应维护好秩序，防止发生混乱，禁止无关人员进入，保护火灾现场。未经事故调查部门同意不得擅自清理火灾现场。

10. 协助查访。铁路工作人员应协助事故调查部门调查火灾情况，积极提供线索。

11. 旅客全部疏散到车下后，列车长应向运行所在局集团公司客调及本单位安全生产指挥中心报告，并根据运行所在局集团公司客调要求组织旅客在安全地带等待救援，本单位安全生产指挥中心向所属局集团公司客调及客运部汇报。

12. 组织旅客向安全地带撤离时，列车长必须得到邻线列车已扣停的指示，列车乘务人员加强对旅客的安全宣传和防护。疏散过程中，如需跨越线路，应指派专人进行防护和指挥。

(二)列车发生锂电池火情的应急处置

1. 站车发现含锂电池设备发生起火冒烟等情况时，迅速有序疏散周边旅客，加强宣传安抚。

2. 断开含锂电池设备的外接电源或与该设备相连的站车充电插座。处于给其他设备充电的充电宝发生紧急情况时，应断开与其他设备的连接。

3. 使用水，茶水、果汁等不可燃液体或水基型灭火器进行灭火处置，灭火后应持续用水或其他不可燃液体进行喷淋、浸湿降温。禁止使用防爆毯、灭火毯等覆盖或包裹方式对含锂电池设备灭火。

4. 降温处置后应检查确认，确定含锂电池设备不再冒烟、表面温度正常，状态趋于稳定后，可使用注入水的垃圾桶等工具移动到盥洗台等风险较小区域。

二、列车发生初起火灾的处置流程

(一)列车长处置

1. 立即会同乘警、车辆乘务员一起赶至现场查看，同时打开音视频记录仪。

2. 对起火部位进行全面检查，确认已经完全熄灭后，保护好现场，调查取证，初步确定起火原因。

3. 及时向客运段安全生产指挥中心、车队汇报处置情况。

(二)事发车厢列车员处置

1. 立即疏散起火部位周围旅客，判断火情能够迅速扑灭时，就地取材或使用灭火器扑灭，将火种消灭在初起阶段。

2. 扑灭后，要保护好现场，并汇报列车长，维护车内秩序。

3. 在列车长、乘警、车辆乘务员未到现场处理前，起火车厢列车员要注意查看冒烟起火部位，防止复燃。

(三)邻近车厢列车员处置

赶至现场参与灭火，协助维护车厢秩序，防止旅客惊慌。

三、列车发生重大火灾的处置流程

(一)当班列车长处置

1. 接到事发车厢列车员报告后,会同乘警、车辆乘务员迅速赶至现场查看,打开音视频记录仪,启动火灾事故应急预案,指挥列车乘务人员参与扑救火灾、疏散旅客。

2. 了解情况后向运行所在局集团公司客调、客运段安全生产指挥中心、车队报告情况,报告内容包括:车次、时间、区间、起火车厢编组位置、起火车厢车号、人员伤亡情况、火灾形势、事故概况等情况,并随处理进程做到即时即报。

3. 如需向地面疏散时,在接到司机邻线已扣停的通知后,确认相邻区间已经封锁的情况下,应组织疏散组打开无邻线列车通过一侧的车门做好旅客疏散工作;通知广播员进行广播指挥(如果广播线路已断,由列车员使用应急扩音器进行指挥)。

4. 本着"先人员、后财产"的原则,组织灭火组成员和旅客中的现役军人和志愿人员赶到现场进行扑救;

5. 组织乘务人员配合车辆乘务员立即切断电源,防止火势蔓延。夜间,全列停电的状态下,禁止旅客使用明火。

6. 火情较大,来不及扑灭时应尽快向当地车站、拨打 119 火警电话,请求救援。

7. 如有人员受伤时,组织伤员抢救组和旅客医务工作者及时进行救治,并拨打 120 急救电话求救。

8. 积极配合上级部门调查事故原因,为现场勘察、认定火灾原因提供有利条件。

9. 火灾扑灭后,与车辆乘务员、乘警一起对起火部位进行检查,确认火灾已完全熄灭,在确保安全的情况下,列车可继续运行。

(二)休班列车长处置

1. 接到火灾警报后,迅速赶至现场,在列车未停稳时严禁使用紧急破窗锤破窗跳车逃生,组织疏散组人员将旅客疏散到邻近未起火安全车厢。旅客疏散完毕后,应立即关闭车厢端门。列车停稳后,组织疏散组人员立即打开列车运行方向左侧(非会车侧)车门,组织旅客向安全地带疏散,并做好地面安全防护,防止旅客盲目击碎车窗玻璃跳车行为,以避免发生意外。

2. 应尽快与司机、车辆乘务员联系,迅速采取措施隔离火源,防止蔓延,如果列车需要分隔甩车时,充分利用对讲机做好各工种信息互递和工作协调。

3. 车辆分解时协助做好防护工作,避免发生人身安全事故。

4. 组织人员清点疏散旅客和伤员人数、详细记录旅客伤害程度、车票信息、财物、旅客姓名、性别、年龄、单位、住址、身份证号码以及其他证件等信息。

5. 积极配合上级部门调查事故原因。

(三)事发车厢列车员处置

1. 遇突发重大火灾无法马上扑灭或发生爆炸威胁行车安全和旅客人身安全时,起火车厢列车员要立即按下紧急断电按钮,切断电源,防止火势蔓延。

2. 立即汇报列车长,使用紧急制动阀停车(停车地点应尽量避开长大隧道、桥梁)。

3. 立即组织旅客向相邻近安全车厢进行疏散。接到列车长通知,组织旅客向车下疏散时，打开列车运行方向左侧（非会车侧）邻线无列车通过一侧的车门，组织旅客疏散到安全地带，及时阻止旅客盲目开（砸）窗跳车现象。

4. 起火车厢列车员要本着“生命第一”的原则，迅速组织本车厢旅客放弃携带大件行李物品，如果车厢浓烟弥漫时，引导旅客疏散方向，指导旅客用湿巾、手帕等捂住口鼻，采取低势行走的方式，提醒旅客不要盲目拥挤、砸窗跳车等。

（四）邻近车厢列车员处置

1. 发现邻近车厢发生大火时，立即查看停车地点是否有利于灭火和疏散旅客，配合着火车厢列车员使用紧急制动阀停车后的处置。

2. 通知当班列车长和其他车厢列车员。

3. 在疏散组人员未到现场前，协助事发车厢列车员疏散旅客。

4 车辆分解时，做好防护工作，避免发生人身伤害。

（五）广播员处置

1. 根据列车长要求，统一指挥有序疏散旅客至安全地段。

2. 广播寻找旅客中的现役军人和志愿人员赶到现场进行扑救火灾。

3. 广播寻找旅客中的医务工作者抢救受伤人员。

（六）疏散组处置

1. 由车辆乘务员负责，疏散组成员、起火车厢列车员接到火灾警报后，迅速赶至事发着火车厢疏散旅客。

2. 列车未停稳时，将旅客疏散到相邻近未起火安全车厢（尽量向起火车厢运行前方车厢疏散），严禁使用紧急破窗锤破窗跳车逃生。

3. 列车停稳后，疏散组人员要立即打开列车运行方向左侧（非会车侧）邻线无列车通过一侧的车门（单线可打开列车两侧车门），车上列车员要站在旅客容易发生拥挤踩踏的狭窄地点进行疏散，车下乘务人员要劝阻疏散下车的旅客不能站在股道内，防止被邻线过往的其他列车撞死撞伤，力求将全部旅客疏散至安全地带。组织旅客向安全地带撤离时，必须得到邻线列车已扣停的指示。情况紧急时打开车窗或使用紧急破窗锤击碎车窗玻璃疏散旅客，对重点旅客（特殊重点旅客）给予帮助。

4. 对疏散到地面的旅客，指派专人进行防护和指挥，并维护好秩序。

5. 清点疏散旅客人数、伤员人数及伤害程度，车票信息、旅客姓名、单位、住址、身份证号码、财物损失等情况详细做成记录。

6. 旅客全部疏散到车下后，向运行所在局集团公司客调报告，并根据客调要求组织旅客在安全地带等待救援。

（七）灭火组处置

1. 由休班列车长负责，立即携带本车厢及其他车厢的灭火器材赶赴现场开展灭火，负责切断火源、电源。

2. 本着“先人员、后财产”的原则，统一指挥扑救，对已疏散的旅客严禁再返回起火车厢。在扑救时，非紧急情况下不得使用紧急破窗锤击碎车窗，以防空气流通加速火势蔓延，尽快灭火，灭火组成员注意自身安全，火情较严重时，以控制火势进一步蔓延为主，如火势蔓延无法控制时，应迅速撤离。

(八)伤员抢救组处置

1. 由广播员负责,伤员抢救组以及旅客医务工作者为组员,按照先重伤后轻伤,先近后远的次序实施抢救,尽力使其脱离险境。

2. 及时拨打当地120急救,同时根据伤员具体情况,采取措施进行抢救。

3. 安抚伤病旅客,尽量将伤病旅客安置在宽阔点的空处。

四、列车发生锂电池火情的应急处置流程

(一)列车长处置

1. 接到乘务人员报告充电宝等含锂电池设备发生起火冒烟火情后,开启音视频记录仪赶往现场。

2. 组织列车乘务人员疏散周边旅客,断开外接电源,迅速扑救。

3. 到达现场后组织乘务人员进行降温处置并检查确认。

4. 如果疑似行李内的充电宝等含锂电池设备起火,组织列车乘务人员立即使用水基型灭火器扑救火情。

5. 处置完毕,及时将车内情况、处置经过向运行所在局集团公司客调、本单位安全生产指挥中心汇报。

(二)列车员(安全员)处置

1. 发现充电宝等含锂电池设备发生起火冒烟火情后,迅速有序疏散周边旅客,并立即汇报列车长。

2. 立即断开充电宝等含锂电池设备的外接电源或与该设备相连的列车充电插座。处于给其他设备充电的充电宝发生紧急情况时,应断开与其他设备的连接。

3. 迅速使用水,茶水、果汁等不可燃液体或水基型灭火器进行灭火处置,灭火后应持续用水或其他不可燃液体进行喷淋、浸湿降温。禁止使用防爆毯、灭火毯等覆盖或包裹方式对充电宝等含锂电池设备灭火。

4. 降温处置后应检查确认,确定含锂电池设备不再冒烟、表面温度正常,状态趋于稳定后,可使用注入水的果壳盘等工具移动到盥洗台等风险较小区域。

5. 如疑似行李内的含锂电池设备起火,迅速使用水基型灭火器扑救火情。灭火后确定为含锂电池设备且不再有燃烧迹象的,将含锂电池设备移除并进行降温处置。

(三)其他列车乘务人员处置

1. 发现或接到列车长通知发生充电宝等含锂电池设备发生起火冒烟等情况时,应迅速赶往现场协助事发车厢列车员加强旅客宣传安抚和秩序维护。

2. 锂电池起火时会释放大量烟雾和刺激性气体,处置人员应做好防护,应在口鼻处系好湿毛巾等,取拿含锂电池设备时应使用湿毛巾包裹。

3. 配合列车长、乘警调查。

【案例概况】

××年××月××日9时31分,××次列车运行至××至××间,9号车列车员任某闻到胶皮味,并发现乘务室对面配电室冒烟。列车员使用对讲机报告列车长顾某,

列车长接到报告后指挥列车员按下紧急断电按钮，使用对讲机通知车辆乘务员柏某、乘警高某并从11车赶至9号车。列车长到达现场后，见配电室门锁闭无法打开，立即组织列车员将灭火器集中在配电室门口。车辆乘务员9时49分到达现场，打开配电柜确认冒烟情况后，列车长使用紧急制动阀停车，使用干粉灭火器将隐患消除，列车9时54分恢复运行。共使用灭火器4具。列车长立即向铁路局集团公司客调、客运段安全生产指挥中心、车队汇报处置情况。

【案例分析】

(1)不足之处

①列车员发现电器设备火情隐患时，未果断切断电源。

②处理火情时，未对车厢旅客进行隔离、疏散。

③事发车厢一旅客用手机拍下视频，列车员没有及时做好宣传，导致舆情扩大。

④邻近车厢列车员没有协助维持秩序、疏散旅客。

(2)正确处理

①列车员坚守岗位发现火情，并立即报告列车长。

②列车长接到报告后，指挥列车员切断电源，立即通知乘警、车辆乘务员赶赴现场，做好扑救准备。

③车辆乘务员到场打开配电柜查明火情后，列车长果断使用紧急制动阀停车，列车员正确使用灭火器。

④火情处置完毕后，“三乘”人员确认隐患消除及时组织恢复运行。

⑤列车长汇报及时。

第二节　旅客列车遇自然灾害、铁路原因导致列车晚点、滞留应急处置

一、旅客列车晚点、滞留应急处置要求

直通旅客列车晚点2小时以上属于严重晚点，10列以上旅客列车晚点1小时以上属于大面积晚点。

(一)晚点信息流转

1. 车站运转部门接到列车调度员运行调整计划后，及时通报车站客运部门和公安机关。铁路局集团公司客运调度接到列车调度员列车晚点信息通报后，及时将晚点信息、原因通告相关客运段。遇晚点列车列车长询问时，应向列车长通报晚点原因和预计时间等信息。客运段接到客运调度员晚点通报后，应利用铁路局集团公司客服中心晚点信息平台加强对列车晚点信息的实时查询，及时向列车长通报晚点原因和预计晚点时间等信息。

2. 遇大面积长时间晚点时，由铁路局集团公司调度所在办公网上定时进行通知，铁路局集团公司宣传部、客服中心和相关站段应根据通知信息，做好信息的对外发布，并做好对变化和调整信息的及时更新和发布，确保对外发布信息的准确性和及时性。

3. 站、车应积极利用广播系统、电子显示屏等设备及时将列车晚点时间、晚点原因等信

息向旅客公告,并做好解释和解答工作,确保秩序平稳。站车广播通告每次间隔不超过30分钟。

(二)加强售票组织工作

1. 铁路局集团公司客票管理所要根据列车晚点、调整方案等情况,做好相关列车票额的控制和调整工作,合理调整后续列车票额,指导车站做好对晚点列车旅客的改签和退票工作。

2. 车站要加强与铁路局集团公司客票管理所的联系和沟通,及时了解相关列车售票情况,加强售票窗口力量,落实足量的备用现金,迅速调整或增开足够数量的售票、退票、改签窗口,满足旅客需要。

(三)加强乘降组织工作

1. 车站要根据候车条件的实际和晚点滞留旅客数量等情况,加强进站旅客人数的控制,防止车站区域堵塞。及时调整候车布局、进站流线、候车和检票时间,保持站内候车秩序。

2. 车站要加强对有关通道、候车室、站台、天桥、地道等相关安全关键的控制,及时疏散滞留旅客。

3. 对晚点列车、客流较大的列车,要加强站台乘降组织力量,确保旅客快上快下,尽量压缩乘降作业时间。

4. 做好滞留旅客饮食供应,根据晚点列车要求,加强列车上水、饮食供应、餐料补充工作,耐心做好旅客的安抚工作,稳定旅客情绪。

(四)加强乘务组织工作

1. 客运段要实时了解旅客列车运行、旅客需求等情况,及时指导列车长妥善处理旅客应急需要。

2. 晚点列车列车长要加强对列车有关餐料、燃料、用水、备品用量的估算,发生不足时,应及时向有关停车站请求补充,确保对旅客的正常供给。

3. 加强与保洁公司联系,对立折旅客列车应适当增加保洁人员,确保立折列车终到、始发保洁作业质量。

4. 客运段应实时关注晚点情况加强预判,按照调令要求,及时组织列车乘务人员保证应急临客列车的开行。

(五)列车晚点通告用语

1. 自然灾害(降雨、降雪、大雾、雾霾、大风、山体滑坡、泥石流等)造成列车晚点时

旅客们:

我是××次列车列车长,××次列车(本次列车)受××(降雨、降雪、大雾、雾霾、大风、山体滑坡、泥石流)影响,(需要降速时还需播报:为确保旅行安全,本次列车需降速运行),现在大约晚点××小时××分。请您谅解。

2. 铁路原因(事故影响、设备故障等)造成列车晚点时

旅客们:

我是××次列车列车长,××次列车(本次列车)因××原因晚点,现在大约晚点××小时××分。因列车晚点给您造成不便,向您表示诚挚的歉意。

(六)晚点列车到站处置

1. 遵循“以站保车”的基本原则，晚点列车到站时，车站站长、公安所长要带领客运、公安有关人员上站台接车，组织旅客有序下车，并做好对旅客的致歉、解释工作，争取旅客谅解。

2. 遇有晚点列车旅客滞留车厢时，客运部门要会同公安民警做好说服劝离工作，争取理解和支持。经反复劝离无效时，由公安人员向不听劝阻的旅客宣读《关于维护铁路运输秩序保障列车正常运行的通告》，对仍拒不下车或阻扰开车的旅客依法采取措施带离现场。

3. 对煽动旅客滞留车厢和扰乱列车治安、破坏铁路运输秩序、用暴力手段对抗执法的人员，依法追究其法律责任。

4. 开展劝导工作时，要依法依规，有理有节，采取果断措施，妥善处理，确保秩序平稳。

二、因自然灾害、恶劣天气导致晚点应急处置流程

(一)列车长处置

1. 列车长应关注列车运行情况，发现列车晚点、临时停车、缓行等情况，应及时联系司机、沿途最近车站或所在局集团公司客调，了解列车具体晚点原因和预计晚点时间，并向列车员通报，报告本单位安全生产指挥中心。

2. 遇列车严重晚点时，列车长及时与所在局集团公司客调、本单位安全生产指挥中心联系，报告车内情况和请求协助解决的困难，遇餐料、食品、饮用水、燃料短缺时，积极主动与前方车站联系，积极做好列车严重晚点的供应工作，重点关注车内食品供应。

3. 列车晚点造成中转换乘的旅客无法赶上后续列车时，组织乘务人员收集中转旅客信息，提前通报换乘站。在与车站办理换乘旅客接续交接时，一律不开具客运记录，列车长做好交接视频记录。

4. 遇严重晚点，列车长在做好晚点信息公告的同时(广播通告每次间隔不超过 30 分钟)，组织列车员加强车内巡视，做好对旅客问询的解释解答工作。通知各岗位乘务人员坚守岗位，加强车厢巡视，稳定旅客情绪，做好列车服务工作。

5. 现场处置工作人员在答复旅客诉求时，必须严格按照铁路现行规定，不可草率承诺旅客的诉求，避免产生不良影响。

6. 严重晚点的旅客列车终到后，遇旅客滞留列车不下车时，列车长应当立即通知车站客运值班员，由车站客运值班员和公安民警按规定及时处理。

7. 列车长时间晚点涉及折返站保洁、吸污等整备作业无法正常进行时，列车长应提前与折返站所在局集团公司客调、保洁公司联系。遇时间仓促来不及时，组织班组列车员配合保洁人员共同作业，确保折返站列车保洁卫生质量。

8. 列车晚点造成列车无法正常进行交接班作业时，列车长依据班组作业情况、小班作业时间合理调整交接班时间，以保证乘务人员的休息和工作质量。

9. 遇旅客要证明时，做好统计，与车站做好交接。

(二)列车员处置

1. 遇列车晚点时，各车厢当班列车员应向列车长了解晚点原因，坚守岗位，主动面对旅客，加强车内巡视，统一口径，不得使用“不知道”“不清楚”等不负责任言语，耐心、细致解答

旅客问询。

2. 积极做好各项旅客服务工作，加强卫生清扫，及时供应开水，满足旅客需求。

3. 对持有联程车票的旅客，列车员应做好登记，报告列车长，方便与车站办理交接。

4. 因自然灾害、恶劣天气等原因造成晚点影响旅客旅行，旅客要证明时，做好统计，报告列车长。

5. 各车厢列车员要加强节约用水宣传，遇车厢断水时，向旅客做好引导，必要时在列车长的组织下至滞留车站取水。

6. 由于列车晚点造成列车需要立折时，在列车长的组织下，优先协助卧铺保洁人员共同做好列车卧具调换、卫生保洁。

7. 在保证卧铺车厢作业结束的时候，做好本车厢车容恢复、卫生补强，确保车厢卫生质量。

(三)广播员处置

旅客列车晚点30分钟及以上，应向旅客进行晚点通告，广播每次间隔不超过30分钟。向旅客进行晚点原因公告时，采用“自然灾害”的解释口径，确因列车晚点时刻不掌握或晚点时间较长时，可对外通告“晚点时间未定”。

(四)餐车人员处置

1. 提前预想在灾害多发季节增配易于保质的食品，以备应急。

2. 对旅客和工作人员的饮食供应做到合理安排，统筹兼顾。

3. 由于自然灾害、恶劣天气造成餐车断水、断电时，向用餐的旅客做好解释。

(五)行李员处置

1. 列车出现长时间晚点时，对行李车内的鲜活易腐物品做好统计，报告列车长，并向前方站做好预报。

2. 需要交站处理时，应提前统计物品品名、件数、数量备好票据，与下交站做好交接手续。

三、因自然灾害、恶劣天气导致滞留应急处置流程

(一)列车长处置

1. 遇列车滞留时，列车长及时与所在局集团公司客调、停留站、本单位安全生产指挥中心联系，报告车内情况和请求协助解决的困难，遇餐料、食品、饮用水、燃料短缺时，在车站滞留时积极主动与滞留车站联系，做好列车滞留的供应工作，区间滞留时，视情况请求地方政府支持、协助。

2. 列车停在受阻区间时，组织列车员坚守岗位锁闭车门，防止旅客随意上下车，确保旅客绝对安全。

3. 旅客列车在车站长时间停车滞留，遇旅客提出取消旅行时，应严格按《国铁集团客规》的规定执行。现场处置工作人员在答复旅客诉求时，必须严格按照铁路现行规定，不可草率承诺旅客的诉求，避免产生不良影响。

4. 加强与车辆乘务员沟通，保证车辆走行部和供电设施良好，用电时间较长时，督促车辆乘务员酌情减少用电负荷，避免电池长时间使用引发不安全问题的发生。

5. 因自然灾害、恶劣天气停车且车内无电情况，要立即报告救援请求支援，并将作业设备、通信工具、共享充电宝等集中管控，防止因电源耗尽通信中断，同时加强列车巡视防止旅客夜间使用明火照明，维护车厢秩序。

(二)当班列车员处置

1. 遇列车滞留时，各车厢当班列车员应向列车长了解滞留原因，坚守岗位，主动面对旅客，加强车内巡视，统一口径，不得使用“不知道”“不清楚”等不负责任言语，耐心、细致解答旅客问询。

2. 积极做好各项旅客服务工作，加强卫生清扫，及时供应开水，满足旅客需求。

3. 遇列车在中途站长时间滞留，旅客提出取消旅行时，列车员应报告列车长，未经列车长统一组织，不得擅自打开车门乘降旅客。

4. 对持有联程车票的旅客，列车员应做好登记，报告列车长，方便与车站办理交接。

5. 因自然灾害、恶劣天气等原因造成滞留影响旅客旅行，旅客要证明时，做好统计，报告列车长。

6. 各车厢列车员要加强节约用水宣传，遇车厢断水时，向旅客做好引导，必要时在列车长的组织下至滞留车站取水。

7. 因自然灾害、恶劣天气停车且车内无电情况，加强巡视防止旅客夜间使用明火照明，维护车厢秩序。

(三)广播员处置

列车加强安全宣传，针对性编写专题稿件，稳定旅客情绪，必要时列车长可通过广播对旅客解释列车受阻原因，以取得旅客谅解。

(四)餐车人员处置

1. 提前预想，在灾害多发季节增配易于保质的食品，以备应急。

2. 遇列车滞留时，应提前统计食品、餐料存量，预计供应不足时报告列车长。

3. 对旅客和工作人员的饮食供应做到合理安排，统筹兼顾。

4. 由于自然灾害、恶劣天气造成餐车断水、断电时，直接食用的饮食品优先提供重点旅客，并做好旅客解释。

(五)行李员处置

1. 行李员对滞留在行李车内的鲜活易腐物品做好统计，报告列车长，并向前方站做好预报。

2. 需要交站处理时，应提前统计物品品名、件数、数量备好票据，与下交站做好交接手续。

第三节 旅客列车发生空调故障应急处置

一、发生个别车厢空调故障应急处置要求

1. 列车长应立即通知车辆乘务员进行故障修复。不能修复时，列车长应向客运段安全生产指挥中心报告，由客运段向铁路局集团公司客运部报告。

2. 铁路局集团公司客运部接到客运段报告后,立即对该列车故障车厢的剩余席位进行控制,并在其他车厢预留一定数量席位,供列车调整。如果列车席位由其他铁路局集团公司集中管理的,由所属铁路局集团公司与其他铁路局集团公司联系采取席位控制措施。

3. 列车长应根据列车席位发售信息,将故障车厢旅客调整安排到其他车厢,并做好宣传解释工作。

4. 列车调整能力不足时,列车长应打开故障车厢和相邻车厢端门及车内的活动车窗通风,保持车厢空气流通,并适当调整相邻车厢空调温度。

5. 因旅客列车空调故障需退还票价差额时,由列车长编制客运记录,作为旅客到站办理退差的凭证。

二、发生全列车厢空调故障应急处置要求

1. 车辆全列空调故障不能修复时,列车长应向客运段安全生产指挥中心报告,由客运段向铁路局集团公司相关部门报告。

2. 空调失效但可维持运行时,司机接到列车长通知后,应及时报告列车调度员或就近车站值班员转报列车调度员,列车调度员接到报告后应重点掌握。空调失效超过20分钟不能恢复时,列车长可视情况通知司机向列车调度员提出在前方最近客运站停车的请求,列车调度员安排列车在前方最近客运站停车。

在车站停留时,应打开车门通风。必要时,站车共同组织将旅客疏散到车站安全处所,等待故障修复、救援或组织旅客换乘。

列车长要组织乘警、列车员做好车内秩序维护、宣传解释、旅客安抚工作,及时处置突发情况。

3. 需要组织旅客下车或换乘其他列车时,列车应停靠站台,车站应配合列车乘务人员做好旅客接运组织、安全防护等工作。区间换乘或救援时,司机应将区间封锁、接触网停(送)电命令通知列车长。

必须在站内不停靠站台的线路或区间组织旅客下车或换乘时,需经铁路局集团公司主管运输副总经理(总调度长)批准。

组织旅客在区间换乘时,所在地相关站段、公安派出所由车务站段召集,组织救援力量随车赶赴现场。在救援力量到达现场后,由站段领导统一指挥。

换乘时,应重点做好列车两端的卡控,防止旅客从两端进入区间线路。现场治安秩序维护由公安部门具体负责。

4. 组织旅客疏散时,司机得到邻线列车已扣停的通知后,转告列车长组织旅客疏散。列车长要按照“旅客安全第一”的原则,根据线路两侧自然地形及人员走行条件,组织列车乘务人员选择从列车运行方向左侧(非会车侧)将旅客有序疏散至安全地带。

5. 因旅客列车空调故障需退还票价差额时,由列车长编制客运记录,作为旅客到站办理退差的凭证。

三、发生个别车厢空调故障应急处置流程

(一)事发车厢列车员处置

1. 应立即向当班列车长报告,报告内容包括:目前车内温度、车厢旅客人数、到站情

况等。

2. 坚守岗位，加强车厢巡视，向旅客做好宣传解释工作，安抚旅客情绪，要冷静应对旅客激动情绪，主动为旅客提供帮助，以优质的服务取得旅客谅解。

3. 经列车长同意后，可采取开窗通风，开窗通风时，应当加强安全宣传，制止旅客向窗外抛物，组织旅客向空调良好的车厢疏散。

4. 空调设备恢复正常工作、车内温度达标后，应关闭车窗。

(二)邻近车厢列车员处置

应配合故障车厢列车员共同做好旅客疏散工作，加强安全宣传，条件允许时，尽量将旅客安排至相同席别的席位。

(三)当班列车长处置

1. 接到列车员通知空调故障时，应迅速会同车辆乘务员查明故障原因，督促车辆乘务员进行修复。

2. 列车长应及时与司机、车辆乘务员沟通，原则上车内温度超过 30 ℃时(特殊情况也可视车内实际情况和旅客舒适度)作出开窗的决定，并通知司机转报列车调度员。

3. 无法修复时，列车长应统计该车厢旅客人数、重点旅客人数、向所在局集团公司客调、客运段安全生产指挥中心、车队汇报。

4. 通知车辆乘务员及时调节故障相邻车厢空调温度，并敞开故障车厢与相邻车厢之间端门，保持各车厢间空气流通。

5. 列车长应主动关注故障修复进展动态等情况。

6. 因空调故障需退还票价差额时，应及时拍发电报，编制客运记录交旅客到站处理。

(四)车辆乘务员处置

迅速到场查看情况，排除故障原因，尽快修复，适时调节车内温度，并将情况反馈至列车长。

旅客列车发生个别车厢空调故障应急处置流程，如图 7-2 所示。

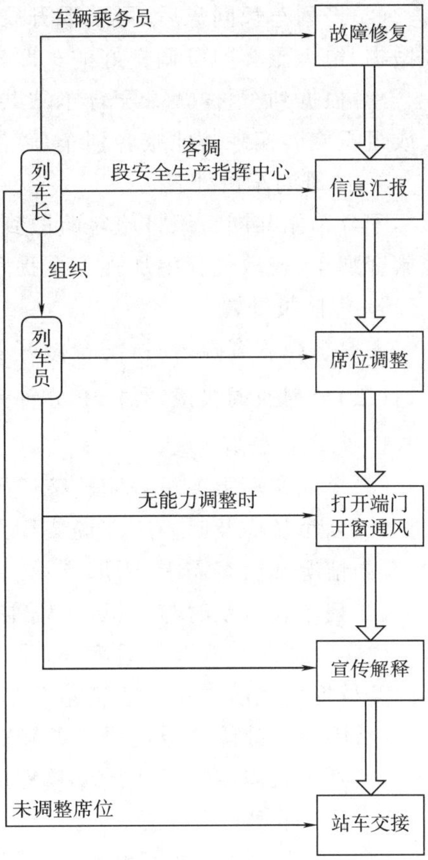

图 7-2　旅客列车发生个别车厢空调故障应急处置流程

四、发生全列车厢空调故障应急处置流程

(一)全列空调失效超过 20 分钟列车不能正常运行

1. 当班列车长处置

(1)会同车辆乘务员查明故障原因，督促车辆乘务员进行修复。

(2)列车长应及时向所在局集团公司客调、客运段安全生产指挥中心、车队汇报故障原因、车内情况和旅客需求，听取指示。

(3)列车长应及时与司机、车辆乘务员沟通,原则上车内温度超过30℃时(特殊情况也可视车内实际情况和旅客舒适度)作出开窗的决定,并通知司机转报列车调度员。

(4)听取上级指示,组织将旅客疏散到车站安全处所,等待故障修复、救援或组织旅客换乘其他旅客列车。

(5)因空调故障需退还票价差额时,应及时拍发电报,编制客运记录交旅客到站处理。

(6)列车长应主动关注故障修复进展动态、救援等情况。

2. 本车厢列车员处置

(1)坚守岗位,加强车厢巡视,向旅客做好宣传解释工作,安抚旅客情绪,要冷静应对旅客激动情绪,主动为旅客提供帮助,以优质的服务取得旅客谅解。

(2)经列车长同意后,可采取开窗通风,开窗通风时,应当加强安全宣传,制止旅客向窗外抛物,组织旅客向空调良好的车厢疏散。

(3)根据列车长指示,配合车站共同组织将旅客疏散到车站安全处所,等待故障修复、救援或组织旅客换乘其他旅客列车,疏散过程中加强安全提示,其他列车乘务人员共同配合。

3. 休班列车员处置

配合车站共同组织将旅客疏散到车站安全处所,等待故障修复、救援或组织旅客换乘其他旅客列车,疏散过程中加强安全提示,其他列车乘务人员共同配合。

4. 广播员处置

需要组织旅客疏散时,配合做好安全宣传和引导,避免旅客盲目疏散。

(二)全列空调失效超过20分钟列车能够正常运行

1. 列车长处置

(1)会同车辆乘务员查明故障原因,督促车辆乘务员进行修复。

(2)列车长应及时向所在局集团公司客调、客运段安全生产指挥中心、车队汇报故障原因、车内情况和旅客需求,听取指示。

(3)列车长应及时与司机、车辆乘务员沟通,原则上车内温度超过30℃时(特殊情况也可视车内实际情况和旅客舒适度)作出开窗的决定,并通知司机转报列车调度员,由司机向列车调度员提出在前方最近客运站停车的请求。

(4)因空调故障需退还票价差额时,应及时拍发电报,编制客运记录交旅客到站处理。

(5)列车长应主动关注故障修复进展动态、救援等情况。

2. 本车厢列车员处置

(1)坚守岗位,加强车厢巡视,向旅客做好宣传解释工作,安抚旅客情绪,要冷静应对旅客激动情绪,主动为旅客提供帮助,以优质的服务取得旅客谅解。

(2)经列车长同意后,可采取开窗通风,开窗通风时,应当加强安全宣传,制止旅客向窗外抛物,组织旅客向空调良好的车厢疏散。

(3)停车后,根据列车长指示,配合车站共同组织将旅客疏散到车站安全处所,等待故障修复、救援或组织旅客换乘其他旅客列车,疏散过程中加强安全提示,其他列车乘务人员共同配合。

(4)空调设备恢复正常工作、车内温度达标后,应关闭车窗。

3. 广播员处置

需要组织旅客疏散时,配合做好安全宣传和引导,避免旅客盲目疏散。

旅客列车发生全列空调故障应急处置流程，如图 7-3 所示。

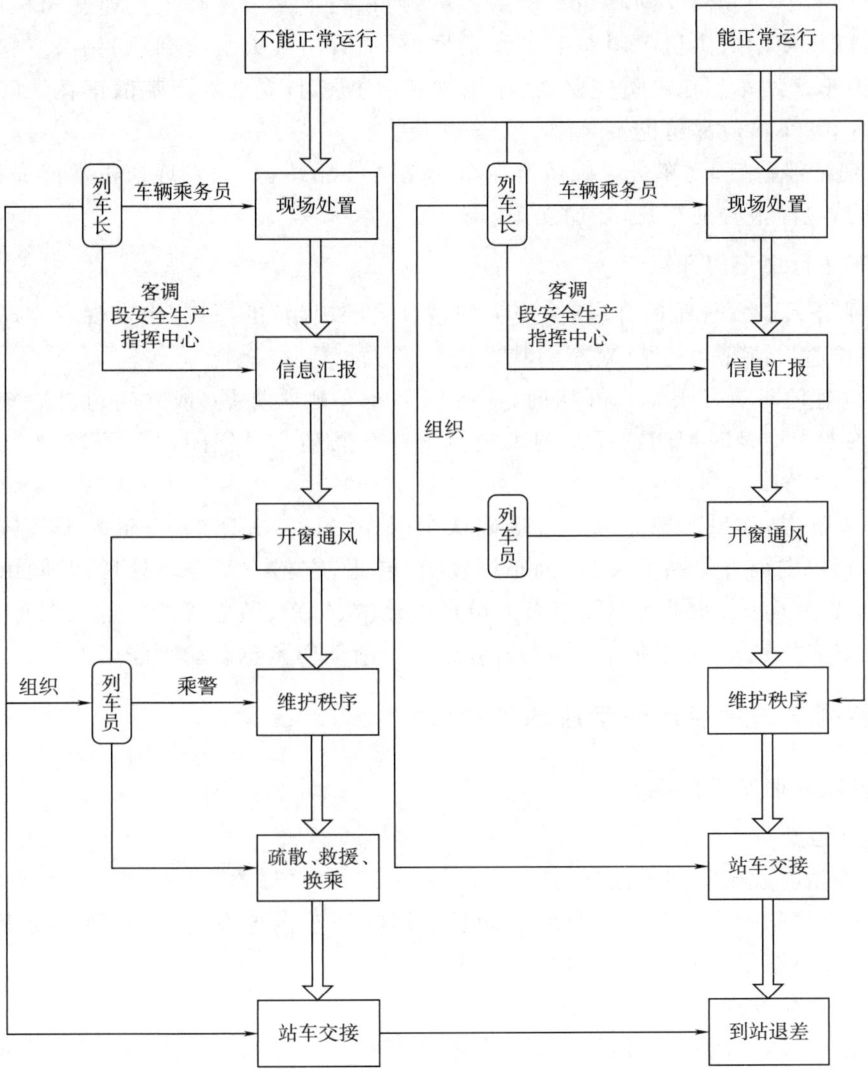

图 7-3　旅客列车发生全列空调故障应急处置流程

第四节　旅客列车车门启闭异常应急处置

一、旅客列车车门启闭异常应急处置要求

（一）列车停站时车门故障

1. 列车起动前发现车门无法关闭时，列车乘务人员（列车员、乘警）立即呼叫车辆乘务员、列车长或站台工作人员通知司机不得开车，同时迅速通知车辆乘务员、列车长到场处理。

2. 车门无法关闭但列车已起动时，列车乘务人员应立即使用紧急制动阀停车，同时迅速通知车辆乘务员、列车长到场处理。

3. 旅客未乘降完毕列车起动时，车站工作人员发现后应立即按规定通知司机停车；列车乘务人员（列车员、乘警）立即呼叫车辆乘务员、列车长或站台工作人员通知司机停车，不具备呼叫条件时，使用对讲机呼叫车上工作人员，车上有值乘人员听到呼叫后，应立即使用紧急制动阀停车。站车工作人员应坚持“宁漏勿扒”的原则，立即劝阻疏散正在乘降的旅客到安全线以内，列车员应尽可能及时撤下安全踏板。

4. 列车到站停稳后，列车员应确认所在车厢是否停靠站台，如发现未正常停靠站台时，严禁打开车门，立即报告列车长，并加强车门看护。

（二）列车运行中车门开启

1. 列车乘务人员发现车门开启时，按照“谁发现、谁锁闭”的原则，由发现者立即锁闭车门，并向列车长通报情况，“三乘”对车门状态进行确认。

2. 车站助理值班员发现车门开启时，应呼叫列车车辆乘务员（或呼叫司机通知车辆乘务员），车辆乘务员应及时锁闭或通知列车长指派该车厢列车员锁闭，“三乘”对车门状态进行确认。

3. 以上两条中，如果车辆乘务员现场确认车门无法正常关闭的，车辆乘务员应向列车司机报告，由司机向前方车站值班员（列车调度员）转报，在前方站停车处理，其间由列车长指派工作人员做好防护；如果遇车门口有人员难以疏散、扒车、坠落等严重危及人身、行车安全时，列车上首先到达车门现场的工作人员应迅速果断使用紧急制动阀停车。

二、旅客列车车门启闭异常应急处置流程

（一）列车站停时车门故障

1. 列车长处置

(1)列车停站时发现车门无法开启

列车长接到停站时车门无法开启的通知后立即呼叫车辆乘务员，一并到场处理。同时指挥列车员立即组织下车旅客从相邻车厢乘降。

(2)列车起动前发现车门无法关闭

列车长接到故障车门列车员报告车门无法关闭时，立即呼叫司机不得开车，同时通知车辆乘务员一并到场处理。

(3)车门无法关闭但列车已起动

①列车乘务人员应立即使用紧急制动阀停车，同时迅速通知车辆乘务员到场处理。停车后，列车长向司机汇报停车原因。

②故障处理完毕后，列车长及时通知站台客运（值班）员和司机，及时开车，降低对运输组织的影响。

③对处置过程应全程规范摄录，注重对车门故障处置经过和证据的收集。事后及时调取视频监控和对讲机录音，完善证据，做好留存。遇有旅客受伤时，及时救治。

2. 列车员处置

(1)列车停站时发现车门无法开启

列车停站时发现车门无法开启，列车员立即用对讲机报告列车长，同时组织下车旅客从相邻车厢乘降。

(2)列车起动前发现车门无法关闭

列车起动前列车员发现车门启闭异常后,立即用对讲机呼叫车辆乘务员、列车长或站台工作人员通知司机不得开车,同时迅速通知车辆乘务员、列车长到场处理。

(3)车门无法关闭但列车已起动

①列车员应立即使用紧急制动阀停车,同时迅速通知列车长、车辆乘务员到场处理。

②车门故障处置中做好安全宣传,维护现场秩序,引导旅客远离车门位置,禁止靠近围观。

旅客列车站停时车门故障应急处置流程如图 7-4 所示。

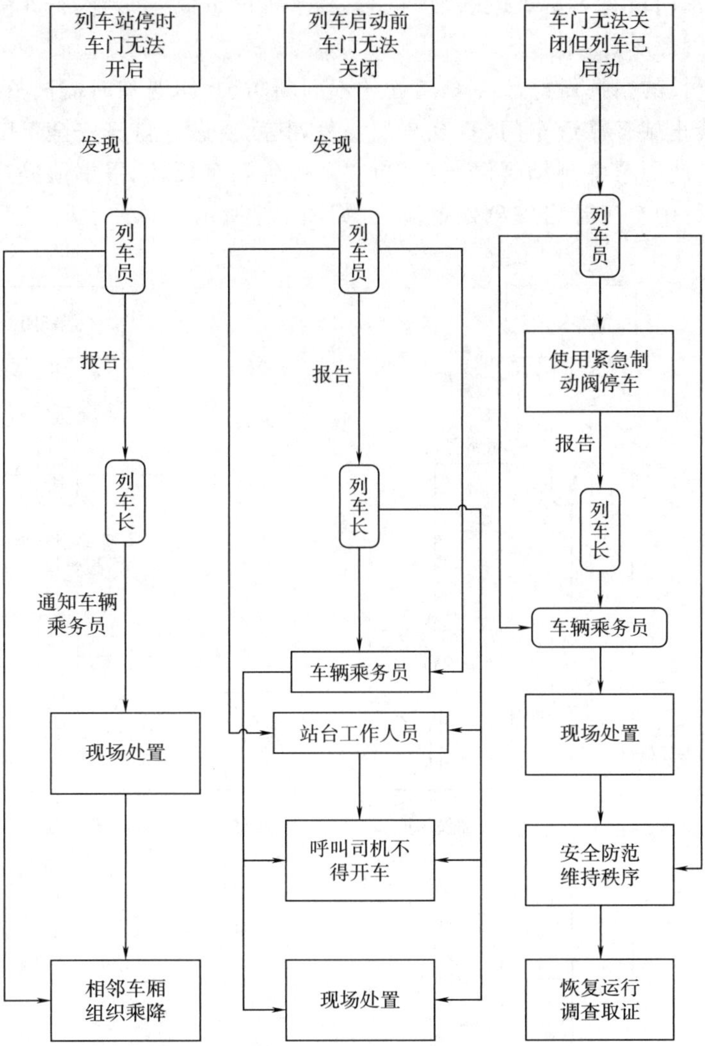

图 7-4 旅客列车站停时车门故障应急处置流程

(二)列车运行中车门开启

1. 列车长处置

(1)列车长接到运行中车门开启的报告时,立即通知事发车厢列车员锁闭车门,会同车辆乘务员前往处置。

(2)经确认运行中车门无法正常关闭时，列车长、车辆乘务员分别向所在局集团公司客调、辆调及司机汇报，在前方站停车处理，其间由列车长指派工作人员做好不间断防护，禁止旅客靠近车门，直至车门修复。

(3)对处置过程应全程规范摄录，注重对车门故障处置经过和证据的收集。事后及时调取视频监控和对讲机录音，完善证据，做好留存。遇有旅客受伤时，及时救治。

2. 列车员处置

(1)列车运行中列车员发现车门无法关闭或敞门运行时要迅速赶往现场，本着“谁发现，谁锁闭”的原则立即锁闭车门，当无法锁闭时，防止旅客靠近故障区域，做好防护的同时通知列车长。如果遇车门口有人员难以疏散、扒车、坠落等严重危及人身、行车安全时，应迅速果断使用紧急制动阀停车。

(2)按照列车长的指挥做好故障车门处的不间断防护，如遇临时需离开通知列车长指派其他人员顶替，禁止旅客靠近车门，直至车门修复，其间要做好自身安全保障。

(3)当列车员使用紧急制动阀停车后，应立即报告列车长，汇报事情经过。

旅客列车运行中车门开启应急处置流程，如图 7-5 所示。

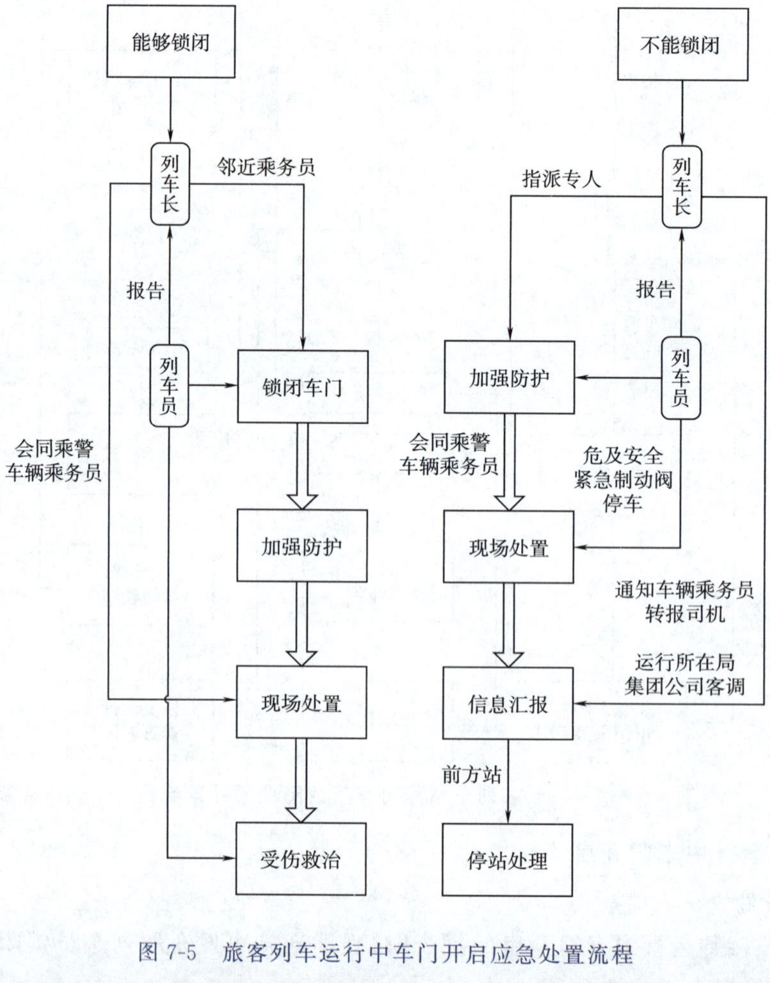

图 7-5 旅客列车运行中车门开启应急处置流程

第五节 旅客人身伤害及携带品损失应急处置

一、旅客人身伤害及携带品损失应急处置要求

(一)旅客人身伤害的定义

持有效车票的旅客,在铁路旅客运输过程中(自旅客进站检票时起至出站检票时止)遭受到外来、剧烈、明显的人身伤害。

(二)旅客人身伤害事故的种类

旅客人身伤害按其程度分为以下三种:

1. 轻伤。伤害程度不及重伤者。

2. 重伤。肢体残废,容貌毁损,视觉、听觉丧失及器官功能丧失。具体参照司法部颁发的《人体损伤程度鉴定标准》。

3. 死亡。

(三)责任划分及认定

铁路旅客人身伤害事故责任分为旅客自身责任、铁路运输企业责任、第三人责任及其他责任。

1. 旅客自身责任

旅客违反铁路安全规定,不听从铁路工作人员引导、劝阻等违法违章行为或其他自身原因造成的伤害,属于旅客自身责任。

2. 铁路运输企业责任

由于铁路运输企业人员的职务行为和设施设备的原因给旅客造成的伤害,属于铁路运输企业责任。铁路运输企业责任分为客运部门责任和行车等其他部门责任。客运部门责任分为车站责任和列车责任。

(1)遇下列情形之一的,车站应当承担相关责任:

①旅客持票进站后或下车后出站前,因车站组织不当造成人身伤害的。

②车站引导标识缺失或不准确,误导旅客造成其人身伤害的。

③车站设施设备不良造成旅客人身伤害的。

④车站在停止检票后继续检票放行或检票放行时间不足,致使旅客抢上列车造成人身伤害的。

⑤车站组织不当造成旅客上车时发生人身伤害的。

⑥因车站客运工作人员违章作业、过失造成旅客人身伤害的。

⑦有理由认定属于车站责任的。

(2)遇下列情形之一的,列车应当承担相关责任:

①车门漏锁致旅客坠车造成人身伤害的。

②列车工作人员过错致旅客误下车、背门下车、在不办理乘降的车站(包括区间停车)下车、列车运行中开启车门造成人身伤害的。

③列车组织不当或列车工作人员违反作业标准,致旅客乘降时造成人身伤害的。

④列车客运工作人员对设备管理不善造成旅客人身伤害的。

⑤列车客运工作人员违章作业、过失造成旅客人身伤害的。

⑥有理由认定属于列车责任的。

3. 第三人责任

由旅客和铁路运输企业合同双方以外的人给旅客造成的人身伤害，属第三人责任。

4. 其他责任

非上述三种责任造成的旅客人身伤害，属于其他责任。

(四)现场处置与报告

1. 列车、车站发生旅客人身伤害时，站车工作人员应当到场查看旅客伤害情况，报告列车长、站长组织救护，稳定人员情绪，维护现场秩序。

2. 因旅客伤害需交车站处理时，应移交前方县、市所在地车站或者当地具备公共医疗条件的停车站。需要提前报告运行所在局集团公司客调时，由客调通知车站做好救护准备工作。旅客不同意在前款规定的停车站下车处理时，应当由旅客出具拒绝下车治疗的书面声明，并收集两份及以上证人证言。

3. 列车因旅客伤害严重需紧急停车处理或发生3人以上疑似食物中毒的，应立即报告运行所在局集团公司客调。接到报告后，客调应当立即根据列车长提出的要求，通知有关车站及值班主任(列车调度员)，需要停车处理的停车处理，并报告铁路局集团公司客运部。

4. 列车发现旅客在区间坠车时应当立即停车，并通知就近车站或将受伤旅客移交就近车站。需要防护时，按规定处理。不具备停车条件或者迟延发现的，列车长应当报告运行所在局集团公司客调，客调接到报告后立即通知值班主任，值班主任通知相关列车调度员和铁路公安局指挥中心，由列车调度员和铁路公安局指挥中心分别通知邻近车站及车站铁路公安派出所派人寻找。列车运行至前方停车站时，列车长应拍发电报，向发生地和列车担当铁路局集团公司主管部门报告。

5. 车站对本站发生的及列车移交的伤害旅客，应当及时联系当地医疗急救机构或送往就近医院抢救。

6. 受伤旅客经现场抢救无效死亡，或对站内、区间发现的旅客尸体，经医疗部门或公安机关确认死亡，公安机关现场勘查结束后，车站应当转送殡仪馆存放(在此之前，车站应将尸体转移至适当地点并派人看守)，并尽快通知其家属。

7. 发生旅客人身伤害、需要保护现场时，应当及时采取措施保护现场，禁止与救援、调查无关的人员进入。必要时，可请求地方政府协助。

8. 发生旅客人身伤害后，列车长、站长应当及时组织现场查验，全面搜集、梳理相关证据资料。

(1)检查旅客所持车票的票种、票号、发到站、车次、有效期及有效身份证件信息等，描绘现场旅客定位图，收集不少于两份同行人或见证人的证言及查验记录、现场照片、录像等其他相关证据，形成比较完整的证据链，能够证明发生的过程和原因，初步明确性质，并妥善保管。

(2)旅客或第三人能够说明事件发生经过或责任的，应当由其出具书面材料，并签字确认。

(3)涉及违法犯罪或者旅客死亡的,由铁路公安机关组织现场勘查。

(4)证人应当具有完全民事行为能力。证人证言中应当记录证人的姓名、性别、年龄、地址、联系方式、有效身份证件信息等内容。有医务工作人员参加救治时,应当由其出具参与救治经过的证言。

(5)证言、证据应当真实,能够反映发生的时间、地点、过程、原因和结果。

9. 列车向车站移交伤害旅客时,车站不得拒绝接收。办理移交手续时,列车应当编制客运记录和旅客携带物品清单一式两份,一份由列车存查,一份连同车票(购票证件)、证明材料、相关证人或其联系方式等一并移交。客运记录应载明日期、车次,旅客姓名、性别、年龄、国籍、民族、职业、单位、有效身份证件号码、联系方式、住址,车票种类、号码、发站、到站、车厢、席位,受伤地点、受伤原因、受伤部位,处理简况,以及证据材料清单等内容。因时间来不及记明前述内容时,可在客运记录中简要记明日期、车次、下交原因,并必须在 3 日内向处理单位补交有关材料。特殊情况来不及编制客运记录时,列车长或其指定的专人应随同伤害旅客下车办理交接。涉及第三人时,应将第三人同时交站处理。对已经控制的违法、犯罪嫌疑人,应当及时移交车站铁路公安派出所。

10. 列车发现精神异常旅客时,应重点关注,并按规定交到站或下车站妥善处理。列车运行途中,旅客有同行成年人的,应要求其同行成年人看护;无同行成年人时,应指派专人看护。必要时,可安排在适当位置看护。车站发现进站乘车的旅客精神异常时,可不予其进站乘车,并为其办理退票手续。

11. 旅客在法定时限内索赔且能够证明伤害是在铁路旅客运输过程中发生的,受理单位应及时通知发生单位,并本着"方便旅客"的原则,移交旅客就医所在地车站或旅客发、到站处理,被移交站应当受理。发生单位应当在 10 日内搜集并向处理单位移交相关证据材料。

12. 在站内或区间线路上发现有坠车旅客时,发现或接到通知的车站应当迅速通报有关列车。有关列车接到通报后,应当立即调查。

13. 车站、列车发生旅客人身伤害时,可用电话向所在单位或上级主管部门报告概况但发生重伤以上旅客人身伤害时,应在第一时间以短信方式向所属局集团公司主管部门报告,随后向有关铁路局集团公司主管部门拍发速报,并逐级向上级主管部门和宣传部门报告。报告(含速报)内容主要包括:

(1)发生日期、时间、车次、地点、车站、区间里程。

(2)伤亡旅客的姓名、性别、年龄、国籍、民族、职业、单位、有效身份证件号码、联系方式、住址以及车票种类、号码、发站、到站、车厢、席位等基本情况。

(3)发生经过、旅客伤亡及现场处理简况。

14. 对下列情形造成的旅客人身伤害应当立即向铁路公安机关报警:

(1)杀人、抢劫、抢夺、强奸、爆炸、纵火、绑架、结伙斗殴、寻衅滋事、故意伤害、击打列车、故意损毁、移动站车设备等违法犯罪行为。

(2)因散布谣言、谎报险情、疫情、警情、扬言放火、爆炸、投放危险物质或者非法阻拦行车、堵塞通道等,引起公共秩序混乱。

(3)火灾、爆炸、中毒等治安灾害事故。

(4)精神病人肇事、肇祸,醉酒滋事行为。

(5)自然灾害。

(6)铁路设备、设施故障造成的事故。

15. 发生旅客人身伤害及携带品损失且有下列情形之一的,应当及时通知铁路公安机关:

(1)应当控制、约束违法犯罪嫌疑人和扣押相关涉案物品的。

(2)应当保护现场、维持秩序、协同救助的。

(3)应当由铁路公安机关介入调查、获取证据、查明原因的。

(4)引发治安纠纷或者酿成群体性事件并影响站车秩序,应当及时处置的。

(5)造成旅客死亡的。

二、旅客人身伤害及携带品损失应急处置流程

(一)列车长处置

1. 接到旅客突发急病的通知,立即赶到急病旅客所在车厢,打开音视频记录仪,了解旅客病情及有无病史。

2. 通知广播寻医组织救治。有旅客医生参与救护时,登记参与救护医生的姓名、联系方式、工作单位等信息。

3. 向同行人及周围旅客或本人了解症状和旅客姓名、单位、住址、联系人等,记录有关情况。

4. 旅客伤势或病情严重,必须临时停车送医院抢救时,应联系所在局集团公司客调,在前方具备医疗条件的车站临时停车,移交伤病旅客,随后向客运段安全生产指挥中心、车队汇报。

5. 编制客运记录,收集两份以上旁证和伤病旅客的自述材料一并交站。列车在向车站移交急病旅客时,因时间紧急未能编制客运记录,后续补交相关材料。

(二)事发车厢列车员处置

1. 旅客在列车运行途中突发急病时,立即了解急病旅客身体情况、病人身份、车票信息,有无病史及是否有同行人。

2. 立即通知当班列车长。

3. 疏散病人周围旅客,安排急病旅客至较为通风处休息。

(三)广播员处置

及时进行广播寻医进行救治。

(四)列车值班员处置

1. 接到列车长通知,立即携带客运记录、药箱赶到事发车厢。

2. 协助编制客运记录,收集伤病旅客自述材料和旁证材料。

旅客人身伤害及携带品损失应急处置流程,如图 7-6 所示。

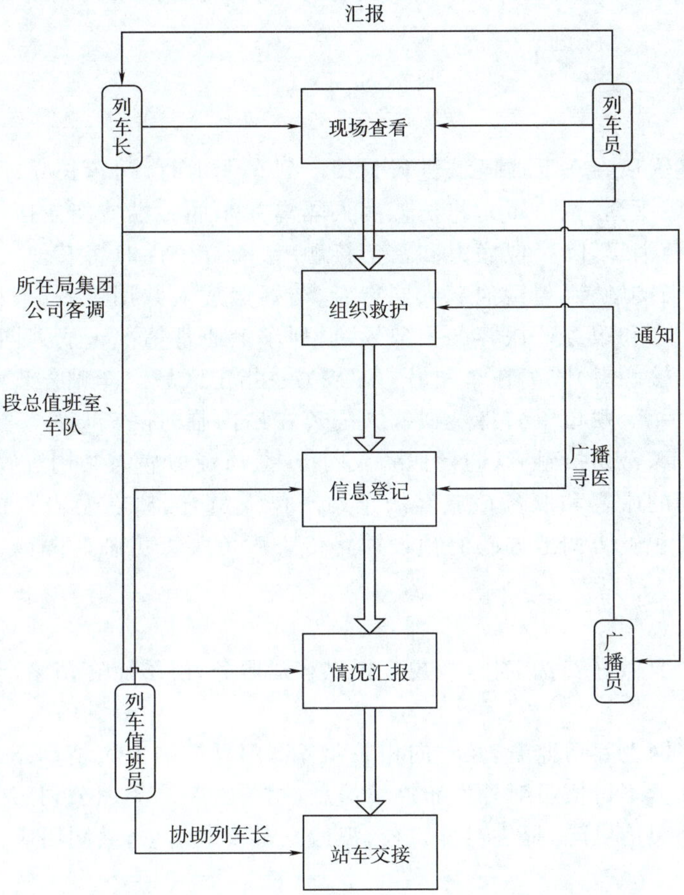

图 7-6 旅客人身伤害及携带品损失应急处置流程

第六节 其他非正常情况应急处置

一、铁路站车甲类传染病(霍乱)疫情应急处置

(一)应急报告

1. 铁路车站和旅客列车上发现腹泻次数频繁或剧烈,粪便性状为水样便,伴有呕吐,迅速出现脱水症状及肌肉痉挛(特别是腓肠肌)等表现,5 日内有霍乱流行区旅居史或发病前 5 日内有饮用生水或进食海(水)产品或其他不洁食物和饮料史,或具有与霍乱患者或带菌者有密切接触史或共同暴露史的旅客,要上报铁路局集团公司卫生主管等有关部门及铁路疾控所,经铁路疾控所核实信息并通过霍乱弧菌胶体金快速检测阳性后,铁路局集团公司卫生主管部门及时上报国铁集团劳卫部。

2. 铁路局集团公司卫生主管部门、疾控机构接到地方霍乱疫情通报后,应迅速核准疫情信息,立即采取应急处置措施,及时向国铁集团劳卫部报告,同步通报同级客运、调度、宣传等有关部门。

3. 霍乱疫情处置涉及其他铁路局集团公司的,应及时通报相关铁路局集团公司卫生主管部门。

(二)现场处置

1. 疫情处置

立即对疑似病人所在车厢或区域进行封锁。列车发现时,列车长立即组织列车工作人员做好个人防护(戴手套、戴口罩),将疑似病人隔离在车厢一端或指定区域,停止使用被污染的厕所,进行应急消毒,除疑似病人和密切接触者外,有条件时将其他人员全部疏散到其他车厢或区域,密切接触者(与疑似病人同行者、与疑似病人共用过餐/茶具、与疑似病人使用同一卫生间的旅客和服务该旅客的乘务人员,列车上通常情况下病人同排及前后各一排的旅客均视为密切接触者)隔离在车厢另一端或另一指定区域。车站发现时,车站工作人员做好个人防护(戴手套、戴口罩),将疑似病人隔离在站内临时隔离场所,停止使用被污染的厕所,进行应急消毒,密切接触者(与疑似病人同行者、与疑似病人共用过餐/茶具、与疑似病人使用同一卫生间的旅客和服务该旅客的车站工作人员)隔离在站内其他临时隔离场所。铁路局集团公司要积极协调地方政府预设铁路传染病可疑人员临时隔离场所,供霍乱疫情隔离人员隔离观察。

2. 安抚旅客

客运站车单位要做好安抚工作,按规定提供客运服务,舒缓旅客情绪,确保客运秩序。

3. 舆情处置

宣传部门做好网上舆情监看,及时向相关业务部门反馈网上舆情动态,参与处置的单位要督促现场相关人员不得擅自对外发布疫情信息,相关铁路局集团公司劳卫、客运部门要与宣传部门共同研判舆情风险,提供对外口径,视情发布权威信息,共同回应社会和职工关切。

4. 移送人员

(1)列车下交

乘务担当局集团公司卫生主管部门与列车运行前方车站所在局集团公司卫生主管部门协商,报请当地卫健、疾控部门同意后,协调调度部门安排列车在前方有条件的车站下交疑似病人和密切接触者。下交车站要安排临时区域隔离下交人员等待转运,确保列车及时开车,最大限度减少对列车运行的影响。

(2)车站移送

客运车站要因地制宜,安排疑似传染病病人及其密切接触者的旅客隔离区域,指定专用卫生间或使用临时便器。发现或接下交的传染病可疑人员时,可以临时隔离观察,减少人员交叉感染。发现疑似传染病病人时,按照铁路局集团公司劳卫部门与地方政府有关部门的要求,移送相关人员。

5. 终末处置

(1)终末消毒

下交传染病疑似病人和密切接触者的列车到达目的地后,由所在地铁路疾控所组织对列车进行终末消毒。移送传染病疑似病人的车站,铁路疾控所组织对车站隔离等区域进行消毒。

(2)追踪结果

疑似病人下交移送地的铁路局集团公司卫生主管部门要关注疫情动态,追踪疑似病人明确诊断结果、病情转归情况，有重大变化及时通报相关铁路局集团公司卫生主管部门，并上报国铁集团劳卫部。

(3)信息通报

接到地方疫情通报的铁路局集团公司或列车发现疫情下交站的铁路局集团公司要及时将疫情进展情况通报相关铁路局集团公司和地方政府。

(4)解除疫情

疑似病人排除霍乱病例，或疑似病人发病5日后无续发病例，解除疫情。铁路局集团公司在客运枢纽地区的铁路既有房舍预设临时隔离场所，结合霍乱疫情状况，对乘务人员中的一般接触者实施隔离观察。

二、旅客列车发生旅客食物中毒应急处置

1. 立即报告

旅客列车发生旅客疑似食物中毒事件时，列车长应立即向客运段安全生产指挥中心、前方站和所在局集团公司客调报告，由客运段向铁路局集团公司相关部门和铁路疾控部门报告。报告内容包括：日期、车次(车站)、运行区段、疑似中毒人数、旅客身份信息、分布车厢、中毒表现、现场控制措施等。发生大面积旅客食物中毒事件时，列车长要组织专人做好旅客身份信息收集等工作。

2. 组织抢救

旅客发生食物中毒时，列车长应积极通过列车广播寻医，对疑似中毒旅客应采取初步救护措施，同时要对参与救护的医务工作者姓名、联系方式等信息做好登记。对情况严重的迅速联系所在局集团公司客调或前方站，请求120救护。

3. 做好交接

根据铁路局集团公司劳卫部门和疾控部门确定的处置方案，需停车处置时，由列车调度员安排在指定车站停车，并通知司机和客运段。列车长接到在指定站停车的通知后，做好疑似中毒旅客交站的准备工作，应收集患者呕吐物、排泄物和剩余食品，使用密闭清洁容器存放，到站后交车站送卫生防疫部门检验。

4. 现场隔离

列车乘务人员要加强车厢巡视，采取措施稳定旅客情绪，维护现场秩序，立即停止销售可能导致旅客中毒的食物，保护好现场，并采取措施追回已售出的可疑食物，防止事态扩大。

5. 协助调查

列车长、乘警或安全员应组织开展调查工作，询问患者，了解经过，及时掌握相关资料。做好疑似食物中毒旅客人数、症状，自述材料、医务工作者救治经过及其车票信息等相关材料的收集。积极配合现场的医疗单位和铁路疾控部门开展工作。

三、旅客列车车窗玻璃破损应急处置

(一)检查确认

列车乘务人员在列车运行途中发现客车车窗(门)玻璃破损后，要立即将发现时间、运行区间、运行方向的左或右侧及破损情况报车辆乘务员及列车长、乘警。车辆乘务员须确认破损玻璃有无脱落风险，若破损玻璃位于交会侧(含折角运行后)，且存在脱落风险的，须在前

方站停车处理。对暂无脱落风险的，列车员要注意观察变化情况，有异常时及时通知车辆乘务员确认。

（二）通报程序

对需要在前方站停车处理的，由车辆乘务员按以下规范用语向司机报告："××次司机，机后×位运行方向×侧车窗玻璃破损，请求在前方站停车处理"。对不需要停车处理的，由车辆乘务员按以下规范用语向司机报告："××次司机，机后×位运行方向×侧车窗玻璃破损，观察运行"。

司机接到通知后要立即报告车站值班员或列车调度员，车站值班员要立即报列车调度员，由列车调度员填报"安监报-1"，并立即向值班主任报告，值班主任要立即通知安监、公安等部门。车辆乘务员、列车长、乘警要分别向所属单位汇报，由所属单位逐级上报。

（三）停车处理

列车调度员接到旅客列车司机请求停车的报告后，要立即安排列车在前方车站侧线停车，并安排破损车窗侧停靠站台。仅为外层玻璃破损时，车辆乘务员负责将破损玻璃全部清除；内外层玻璃均破损时，车辆乘务员要清除内外层破损玻璃，并采取木板封堵等安全措施。前方停靠站为低站台时车站要提供稳固的登高工具，并协助处理。处理结束后，车辆乘务员要及时报告司机，司机接到通知后，立即报告车站值班员或列车调度员。

（四）终到处理

旅客列车终到后，车辆乘务员要在折返站开行前，对途中未经处理的破损玻璃进行清除；对本属入库列车车窗玻璃及时更换处理；对折返入库列车由配属局集团公司与折返局集团公司商定车窗玻璃更换事宜。

四、旅客列车压簧或行李车超偏载应急处置

（一）弹簧压死处置

1. 站车客运工作人员在接到车辆乘务员有关旅客列车压簧的通知后，应立即赶到相关车厢。列车长应立即通知车站客运值班员。

2. 车站客运值班员应及时向车站值班员、车站值班干部报告，影响旅客列车正点运行的还应向铁路局集团公司客调报告。

3. 车站值班干部接到通知后，应及时到现场指挥处置。站车客运工作人员要共同配合，迅速将压簧车厢旅客组织到其他车厢或安排换乘其他列车。

4. 旅客疏解结束后，经车辆乘务员确认，列车弹簧、车钩恢复正常状态，车站客运值班员应向车站值班员报告，尽快组织发车。

（二）行李车超偏载处置

1. 列车行李员在行包装卸作业时，要监装监卸，发现行李车货物存在左右偏载、前后偏载、超载情况，要及时指挥装卸工，进行匀仓或卸载处置。

2. 列车行李员接车辆乘务员有关行李车压簧或偏载的通知后，应立即报告列车长。列车长应通知车站客运值班员组织装卸力量进行匀仓或卸载处置。

3. 车站客运值班员接到通知后，应及时向车站值班员、车站值班干部报告，影响旅客列

车正点运行的还应向铁路局集团公司客调报告。

4. 车站装卸人员在进行匀仓或卸载作业时，应服从列车行李员的指挥。

5. 如果采取卸载处理的，车站应及时安排卸下的行包换装其他列车运输，并将行包装运信息通知到站。

6. 如果行李车在不办理行包业务的车站需进行超偏载处置时，车站应组织相关客运人员进行处理，对货物进行匀仓或卸载。卸载货物需要转运时，车站应向铁路局集团公司客调报告，由客调发布命令，指定后续列车组织卸载货物转运，调度命令抄相关列车及车站。

(三)邮政车发生超偏载处置

邮政车发生超偏载的处置流程比照行李车超偏载的处置规定办理，但邮政车匀仓或卸载作业由邮政人员负责，车站予以一定的协助。途中卸载的，车站应要求邮政人员报告其上级部门，联系车站商定转运方案。

五、旅客列车集便式厕所开启直排功能应急处置

(一)直排方式

1. 集便器直排：将车厢内厕所集便器真空抽便改为便池直接向集便箱排污的应急措施。

2. 集便箱直排：将集便箱排污阀、进气阀打开向线路直接排污的应急措施。

(二)启用流程

1. 当集便箱超容量后导致座车或卧车的厕所超过半数不能正常使用时，列车长、车辆乘务员商定后分别向列车运行所在局集团公司客调、辆调报告，调度部门应积极协调相关车站、车辆(机辆)段，就近安排在具备条件的车站，采用地面固定或移动吸污方式进行吸污作业。

2. 无法安排地面固定或移动吸污作业的，列车调度员发布调度命令，原则上就近安排在有砟轨道的车站停车实施直排作业。列车到站停车后，由车站将调度命令转交司机(列车调度员已向司机直接发布时除外)、车辆乘务员和列车长。

3. 接到调度命令后，车辆乘务员按规定设置防护后下车逐车开启集便箱向线路直排功能，同时对应开启集便器直排功能，保持厕所直排状态，直至终到站或吸污站恢复正常状态。

4. 车辆乘务员处理完毕后应及时通知司机、列车长，司机报告车站值班员或列车调度员，由车站按规定办理发车。

5. 开启集便箱直排功能后，所在车站应及时通知工务部门清理排出的污物。列车运行过程中厕所管理应比照非集便式厕所，遇站停及长大桥梁、隧道等按规定锁闭厕所(列车长时间滞留时除外)。

6. 启用厕所直排功能时，列车员应加强宣传和厕所冲刷，取得旅客理解和配合，保持环境卫生。

7. 集便器、箱开启直排功能使用说明书由集便器生产厂家提供，各铁路局集团公司可在铁路车辆信息系统上下载，各车辆(机辆)段要据此制定作业指导书，并做好演练和车辆乘务员培训工作。

复习思考题

1. 旅客列车发生火灾或爆炸时应急处置的原则是什么?

2. 旅客列车发生公共卫生事件(重大疫情)时,哪些人员需要跟踪观察及移交车站和铁路疾控部门?

3. 发生旅客食物中毒信息汇报的主要内容有哪些?

4. 旅客列车晚点通告用语是什么?

5. 旅客列车发生个别车厢空调故障时,列车调整能力不足应如何处理?

6. 列车运行中,列车乘务人员发现车门开启应如何处理?

7. 旅客人身伤害及携带品损失中哪些情形列车应当承担相关责任?

参考文献

[1] 中国国家铁路集团有限公司. 中国国家铁路集团有限公司铁路旅客运输规程(2024年版)[S]. 北京:中国铁道出版社有限公司,2024.

[2] 国家铁路局,公安部. 铁路旅客禁止、限制携带和托运物品目录[S]. 北京:中国铁道出版社有限公司,2022.

[3] 中华人民共和国铁道部. 铁路客运运价规则[S]. 北京:中国铁道出版社,1997.

[4] 中国国家铁路集团有限公司. 中国铁路运输收入管理规定[S]. 北京:中国铁道出版社有限公司,2020.

[5] 中国国家铁路集团有限公司客运部. 铁路旅客运输组织[M]. 北京:中国铁道出版社有限公司,2022.

[6] 中国铁路总公司. 铁路旅客运输服务质量规范(列车部分)[S]. 北京:中国铁道出版社有限公司,2018.